尾崎雄二郎 筆録

小川環樹
中國語學講義

高田時雄 編

◇映日叢書　第一種

臨川書店

目　次

中國音韻史
　第 1 章　時代區分 1
　第 2 章　カールグレン等の研究 5
　第 3 章　韻書の起源 10
　　［附］呂靜『韻集』の五聲について 29
　第 4 章　中國語の音聲と音韻 32
　第 5 章　『廣韻』以後の音韻の變遷について 68
　第 6 章　いわゆる官韻とは別の系統の韻書について 74
　第 7 章　上古漢語 90

中國語方言學史
　第 1 章　方言ということば及びそれに類似したことばの意味、
　　　　　またそれが如何に使われてきたかについて 97
　第 2 章　揚雄の『方言』 106
　第 3 章　清朝時代の方言研究 117
　第 4 章　國學派の方言研究 129
　第 5 章　歐米人の中國語方言研究 137
　第 6 章　民國以後の中國における方言研究 152

語義沿革舉例
　　第 1 章　單語と字の同一性、その限界、變化............165
　　第 2 章　語義變化の一般的方向........................192
　　第 3 章　風流......................................220
　　第 4 章　雅俗......................................226
　　第 5 章　聯綿字....................................235

中國小說史
　　第 1 章　小說の起源（古代から唐まで）................251
　　第 2 章　唐宋時代..................................263
　　第 3 章　三國志演義................................282
　　第 4 章　水滸傳....................................292
　　第 5 章　西遊記....................................301

編集後記..317

中國音韻史

1950年9月25日〜1951年4月18日

第1章　時代區分

　　中國の音韻史をどこから始めるかということであるが、その前に音韻史の時代區分をしなければならぬ。それについて要領を得ているのは、錢玄同『文字學音篇』（民國7年）である。これはむかし北京大學の教科書であった。それによれば

第1期	前11〜3世紀	周秦
第2期	前2〜後2世紀	兩漢
第3期	3〜6世紀	魏晉南北朝
第4期	7〜13世紀	隋・唐・宋
第5期	14〜19世紀	元・明・清
第6期	20世紀	現代

となる。ついでですが、錢玄同の先生にあたる人で、章炳麟の『小學略說』（民國24年）という講義錄によると、第6期以前を5つに分けて、だいたいはこれと同じだが、第1期を漢初まで、その次も漢の武帝から三國まで、ですから第3の時代が兩晉南北朝、あとは同じことです。大差ないのですが、章炳麟が講義をしたのが民國24年で、錢玄同のほうが早いが、これは大體章氏門下の通說のようである。

　　錢玄同の說明によると、まず第1期ですが、習慣上、古音と稱せられるのがこの時期の音である。この時代にはまだ韻書というものがなかっ

たために、その眞相が明らかでなかったけれども、最近 300 年間に古音の研究者が輩出した。材料になるものに、詩經、楚辭、諸子、秦碑などに出てくる押韻の部分と、それから說文、これらを較べ合わせて考證した結果、この時代の音が大いに明らかになった。說文がなぜそう役に立つかというと、一體古代の諧聲（形聲）の字の發音は、必ずその字の聲母（聲符）と同一でなければならない。その聲に從うものも亦、その聲符と同じ韻に屬さなければならない。この時期には漢字のかたちは籀文あるいは篆書であるから、次の時代と比較していえば諧聲の關係がきわめて明瞭である。したがって韻書というものはなかったけれども、押韻する場合に、韻と韻とのけじめが嚴格に守られていた。この時代の音韻の大體を知るには段玉裁の『六書音韻表』、嚴可均の『說文聲類』、そういう種類の書物を參考にするのがよい。

　第 2 の時代、それは漢代でありますが、この時期はやや變化しはじめた。一方では、籀文とか篆書とかがだんだん省略されて、隸書とか草書とかいうものが出來たので、字體が紊れて、諧聲の字のその聲符に對する關係もだんだん辨別しがたくなった。しかも韻書はまだ出來ていなかったから一ゝの字音は標準になるものがない。それゆえに韻のふみかたが前の時代に較べて緩やかになった。これはたしか段玉裁などもそう言っていたかと思うが、清朝の學者の通說ですネ。漢代に作られたいろんな韻文を見れば、そのあらましが知られる。この時代及び次の時代にはあまり參考になる本がないが、于海晏『漢魏六朝韻譜』（民國 24 年）がある。これは錢玄同先生の頃には出來ていなかった。

　第 3 の時代、これは紀元後 3 世紀から 6 世紀、韻書がはじめて出來た時代である。「江、從水工聲」「河、從水可聲」のような、第 1 期に聲符を標準にしたやり方は、この時代では音韻が變化したために、もはや役に立たないようになり、しかも字音はどんどん變わって行くので、ここに韻書というものが興った。

　韻書とは一字毎に音を定めて反切の方法によってこれをしるしたもの

です。この時代の韻書ですネ、それは魏の李登の『聲類』、西晉初の呂靜の『韻集』、この2つが大體韻書のはじめだと云われているが、いま全然のこっていないので、その韻の分け方が、その次の時代の代表的な韻書である、例えば『廣韻』と、どのように違っているか、あるいはどの點まで同じであるかということはあまり分からない。今日、この時期の字音の反切を考える手掛かりになるものは、陸德明『經典釋文』(隋、7世紀初)という本であります。と申しますけれども、これは材料であって、これを見たって簡単には分からない。調べて適當に分類する必要があるが、少なくともまだ發表された書物はない。Karlgrenが研究したという話だが、于海晏の書物を見れば一應の見當はつく。

　第4の時代。7〜13世紀。この時代が韻書の全盛期である。『切韻』(隋陸法言)、『唐韻』(唐孫愐)、『廣韻』(宋陳彭年等、これは太宗の時代の編纂もの)、『集韻』(宋丁度、少しおくれてやはり北宋、司馬温公が最後にやったという説があるが、間違いと思う。)の4つがこの時代の最も價値ある韻書である。『切韻』と『唐韻』は散佚して了って、今でも完全な本は殘っていないが、『廣韻』と『集韻』とは完全に保存されている。『廣韻』は大體『切韻』の韻の分け方をそのまま用いていると考えられるので、普通清朝以來『廣韻』によって『切韻』を代表させる。『廣韻』の中には古今南北の音を兼收しているというので、それによって字音を、審音ですナ、審という動詞はこの場合分かつべき所以を知ることだが、それはよいけれども、紐と韻とが煩多であって、實際には一人の人が發音し分けたものではなかった。これは清朝以來の通説のようなものである。だから實用には別の韻書が必要になった。ですからその時代にそういう韻書が興りかけてはいる。唐代に、これは話がわき道にそれるかも知れないが、魏建功『古音系研究』(民國24年)では1つ時期を増やし、第4の時期を2つに分けて、7〜10(隋唐五代)、11〜13(宋)としている。とにかく『廣韻』が四聲、清濁、洪細(開合齊撮)、陰陽と非常に細かく區別しているので、今日、古音を研究するには、『廣韻』

をその階梯、足掛りにすべきであって、或る字を何と讀むべきか知ろうとする時にも、重要な參考になるのは『廣韻』である。

　第5の時期、14世紀～19世紀、元・明・清。この時期は實用的には『廣韻』が役に立たなくなって、別の韻書を必要とした時である。元の時代には、いわゆる北曲ですか、戯曲が盛んに行われましたので、そのために北方の音を主にした韻書が新たに出來た。周德清『中原音韻』がそれである。この時代になっても文語（錢玄同は古代死語という）を用いて作る詩は、なお唐宋以來の古い韻書に定められた韻の區別を用いていたが、當時の生きたことば（活語）、つまり口語を用いて作る戯曲では、『中原音韻』及びその系統の新しい韻を用いるようになった。この一類の新しい韻書（と呼ぶことができる）は、はじめは狹い地方に限られていたが、潛勢力は甚だ大であって、明のはじめの『洪武正韻』という書物もこれに基づいて作られたものである。

　明から清にかけての文人、學者の作るclassicalな體裁の韻文では、この『洪武正韻』を排斥して、唐宋の古い韻をまもっていたが（『四庫提要』に見ゆ）、唐宋の古い韻は紙の上で維持されたに過ぎないのであって、口頭に再現することは出來なかった。この約600年間の口語に用いられた普通の音韻は、すなわち『中原音韻』や『洪武正韻』などの韻書にあらわされているような韻である。今日の官話（common languageとしての）も大體この時代に出來たと考えられる。

　民國2年(1913)に教育部で讀音統一會が開かれて、各省の代表をあつめていわゆる國音をきめまして、そして例の注音字母を基準にすることになった。それ以後が全く新しい時代になる。

　以上が大體『文字學音篇』の時代區分である。それは6つに分けられているが、大別すると3になる。1期、2期を一緒にするとその時代はやはり聲符を基準にした時代である。諧聲の時代と云ってもよいかも知れない。それから第4期を第3期の中に含ませるならば、この時期は韻書を基準にする時代、第5、第6を合わせるならば、これはちょっと

我田引水のきらいがあるが、標音文字を基準にすべき時代であると。その意味は韻書がもはや役に立たなくなったからということ、言い換えれば、官話いわば北方音が支配的になったのである（錢玄同はそう云ってないが）。

　清朝の音韻學者の習慣では、先ほど申しましたように、第1期あるいは第2期を古音と云うのであるが、第3期以後あるいはもっと正確に云うと、第4期から、それを今音という。つまり韻書以後の音である。古音を研究する上にも、やはり手掛かりになるのは『廣韻』などの韻書なのである。これは清朝の顧炎武以來、みなそういう方法をとった。かりに古音を研究するにしても『切韻』または『廣韻』の系統の音韻組織に關する正確な知識が必要になるわけである。そういう意味で中國の音韻史を研究しようとすれば、そこが1つの出發點になる。經濟的なわけです。最近の學者の研究の仕方もその點では一致していて、Karlgrenも出發點を『廣韻』にとるという點では全く同じである。

第2章　カールグレン等の研究

　Karlgrenの *Etudes sur la phonologie chinoise* (1915–26)、そのintroductionのところに出てくるごく簡單なことですけれども、32頁にありますが[1]、『廣韻』の反切は大體500–600、A.D.6世紀の1つの言語を代表する。この言語をわれわれは中古漢語と呼び、この時期以前のありさまを上古漢語及び太古漢語と呼ぶ。中古以後の樣相は（譯名がよいかどうかは疑問だが）近古漢語と呼ぶ。それは等韻圖（『切韻指掌圖』等）の音である。更にその後を老官話と呼ぶ。古い官話という、原文の意味はそうであります。そういう簡單な説明があるのですけれども、それを表にすればこういうことになる。

---

[1] 漢譯『中國音韻學研究』pp.20–21。

1. 太古漢語	le proto-chinois	錢玄同ナシ	
2. 上古漢語	le chinois archaïque	1〜2	
3. 中古漢語	l'ancien chinois	3	
4. 近古漢語	le chinois moyen	4	
5. 老官話	le vieux mandarin	5	

これは錢玄同の5つの分け方と1のところが合わないが（錢玄同になし）、それ以後は同じである。ついでですから申しておきますけれども、Karlgrenの *Phonologie chinoise* は第3の時代を研究した本であります。第6世紀、『切韻』があらわしていることばを研究したものであります。それ以後のところはKargren自身殆どやらなかったので、中國人に委ねられた觀があるが、それ以前の時代は非常に骨を折って研究したので色々な本があるが、その總決算とも云うべき本が *Grammata Serica* (1940) という本である。これもSwedenのStockholmで出している雜誌のようなもの[2]に入っている。一種の辭書のようなもので、古い時代に使われたことの明らかな文字、經書、金文も利用してあるが、その音をreconstructした、再構成したものである。これは英語で書いた本だから讀みやすい。また北京で影印したので、今でも古本屋などにあると思う。最初の本は1915–1926の刊行であるが、この第1卷が出てから暫くして、フランスのMasperoが「唐代の長安方言」という大きな論文を書きました。H.Maspero, "Le Dialecte de Tch'ang-ngan sous les T'ang", *BEFEO* (1920) がそれで、ハノイにある遠東學院の雜誌（普通、上の略稱を使っている）に發表された。これは非常に大きな論文で、Karlgrenの再構成した音に多少修正を加えているが、その中でもやはり中國語の歷史の時代區分についてMasperoの意見を述べているので、それも追加しておく。彼は大きく3つに分ける。

---

[2] [*Bulletin of the Museum of Far Eastern Antiquities*, No.12, Stockholm, 1940.]

1. chinois archaïque $\begin{cases} \text{ancien} & \text{前} & \text{古代} \\ \text{récent} & \text{後} & \text{兩漢三國} \end{cases}$

2. chinois moyen $\begin{cases} \text{ancien} & \text{前} & \text{六朝～唐初} \\ \text{récent} & \text{後} & \text{唐末～宋} \end{cases}$

3. chinois moderne (kouan-hoa) $\begin{cases} \text{ancien} & \text{前} & \text{金、元、明初} \\ \text{récent} & \text{後} & \text{明末～清} \end{cases}$

Maspero氏の說明の中でまだ納得のゆかないところもあるが、この3（或いは6）時代の特徴はだいたい次のようである。

　archaïqueの前期、古代には非常に特殊な母音組織がある。一例を擧げると、例えば支韻が-iaであったというようなことである。それからしてpréfixes assyllabiques（というのはそれ自身でも獨立した音節にならない附加的なもの）が語頭子音群 groupes consonantiques initiaux を成していた。例えばkl-, tl-, bl-であるが、それらは後期には無くなっていたであろう。

　chinois moyen は古い中國語と現代語との過渡期であって、例えばeがieになる（en >ien, em >iem）ように普通の母音が複合母音 diphthong になる。それからこれは反對みたいですが、ia >ie が起こる。こういうことが起こったために前の時代には區別されていた韻母の區別がなくなったものがある。そういう變化はだいたい前期において起こった。後期になると兩脣音b, pが脣齒音のf, vとなり、新しいカテゴリーが作られた。

　それから第3のkouan-hoaになると、とりわけ語尾の閉鎖音（昔は破裂音といった）が消滅することが特色である。だいたいこの場合は入聲のしまいの-p, -t, -kとかを指すのだろうと思う。しかしその前期ではまだ語尾のmとnとの區別を保存していた。これは『中原音韻』などで知られることである。それから-rで表わす兒というような特別な音はまだ形作られていなかった。以上はごく大略である。Maspero氏の說はKarlgren氏の說と大差はないが、詳しい說明もありこの方が少しく分かりやすい

のではないかと思う。

　以上がヨーロッパの學者の時代の分け方です。

　それに續いて音韻史を研究するのにどこが出發點になるか、それを一言お話しましょう。例えば現在一般に認められているものとして Karlgren をとるならば、Karlgren 氏の音韻史研究はすべて彼自身が再構成したいわゆる中古音（『切韻』の言語で 6 世紀のことば）を出發點あるいは起點として進められている。再構成したものが修正を要する點はあるとしても、だいたい學界に受け入れられている今日では、その輪郭だけでも知っておく必要があるのだが、しかしなぜ中古音からはじめるかということについて直接充分な説明は與えられていない。ただ重要なことは Karlgren 氏が次のように云っていることである。これは『音韻學研究』の序論のところにある（漢譯 4 頁）。

> これまで人がなしたように、勝手にある方言の 1 つの音的成分をとり、更に他の方言の他のエレメントをとって、何の證據をもあげずに、古い言語を構成してみたり、又は現代の諸方言の 1 つを古い言語の直接の代表者と見なしたりすることは、云うまでもなく許すべからざる手順である。人がこのようにして構成された古い言語を以て現代のもろもろの方言の研究の出發點とする時の、この方法の誤りは更に重大である。1 つの音 (phonème) の再構成（漢譯では「擬測」、原文では restitution）が許されるためには、まずこの phonème がこの言語の歴史上の古い材料、資料に合致するようにすること、次にはそれが 1 つや 2 つの方言でなく、中國の諸方言の全體を解き明かすものでなければならない。すなわちどの方言に對しても音聲學の見地から許容し得るような發展、音韻變化の série（歴程）を確認しなければならない。

とにかく以上の言葉から推測されるのは、彼が再構成しようとしている

古い言語をもって現代の中國のすべての方言の共通の祖先とでもいうべきものと認めようとしていることである。そうでなければ、この本の後のほうによく出てくるように、諸方言の全部が説明されるような言語というようなことばが出てくる筈はない。もっと通俗的に書いた *Philology and Ancient China*[3]のほうに、もう少し詳しい說明がある。このことは去年の連續講義で申し上げたが、要するに隋および唐の初めの時代（切韻）にかけて、北部中國一帶に廣く行われていた一種の共通語 common language があったことを想定するもののようである。『音韻學研究』の中にもやはり、例えば「私が研究した33ケ所の方言の祖語 (langue mère) を再構成し、『切韻』の時代の中國語の中にそれらの方言のすべての特徵を探し當てることが出來るならば、云々」という言い方がある。隋唐の時代に、他の方言がなかったかということについては、そういう方言があったかも知れないが、それは侵入していた異民族がもう一度塞外に退散して、resinisation が行われたとき、その地域に廣まったものだという Pelliot の假說に基づくものである（「今の方言は古代からの言語の直接の子孫ではない」という）。そういう方言學的な異論よりも今必要なことは、とにかく中國語においては口語とははっきり區別された文語があって、文語はだんだん定まったかたちをとるようになるが、殊に音韻上固定したかたちというのは『切韻』に見出されるのである。いろいろな韻書（反切）は唐から以後いろんな種類のものがあるが、韻書である限りは全部『切韻』を直接の祖先としていることは事實である。『切韻』以前の韻書についてはこの次お話するが、とにかく今日遡り得る最も古い韻書は『切韻』であって、それは確かに事實である。ですから先ほど申したように、方言の先祖であるかどうかは疑問だが、韻書の祖先であることは間違いないのである。

　ここで『切韻』というものが、その當時のいろいろな、少なくともい

---

[3] Oslo, 1926. 漢譯に『中國語言學研究』（賀昌羣譯、國學小叢書）、商務印書館、1934年、がある。

くつかの方言を參考にして出來上がったと考えられるので（それも確かな事實である）、もし假にその音を再構成しようとするならば、今日知られている現代の方言を出來るだけ多く利用することが必要なのはいうまでもない。『切韻』が方言の祖先であってもなくても、そのことはとにかく必要である。しかし私は『切韻』が直接あらわそうとしたことばは口語 (spoken language) でなくて、一種の文語であったと思うが、この『切韻』が、今日のどの方言も有しないほどの微細な區別をもつ、それが何によって生じたかということも、その原因は簡單には決められないのだけれども、しかし一應その區別に對應するような音を擬測して見て、その上でなければそれより古い時代に遡ることはほとんど不可能である。假に古代からずっと續いて變化してきたものだとしても（そういうものがあってもなくても）、現代語よりも、先ずここのところから始める他はない。こういうことになる。このことは實は中國の、そして特に清朝以後の方音學者もだいたい一致してここを起點としております。たしかにこれ以後の韻書を起點としては都合の惡いのは事實である。一應、『切韻』の言語をどういう風に理解したらよいかということからはじめて、そこから後は手を付けてないところはあっても、そう問題はないから、中古以前について少し話をする。

第3章　韻書の起源

　『切韻』は現在その内容を知ることの出來るもっとも古い韻書（反切によって漢字の音を表わす）である。韻書の起源を考えるときには、これに先だって反切という方法はいつ頃から始まったかということを知る必要がある。反切というのは要するに漢字を二字用いて一字の漢字の音を表わす方法である。

德紅反[4]　東

漢字はどんな文字をとっても１字はかならず１音節であるが、その１音節を２つの部分に分けて、(これは比較的近頃の音韻學者の用語だが) 聲母と韻母と、この２つの部分に分ける。聲母と韻母というのは、たとえば k/an (干) では、あとの押韻になる部分 (中國では非常に古くからある脚韻) が韻母になる。それを除いた殘り、つまりいちばん初めのところが、主として consonant であるが、それを聲母という。ところで反切というのは簡單にいうと、聲母と韻母とを一字づつで表わす方法である。だから言い換えれば、反切の上の字は歸字と雙聲になり、下の字は歸字と疊韻の關係になる。簡單にいえばそれだけのことだが、實際にはもう少しこれ以外に條件がある。

　雙聲は必ず雙聲であるに違いない。

　　tə+ χung = tung

その方は問題がないが、下の字、韻母を代表する字、これはこういう簡單な反切では分からないことがある。例えば suan というようなシラブルをとって考えると、tan とか kan とかと韻をふむから疊韻であるが、反切はそれだけでなく (an だけでなく) u までを表わす (uan)。つまり母音、中心母音は a だが、その前にある、短い、中心でない母音、それまでを表わす。例えば、-ung と -iung (融) とは區別するようになっている。だからこの場合、德紅切といえば、紅は ung の韻であって、iung ではないということを表わす。だから反切の下の字は歸字と同韻であるだけでなく、開合 (開口、合口) や、iung の i などの有無も同じくしなければならないという、そういう條件がいま１つ加わっている。

　その他に消極的な條件ともいうべきことがある。これは普通注意され

---

[4] 唐の時代に「反」は縁起が惡いといって忌んだことがあるので、「翻」という字を使ったり「切」と言ったりする。『廣韻』では切、唐以前、唐代の中頃より前には反を用いる。反と切とがいちばんよく使われるので、あわせて反切という。六朝の人は反語ということばを使ったりすることがある。

ていないことだが、上の字が雙聲であることは當然だが、下の字は雙聲であってはいけない。疊韻である上に雙聲だと、下の字と字は違っても同じ音であることになる。そういうことは普通ない。それから同じような場合は、上の字が雙聲であるだけでなく、疊韻であることも許されない。だから反切を書いたものがそうなっていれば、それは何か字の間違いである。反切についてはその他例外のようなものがあるが、それは後回しにする。

　こういうやり方がいつ頃から始まったかというと、反切という方法がまだ考え出されなかった時代、あるいはまだ盛んでなかった時代にはどうやったのかというと、ここのところはだいたい王力の『中國音韻學』によるが、譬況あるいは讀若（如）というような名前で呼ばれる方法である。王力があげております例を申しますと、

　　　言乃者内而深、言而者外而淺（宣八年、公羊傳、後漢何休注）

この注が假に發音を示しているものとして解釋すると、乃という字の母音（だけでなく子音も含むが）の發音部位が深く、而は外であって發音部位が淺い。言い換えれば前舌（外）、後舌（内）ということですが、まあそういうことを表わしていると解釋できる例である。

　　　珣、…從玉旬聲讀若宣（許愼『說文解字』玉部）
　　　セン　　　ジュン

そういう風に讀若というのは、他の同じ音の字を一字もってきてその字の音を示すやり方である。こういうのは、もう少し後世では直音という。反切が起こってから、それに對して言ったものである。例えば、誕音但（『爾雅』郭璞注）がそれである。譬況を以てあらゆる字の音を表わすことの出來ないのはむろんだが、直音の方法でも、もしも同音の字がなければ（そういう場合もあるわけだ）、全く方法がないことになる。反切はほとんど全ての字の發音をこれで表わすことができる。それがいつ始まったかというと、これについてごく普通に知られているところでは、隋・顏子推 (531–600?) の『顏子家訓』「音辭篇」にいうところでは、

孫叔然創爾雅音義、是漢末人獨知反語、至于魏世、此事大行

そしてそれは矢張、隋・陸德明『經典釋文』「序錄」、唐・張守節『史記正義』「序例」にも同じ意味のことを述べておって、だいたい後漢の末に始まったということは長いあいだ定說となっていた。ただこれは比較的最近になってからだが、例えば 12、3 年まえに亡くなった章炳麟という學者が『漢書地理志注』の中で應劭という人がすでに反切を用いていることから、必ずしも孫炎（叔然）が始めたわけではない。もう少し前からではないかということを考證している。更に服虔という人が反切を始めたということは、慧琳『一切經音義』の中に見えている。この三人の學者（孫炎、應劭、服虔）には大した隔たりがないのだが、服虔は鄭玄とほぼ同時代で 200 年前後に死んだと思われる。この二人が係わりになったのは有名な逸話がある。應劭も同時代だが、年齢はこの二人よりもやや晩輩、弱輩になる。これに比べるとやはり孫炎のほうが少し遅れて、王肅とほぼ同時代であって、260 年頃死んだと考えられる。孫炎は鄭玄の弟子であろうという說があるが、はっきりしたことは分からない。いずれにしても 2–3 世紀にかけて反切という方法が學者の間でも用いられるようになったことは確かである。だからこれ以前の時代の學者の書物の中に反切が用いられておったとすると、それはだいたい後世の人が加えたと看做すべきものである。例えば『詩經』「毛傳」の反切などというのがそれで、『一切經音義』などに「毛音○○反」などと見えるのは、「毛傳」の注釋に從った反切はそうだということを、後の人が加えたものである。鄭玄も何故か反切は用いていない。もしあれば後の人が加えたもので、少なくとも彼の主な書物の中では全然用いていない。

　反切というのは漢字の音を 2 つに分解するやり方だが、これは中國語のような單綴語の場合には、こういう工夫はなかなか簡單には出て來ないものである。しかし反切の起源をなすような、というのは前身をなすようなものが有りはしたのである。これは宋以來いろいろな學者が隨筆

などに書いているが、この例をいちばん多く擧げているのは顧炎武の『音論』の中の反切を論じた部分である。これにぴったり當てはまるかどうか疑問であるが、例えば、

　　　蒺藜、茨　　（『爾雅』）

非常に古い音では、恐らく同じであったろうと思われる。

　　　dźiət + lir = dźiər　　（-r は Karlgren の說による。）

二音節がつまって一音節になる。實際にはそういうことである。そういう例はたくさんある。不律、筆。終葵、椎。要するに二音節のことばがつづまって一音節のことばになった例はたくさんある。だがそれを字音を表わす方法として全ての漢字に及ぼすという考えを立てることは非常に困難であっただろうと思う。だからきっと外國語の影響がある。たとえば梵語の學問あるいは梵語の知識が加わっているのではないかという想像はぜんぜん不可能ではない。佛教は後漢の末ごろ盛んになって時代もちょうど一致することもひとつの理由になるが、あくまでも想像であって、積極的にこれを證據立てるものはない。

　孫炎の『爾雅音義』も完全には傳わらず、『經典釋文』の爾雅の條に 60 何箇條か引用されているので、他の書物に引用されたものとあわせて大體を知ることができる。方法は後世のやり方と全く同じで、だから孫炎の時にはだいたい完成されていたことがわかる。

　韻書とは反切を使ってある字引の一種で、同韻のものだけを一箇所にあつめ、更に同音の字をまた一箇所にあつめる。そういう分類をした一種の字引である。中國では脚韻をふむということは非常に古くからあるが、しかしそのための書物が出來るようになったのは、やはり三國以後である。

　魏・左校令李登『聲類』十卷。この書は「以五聲命字」（封演『封氏聞見記』）であったといわれるが、この五聲というものが何であったかは略す。この本は果たして詩なんかを作ったりするときの韻をあらわすも

のであったかどうか分からない。一種の字引であったということしか分からないが、これより少し遅れて、晉・呂忱『字林』六卷（七卷とした本もある。一卷は序であったかも知れない。）があるが、これは『說文』を補ったような本なのであります。それと同じような體裁で作った字引なんだが、これに反切が使ってあったということは、この本はいま傳わらないが、引用されているものによって確かである。また「呂忱の弟の呂靜、別に李登聲類の法に放いて韻集五卷を作る。宮商徵羽、各爲一篇」（『魏書』「江式傳」）というように呂靜の『韻集』がある。宮商徵羽というのは音階の名で、これと呂靜とどういう關係があるのかよくわからない。略すが、呂忱の方は『說文』の體裁の本だから、今の『康熙字典』などを考えればよいが、それと別に作ったから上の引用文にも「別」という字が使ってある。ぜんぜん別の組織で、後世の韻書と似たものであったろう。

韻という字を使うようになったのもちょうどこの頃からである。ほぼ同時代と思われるが、陸機『文賦』にも用いられている。そして時代は呂靜のほうはあまり分からない。呂忱も確かなことは分からないが、官職から推測して、280年以前からある官職につき、306年までの間にある別の官職についているので、それを間にした時代の人である。四世紀の半ばくらいまでの人であろう。いずれにしても今この本は傳わらないので詳細は分からない。とにかく韻書でいちばん古いものである。『聲類』の方は韻書であったかどうか分からない。反切が使ってあったことは確かだが、それ以外を想像することは危險である。

この前に申しましたように『聲類』『韻集』とかいうのは韻書の初めだが、五聲というもので分けてある。五聲が何であるかは話が面倒なので略す（後掲「呂靜『韻集』の五聲について」を參照）。『韻集』の出たのは晉の時代で、三世紀の末から四世紀の初めであるが、それ以後も例えば『隋書經籍志』、これはだいたい六朝時代の書籍目錄を編纂したようなものだが、その中に韻書がいろいろと出ている。しかし年代、著者の傳記

の明らかに分かるものが割に少ない。その中にも、王該『五音韻』5卷というような名前を見ますといると、この王該という人が何時の人かはよく分かりませんが、やはり五聲による分類というものが行われていたのではないかと思う。ところが南朝の末、南齊の永明年間 (483–493) になりまして、例の沈約がですネ、沈約とか周捨とかいうような人が四聲ということを唱え出した。この四聲のことにつきましては、ご承知のように『南齊書』「陸厥傳」、『梁書』「沈約傳」などに見えておりますが、この時になってはじめて四聲ということが唱えられるようになりまして、あらゆる漢字が4つの聲調（平上去入）に分かれるということが言われるようになりました。そしてこれは沈約らの作る詩とか文の調子を整えるのにも、この四聲の區別をもとにしまして文章の調子を整えるようになった。それはまあ文學史の方でご承知のことだと思いますが、この沈約の傳などを見ましても、平上去入というものは、この時代の字音には備わっていたものには違いないのですけれども、誰にでも區別できるようなものではなかった。だから梁の武帝の逸話がありますが、この人は自分でも文學者でもあったし博學でもあったのだが、四聲というものがあるということを信じようとしなかったという話がある位で、たやすく人々に受け容れられるようなものではなかったらしい。だから四聲がいわば發見されたということは中國の語學史の上ではひじょうに大きな事件であるが、この四聲ということが唱え出される以前に中國語に聲調がなかった譯ではない。そういう證據にはならないのですけれども、沈約以前の例えば五聲をいわゆる四聲に配當しようという說があるけれども、それは恐らく間違いであろう。もしそれ以前に四聲というようなものが知られていれば、沈約の時になって非常な反對を受けるということはない筈である。

　清朝のはじめの學者でも誤解していたことがあるが、それは沈約が韻書を作ったということである。だから『四庫提要』で有名な紀昀が沈約自身の詩や文章の韻のふんであるのを分類して、これが沈約の韻書だと

考えたが(『沈氏四聲考』)、それは誤りで沈約は韻書を作らなかった。ただ沈約の傳によると、『四聲譜』という本を作ったということが載っております。これは自分たちの四聲がどういうものか分からせるために作った本であって、幾つかの例が擧げてあるが、別に韻によって分けたというような本ではなかったと思われる。このことは日本の弘法大師の『文鏡祕府論』の中に「調四聲譜」というものが引用してあるが、沈約の作った『四聲譜』とはおそらくこういうものであったろうと思われるものである。同じ音のものを擧げて、平仄病別とならべる、そういう風なものであります。それからここには雙聲とか疊韻とかの説明もありますが、略します。

それで韻書の中に、先ほど申しました『隋志』に出ている中に、四聲という2字のついているもの、例えば『四聲切韻』[5]、『四聲韻略』[6]、こういう四聲何ゝと付いているものの、全部がそうであるかどうか分からないが、この『四聲切韻』『四聲韻略』はたしかに四聲によって分けてある。梁の人で沈約の四聲が廣く行われてからのものに違いない。『隋志』の中にはたくさん擧がっているが、いま傳わっている本はほとんどない。ただこの、これからお話しするんですけれども、陸法言『切韻』の序文に擧げておりますのは、呂靜『韻集』、それから夏侯詠の『韻略』、周思言『音韻』[7]、陽休之『韻略』[8]、それから李季節『音譜』[9]、それからですネ、杜臺卿『韻略』[10]この5つの本が『切韻』の序文の中に見えている。どれも内容の詳しいことは分かりません。ただこれも先ほど申しました『文鏡祕府論』の中に、陽休之の本の序文が載せてあります。全部かどうか分かりませんけれども、それが唯一の材料であります。

---

[5] 周彦倫、『南史』のこの人の傳に出ている。
[6] 十三卷、夏侯詠撰。
[7] 『隋志』聲韻、四十一卷、周研撰。思言とは多分この人の字だろうと云われている。傳記ははっきり分からない。
[8] 一卷、『北齊書』などに傳がある。『北史』にもあると思います。
[9] 四卷、李槩、『北史』に傳がある。死んだ年ははっきりしませんが北齊の人である。
[10] 『隋史』に傳がある。594年から2、3年たって死んだ人である。開皇十四年(594)に致仕、辭職しまして、それから數年たって死んだと傳にある。

『切韻』という本はつまり、いま舉げたような書物を主として參照して出來たものでありますが、陸法言はむろんこれらの人よりはだいぶ後輩でありまして、死んだ年ははっきり分からないが、父親が陸爽という人で、この人の傳が『隋書』にあって、591 年に死んでいる。陸法言はその子供であるということが、その中にちょっと一行か二行書いてあるだけである。ただ『切韻』の序文は『廣韻』のはじめにも全文が載せてあるし、敦煌からも寫本が出ているが、それによるとこの本の出來た由來が分かる。昔、開皇初 (581 年頃)、劉臻、顏之推、盧思道、魏彥淵、李若、蕭該、辛德原、薛道衡、そういう 8 人の人が陸法言の自分の家に集まったことがある。父親の生きていた頃だから、この人たちは父親の友達だったろうと思うが、夜更けまでいろいろ話している中に音韻の話になった。そしてその當時行われている韻書はいろいろな種類があるけれども、それぞれに各々異同があって一定しない。そこで「因論南北是非古今通塞」、それを決しようとしたのであります。つまり先ほど申しましたような『韻集』以下の 5 つの書物が、6 つになりますか、5、6 種類が材料になったと思われるが、韻書についていえば、作った人の育った土地がそれぞれ異なり、時代も違い、何百年もたっておりますが、どれが正しくどれが據るべきか、あるいは據るべきものがないならば、どの本もことごとく信ずることが出來ないならば、そういう色々な說を總合して新たな標準を立てよう。そういうことを話し合ったのである。そこでこの一晩の談話がもとになって、陸法言は（この時はおそらくまだ若かった）皆の言ったことをもとにして綱要のようなものを作った。「燭下握筆、略記綱紀」というのがそれであります。それから 10 年ばかり經ちまして、陸法言は官職についていて忙しく暇がなかったのであるが、後にある事件で陸法言が辭職したので（父親が天子の怒りに觸れて子供までが官職を却かねばならないようになって）、非常に暇ができた。そこでいろんな韻書を參考にして『切韻』を作った。「‥‥遂取諸家音韻、古今字書、以前所記者定之、爲切韻五卷。」この序文の年が隋の仁壽元年

であります。これは 601 年です。601 年でありまして、先の開皇のはじめというのは、開皇二年 (582) だとしますと、20 年ほど隔たっている譯であります。『切韻』が出來た由來はまあそうなんであります。そして『唐書』の「藝文志」に陸法言の『切韻』というような本はありませんで、『陸慈切韻』、そういう本が載っている。ところが字は違うが『陸詞切韻』という本が日本の源順『和名類聚抄』その他の古書に引いてあるので、これも陸法言のことであろう。法言というのは字であろう、字を名前の代わりに使うことは他にもよくある。考證したのは狩谷棭齋で、中國の學者も贊成している。

　先ほど申しましたように、8 人の人が 5、6 種類の韻書をもとに論じあった。それはどういうことになるかといえば、南北というのは六世紀の中國の各地の方言を指す。方言はそれぞれ非常に異なっていたと思われるが、しかし主なものはいわゆる南北である。それは金陵（呉）が南であり、洛下（洛陽）が北である。都は一定しなかったが、北中國における文化の中心と考えられたのは洛陽であった。そのことは『顏子家訓』の中にも見えている。要するに金陵と洛下とがいちばん主なる文化の中心と考えられた。有坂（秀世）さんが考證されましたように[11]、この時代の、たとえば北周ですね、北周の都は長安でありまして、これからあと隋も唐もここに都するようになったのでありますが、これは非常に古い都でありましたけれども、この時代にはもう長安は文化的には重要な都市ではないと考えられておった。そういうことは唐の人も言っておりまして（洛陽が天下のまん中で洛陽の音が最も正しい）、この地方が北方でも最も重要な地方と考えられておった。そして劉臻以下 8 人の學者が集まって議論したのであるが、この中の少なくとも 5 人は北方人であり、確かに南方人だと考えられますのは蕭該（この人は梁の一族になる人で、純粹の南方人）、それとたぶん顏之推、その二人くらい。その二人を除けば、あとは陸法言自身も無論であるが、みな北方人。その人たち

---

[11] はじめ『方言』に載った論文、後に『國語音韻史の研究』に再録。

の本籍を申しますと、盧と魏と李若が河北省、薛が山西、あるいは原籍を信ずれば辛は甘肅。本籍というものは必ずしもその人の言語を決定するものではないので、その人の育った環境が大事であるが、北朝に仕えていたとすると北方に親しかったということは出來る。討論が行われた場所も陸爽の宅であるが、おそらく長安であろうと思われる。そうすると唐以後、『切韻』は南方の音（吳音と稱する）を記録したものだから天下の標準には出來ないという非難があるのであるが、それは非常な誤りである。決して南方の音だけを記録したというようなものではない。そのことはもう1つ、参考した韻書でも分かるのであって、『韻集』の呂靜は山東任城の人、『四聲韻略』『音韻』は南朝、それ以外の陽休之（河北北平の人）、李槩（山西）、杜臺卿（河北——はたして河北省で育ったかどうか疑問であるが）、この3人はみな北方の人です。やはり半數以上は北方の人が著した書物である。ですからして『切韻』がですネ、南方語を記録したものだということは全然誤りです。しかしそれならば北方語を書いたものかというとそうではない。やはりこの時代に南朝の都であった南京、むしろ中國の文化の正統といいますか、傳統は南京に傳えられたということはその當時の人が認めていたことであって、ですから南方人の考えを決して排斥することはできない。具體的には一字一字を何と發音するかということだが、その場合に北方人の發音だけでなしに、やはり南方人の發音を参考した。結局、有坂さんの言われましたように、南京のことばと洛陽のことばの折衷のようなものができた。それは6世紀の末という1つの時期における中國の方言全體だけについて言えるのみでなくて（折衷的ということがですネ）、いわゆる共時的にそうであるだけでなしに、通時的にも、歷史的にも、先ほど申しました色々な書物はそれぞれ年代が違うのであるから、歷史的に變化した音韻をやはり折衷するという意味があった譯である。それは結果としてこういうことになる。まず第1は分韻であるが、これはいろんな韻書に見えておる分け方、あるいは集まった學者の方言の分け方で、分けているものは

全部分ける。たとえば甲という書物が 50 なら 50 分ける。乙という書物では假に 40 なら 40 に分ける。これは全部重ならないですネ。非常に厄介なことですけれども、甲の方では a、b を一緒にして c を獨立させ、一方乙の書物では、a と c を一緒にして、b だけを獨立させる。その場合に『切韻』の分け方はどうするかというと、

$$\left.\begin{array}{l} a \quad (b) \\ c \end{array}\right\} \quad \left.\begin{array}{l} b \\ a \quad (c) \end{array}\right\} \quad a, \quad b, \quad c$$

このように兩方一緒にすると 3 つになるが、そういう風に全部分ける。どれに比べても細かくなるのだが、分けられるだけ分ける。それが 1 つですネ。

　それからもう 1 つですネ、それは何と言ったらいいですか、異音といいますか、反切をつけた書物を見るのが一番簡單なんですけれども（たとえば經書の音義）、そういう書物を見ると、同じ 1 つの漢字について著者によって發音の仕方が違う。その 1 つの例を擧げると、たとえばですネ、

　　　霓　『爾雅』「釋天」　五兮反　　（陸德明『經典釋文』）

ところが『釋文』を見ると、ほかに如淳の反では五結反（入、-t）、郭璞では五擊反（入、-k）、そういう三通りの發音がある。普通は五兮反（ei）であったと思うが、『切韻』では齊韻にそれ（五兮反）を入れ、しかし他に二通りの讀み方があるということをちゃんと斷っております。つまり昔の書物に出ている讀み方はひろくそれを取り入れると、そういう主義です。韻書というものはなるべくいろんな發音を取り入れた方が便利なのですが、『切韻』はひろくいろんな發音を取り入れようとした。そういう意味で『切韻』はそれまでに出たいろいろな韻書の集大成のような意味をもっている。そしてそのためでありましょうが、この本がたいへん

流行いたしまして、他の本は全部壓倒されてしまいまして、全然使われないようになってしまった。序文に書いてあることでも分かるように、著者である陸法言は全く個人的にこの書物を作った。だから欽定とか官撰とかそういう風な書物でない。そういう性質はもっていない本で、ですからたとえば『康熙字典』のような強制力をもっていた本ではないが、しかしそれがひろく行われたのはやはりこの書物が優れている（他の書物のあらゆる長所を備えている）と考えられたためであろうと思う。南北のどちらにも偏せず、ある地方の音だけに據っていないということが長所だと認められた。多くの人が集まればそうなるもので、民國のはじめの『國音常用字彙』の編纂でもそうである。想像であるが、とにかくそういう性質をもって、すべての本といっては言い過ぎであろうが、いろんな韻書の區別を備えているということが1つの特色であったろうと思われる。

$$\text{一東}\ a\ \text{二冬}\ b\ \text{三鍾}\ c \begin{cases} \text{東}\ a\ (\text{冬})\ (b) & \text{鍾}\ c \\ \text{冬}\ b & \text{東}\ a\ (\text{鍾})\ (c) \end{cases}$$

以前のある韻書では一東と二冬とが一緒になっていたということがあるらしい。ということはこの二韻の分け方が非常に分かりにくいという非難がある。

　つぎに『切韻』の今日まで傳えられただいたいの經路というようなものについてお話いたします。この前申しましたように、『切韻』が著されたのは7世紀の初でありますが(601)、それからあとだいたい唐の時代、9世紀頃までの300年ほどの間に、この『切韻』をもとにして出來た韻書が非常にたくさんある。そのことはこの時代のいろんな書物の目録、たとえば中國で著されたものは『唐書藝文志』『舊唐書經籍志』、そういうかたちで殘ってるだけだが、その他に藤原佐世『日本國見在書目録』というものがあって、これが出來たのがだいたい寬平五年(891)ですか、

まだ唐の滅びない前、その時に日本にあった漢籍の目錄、そういうものに載っている切韻と名の付いている書物がほぼ 25 種類ほどある。あるいはもっと多いかも知れない。ほとんど陸法言（陸詞）の書物をなんらかのかたちでもとにしているものである。中でも『見在書目』に載っているだけでも 15 種類ほどある。ただ殘念なことには書物そのものはおそらく 1 つも日本には傳わっていないが、わが國で著されたいろいろな書物の中に、たとえば源順『和名類聚抄』（10 卷、937 頃）、そういう書物の中にはこれらの韻書があちこちに引用されております。そうしてそれより以前でありますが、菅原是善、東宮學士としてその時分の皇太子の輔導官と申しますか先生でありましたので、その自分の職名をとったのだが、『東宮切韻』20 卷を著し、その中に十三家韻書を集めてあるというのである。菅原道眞の一族になる人だが、元慶 4 年 (880) に亡くなったという。大きな書物であったことは分かっているが、いろいろな事情から傳わっていない。佚文が日本で出來たいろいろな書物の中に時々引用されている。足利時代ごろまではどこかにあったらしいが、散佚してその後見たという人がない。この中に間接ではあるが、つまり佚文の佚文になる譯だが、韻書が引用されている。

　中國ではどうかと申しますと、宋のはじめに『廣韻』がいわゆる官撰の事業として作られまして、これが 1008 年に刊行された。その初めを見ると陸法言以下多數の著者の名前が列記してある。それがだいたい『廣韻』を作る時に利用された諸家の韻書の著者であると思われますが、その 11 世紀のはじめ以來 800 年位の間、ごく最近まで『廣韻』が非常に行われたために、その他は寫本が多かったせいもあるが、ほとんど世の中に知られなくなり、清朝ではいわゆる古音の學問が盛んになり、そのためには近音の祖である『廣韻』はひじょうによく研究されたが、大部分の學者が『廣韻』の中に『切韻』がほとんど全部含まれているという 1 つの假定の上で仕事をしていた。ところが 20 世紀になってからだが 1908 年（光緒 34 年）になりまして、薊州の學者で蔣斧という人が北京の

ある本屋で『唐韻』の寫本の殘卷を發見した。これは殘卷と申しましても去聲の大部分と入聲とをあわせて二卷足らずでありますが、この『唐韻』はやはり『廣韻』のはじめにも序文が載っているが、玄宗の天寶10年(751)に、孫愐という人が著した書物でありまして、この殘卷はちょうど仕舞だから序文がないが、『廣韻』に載せられた序文を見ると、『切韻』の注の誤りを正して、かつ説明を非常に増補して、字數四萬二千三百八十三を加えた。唐の時代だから、『周易』『周禮』とかの名の付け方を學んで『唐韻』という名前を付けたということが序文に見えております。で、中國の學者に『廣韻』以前の韻書の原本が知られるようになったのはこれが最初であって、これはいま申しましたように、去聲の半分位（はじめのあとが缺ける）、入聲はほとんど全部殘っているが、それでも全部の5分の2にも當たらないような量であるが、しかしこれを見ると韻の數も順序もこれまで見た『廣韻』とは非常に違ったものであるということが分かった。

　しかしその少し前、やはり1900年ごろ、敦煌でもって唐以前の寫本が夥しく發見された。しかも遺憾なことにはほとんど全部外國人の圖書館の所有に歸したが、その中に『切韻』（ばかりではないが）の寫本の斷片が澤山出て來た。最初に見つかったのは『切韻』の寫本で、洞窟は宋のはじめいろんなものを入れて閉めてしまっているから、だいたい唐代の寫本であることは間違いない。その中で三種類の寫眞が羅振玉という中國の學者のところへ送られてきた。この時に羅振玉のもとにいた王國維氏が寫眞によって忠實に寫し、それをもとに石印本を出した。これが唐寫本の『切韻』が世の中に知られたはじめである[12]。先の『唐韻』に比べてもっと分量の少ないものが多い。比較的分量の多いものが第3種である（平、上、入の大部分、4卷）。第1種は上聲11韻、第2種は平聲9韻に過ぎない。王國維先生の考證によりまして、第1種が注がいちばん少ない（字數もいちばん少ないのだが）、第2種はちょうどいちばん初め

---

[12] 『切韻殘卷三種』

から始まっていて、そこに陸法言の序文の外に長孫訥言という人の序文が付いている。その他いろんなことから、第2種はたぶん長孫訥言の箋注本であろうという風に先ず決めた。第3種もやはり長孫訥言の箋注を加えた本によっているらしい。この3種類は、フランスのPelliot（アカデミシャン、漢名伯希和）氏が王國維氏のところに送ってきたので、原本がフランスにあるように考えられていて、王國維氏の序文にもそう書いてあったと思うが、それは何かの間違いでロンドンのBritish Museumに藏せられている筈である。

　長孫訥言という人が何時の時代の人かはよく分からない。傳記はよく分からないが、箋注を作ったのは677年、ですから『廣韻』よりはだいぶ以前になります。面白いことは、この人の先祖は元來漢民族ではない。拓跋氏といって北魏の支配部族になる、その拓跋氏の後裔であって鮮卑人である。陸法言自身が元來やはり鮮卑人の出身で、魏の、今でいえば山西省のどこか、塞外になるかも知れないが、そういう地方の人である。歩陸［六］狐という苗字の中から眞ん中だけ取って陸という苗字にした。異民族ではあるが魏は中國の文化にすっかり歸服してしまったような國なので、そういう例は多いが、陸法言もそうした例の1つである。注を加えた長孫訥言という人もやはり鮮卑人の末孫であるということは陳垣というひとが發見されたことであります[13]。

　王國維氏が版にしたロンドンにあると思われる寫本、特に第3種は53枚だか寫眞があって、いちばん多く殘っているのだが、これを見てもやはり今の『廣韻』とは大分違ったところがある。その他、比較的まとまったものとしてはパリ國民圖書館（Bibliothèque Nationale）に藏されている（これはPelliot氏が持ち歸った）王仁昫という人の『刊謬補缺切韻』、これも寫本である。この王仁昫という人の名も『廣韻』のはじめに出てい

---

[13] [Ch'en Yuan, The Ch'ieh-yün and its Hsien-pi authorhip, *Monumenta Serica*, Vol.1, pp.245-252. 陳垣「切韻與鮮卑」『天津大公報圖書副刊』第142期（1936年8月6日）、また『北平圖書館圖書季刊』第3卷第3期（1936年9月）83-88頁。]

るが、この人は年代も傳記も分からない。平聲のはじめのところが拔けているが、その他のところは大部分殘っている。詳しいことはお話する暇がないが、この本にははじめに韻の目錄が出ていて、目錄に例えば、

　　　一東
　　　二冬　　無上聲、陽與鍾江同、呂、夏侯別、今依呂、夏侯
　　　三鍾
　　　四江

とある。冬韻の下に擧げる陽は陽休之、呂は呂靜、夏侯は夏侯詠を指すものに違いない。そういう風な割注がだいたい目錄全體にわたって付いている。この「今」というのは誰が言っているのか、王仁昫が言っているのか或いは陸法言が『切韻』を作ったとき、それを今といったのかはっきりしない。どちらにも考えられるが、どちらにしましてもですネ、陸法言の『切韻』はこれまで申しましたように、色々な書物を參考して韻の分け方を決めた時の決め方が、この注によって明らかになる點がある。これはそういう意味では非常に貴重な材料であるが、殘念なことにやや不完全、全體にわたって注があるのでなく、本自身も不完全である。王仁昫の『刊謬補缺切韻』がパリにあることは分かっていたが、中國の故宮からやはり寫本が發見された。發見したのはやはり羅振玉氏でありまして、羅氏が石印本を出し[14]、同時に寫眞をとった。焼き付けた寫眞が大學にもある。これもやはり足りないことがあり、兩方合わせてほぼ完全になる筈である[15]。しかし故宮本は韻目部次がパリ本と違っており、部分的にも細部にわたって違いがある。どちらが古いか問題があるが、だいたいのところはパリの寫本のほうがもとの形のようである。故宮本のほうは誰かが手を入れたものであろう。誰とも分からない人が手を入

---

[14]　[『刊謬補缺切韻殘五卷』上虞羅氏刊淸内府藏唐鈔本石印一册、民國14年（1925）刊。いわゆる王二、また項跋本とも稱する。]

[15]　[その後、完全な一本が發見され、民國36年（1947）に北平故宮博物院から景印本が出版された。いわゆる全本王韻である。宋濂の跋があるので宋跋本といい、また王三ともいう。現在ではこの本を用いるのが一般的である。]

れるということは寫本には非常に多い。先ほど申しました 3 種類の『切韻』も、王國維は簡單に 1、2、3 の順序に決めたが、そういう風に簡單なものかどうかは分からない。

　そういう風に多數の寫本が出て、最後に五代刊本がある。『大唐刊謬補缺切韻』というもので、パリにある。これは版本である。大唐の唐は或いは五代の唐であるかも知れない。こういう種類のものが續々出てきたのであるが、そういう『廣韻』以前の寫本を集めて、『廣韻』の宋本と對照するようにした本が出來ました。それが出ましたのが民國 24 年でありますが、北京大學で作った『十韻彙編』というものであります。『廣韻』を加え、他に 9 種類の韻書を對照したもので、後に索引がついて『廣韻』の字が引けるようになっている。少し後に『廣韻校勘記』[16]という本も出て、『廣韻』についてはその元になる本との關係がよく分かるようになった。

　そういう樣々な寫本類（だけではないが）をつき合わせてみて分かったことは、陸法言の『切韻』と今の『廣韻』の違うところで、まず第 1 に、『廣韻』は 206 韻だが、陸法言の『切韻』のほうはもっと少なくて 193 韻、これは根本的には大きな違いではない。例えば『廣韻』は寒、桓を區別して別にしてあるが、『切韻』は一緒で、ただ寒の韻しかない。實際は同じ韻で開合の關係である（寒 -an, 桓 -uan）。實質的には同じことだから、一緒にしても別にしても同じだが、分けると數の上で增えてくる。

　それからまた歌戈も切韻では 1 つである。開合を一々別にあてるかどうかということである。1 つの韻の中に開口合口を一緒にしたのもあって、ですから根本的なことではないことが分かる。例えば五支の韻、これを別にした韻書はない。

　それから韻の順序が非常に違う。どうして別にしたかは分からない。

---

[16] ［周祖謨『廣韻校勘記』、中央研究院歷史語言研究所專刊之十六、長沙：商務印書館、民國 27 年（1938）刊。］

簡單にいうと『廣韻』のほうが、平上去入における各韻の關係が、例えば-ung が入聲-uk にあたるようにするなど、四聲一貫になるように整理してあることは事實である。誰が始めたかは問題があるが、それは長くなるから略す。

　それから細かいことになるが、清朝の學者は『廣韻』と『切韻』では反切用字はだいたい同じだと考えていた。これを非常に細かく研究したのは清末の陳澧であるが、陳澧の研究した『廣韻』の反切の使い方、例えば反切の上の字、聲母を表わす上の字は陳澧の研究では全部で452字使われている。ところが『切韻』の寫本などを見ると、452字の中に出てこないものが幾つかあるということが分かった。これは聲母についてだけ言うのだが、韻母についても同じような現象がある。そういう色んな現象から『廣韻』と『切韻』とが全然同じだというのは危險であるということが分かった。『廣韻』の作られたのは宋の初めだが、その頃に大分整理されたということが分かった。20世紀の50年ほどの間に、そういう細かいことが色々と分かった。一口にいえばそういうことであるが、内容でどう違うかというと、根本的な違いはない。だから逆にいうと、今いったことと矛盾するが、『廣韻』が『切韻』を代表するといってもよい。細かいところでは違いがあるが、大きな點では違いはない。これは實證された結果そういうことになるのである。ですからそういう意味でですネ、『廣韻』を『切韻』の代表として利用していい譯です。

　序でですから『廣韻』の版本について一言。宋版が澤山ある。大部分日本にあるのだが、おそらく10以上あると思うが、その中で主なものを申しますと、詳本と略本の2種類があって、どちらが古いか少し以前には問題になったことがあるが、實は詳本がもとで、それを削って略本が出來た。詳しい本が出來れば、それを削って簡略本が出來るのは通例であって、これもその例に洩れない。實用上からは詳本のほうがよいと思う（古逸叢書本[17]か澤存堂本）。

---

[17] 古逸叢書本に宋本と元本の2種あるので注意がいる。

中國音韻史　　　　　　　　　　　　　　　　　　　　　　29

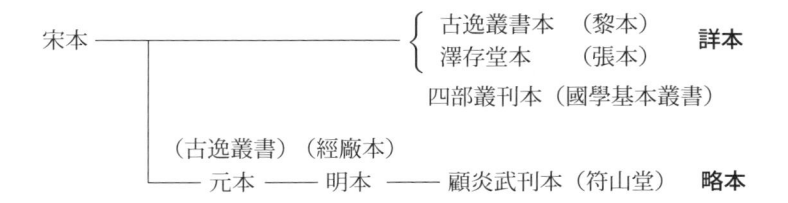

```
宋本 ─┬─── ┌ 古逸叢書本　（黎本） ┐
     │    └ 澤存堂本　　（張本） ┘ 詳本
     │      四部叢刊本（國學基本叢書）
     │    （古逸叢書）（經廠本）
     └── 元本 ─── 明本 ─── 顧炎武刊本（符山堂）  略本
```

［附］呂靜『韻集』の五聲について[18]

　『韻集』の五聲と申しますのは、實は私のお話ししたい目的は、中國語はこれを tone language などといい、今日の四聲というものが顯著な特徴であるが、それが中國語に本來具わっているものかどうか、今日直接それに觸れることはできないが、大體魏晉・三國からそれにつづいた時代、四聲があったかどうか、あったとすれば中國人にどう意識されていたか（ということである）。

　中國語の聲調はふつう四聲ということばで表わされていることはご承知のとおりである。ところが四聲があるということがいわれ始めたのは南朝の沈約の時代に始まる。その當時の人々は四聲というものについて非常に奇異な感じを懷いた（梁の武帝）。一般の人々の意識にはのぼっていなかったことが分かる。いま申したことの反證になるようなことがある。それがこの『韻集』あるいはそれに先だって李登[19]の『聲類』があった。呂靜の本は晉のはじめの頃、年代にしてたぶん 3 世紀から 4 世紀のはじめ頃である。これらの本はもちろん五聲というものによって凡ゆる字を分類してあるということが分かっている。そうすると五聲とは何か。沈約らの言った四聲となんらかの關係があるのではないか。中國の學者でもそう言っている者がある[20]。王國維先生によれば、ふつうの

---
[18] 11 月 11 日支那學會講演、文學部八教室。
[19] 三國魏の人。傳記はほとんど分からない。
[20] たとえば王國維『觀堂集林』の「五聲説」。

四聲、平上去入を陰と見、その他に陽があって併せて五聲と見る。この陰陽は古音學のそれである。とにかく王氏は段玉裁の『六書音韻表』のようなものによってそういう說を出されたのだが、それはおそらく事實ではないと思う。そういうものがあったとすれば、沈約の四聲に對して人々が奇異の感を懷くなどということはなかった筈である。しからば呂靜らのつくった五聲とは何かということなのでありますが、それは先ず宮商角徵羽というその5つの名である。それはこの名前は言うまでもなく音樂の音階の名から採られたものである。そういうところから、これがいかにも今の聲調に當たるように考えられ易いのは無理ないが、多分そうでないと思う。その理由の1つは、實は9月に中國學會があった時、山田さんが王充の『論衡』について話されたとき、假借について引用されたことなのであるが、「詰術篇」（ふつうの本では第25卷）のところに、日本で申せば家相の見方、圖宅術のことを引いておりますところに、

　　宅有五音、姓有五聲

ということがある。それはつまりそこに住む人の苗字が五聲によってそれぞれ違う。それと家との組合せによって家の位置、どの場合には吉、どの場合には凶ということらしいのである。そうすると後漢の時代に家相を見る人たちの間では五音及び五聲ということを言っていたらしい。それがどういうことか『論衡』では直接分からないのであるが、ただ

　　口有張歙、聲有外内、以定五音宮商之實

とあって、その五音が宮商角徵羽であったことは分かる。ところが『論衡校釋』に引いたところによると、『漢書』「王莽傳」の中に（地皇二年）、ある占い者が李焉に向かって、君の姓は李だ、李音徵だと言ったと載っている。これが姓と五聲との關係を知るべき唯一の音なのであるが、それによると李という音が徵に入るということが分かる。その他の書物によって、人の姓を五聲に分ける說があったということが分かる。五聲の分け方がもう少し具體的に載せてあるのは、これも『論衡校釋』の中に

引いてあるのは『宅經』で、新舊『唐書』「呂才傳」によると、やはり家相を見る話であって、家相について述べたところに、五姓というものは宮商角徵羽であって、天地萬物すべてこれに屬する。これは姓が五聲のどれに屬するかによって決まる。で、張王は商、武庾は羽となる。呂才はその五姓が非常に不合理だということを言っているのだが、これらは同韻のように見える。だが柳と宮、趙と角は全然關係がないことで、なんとも合點が行かないと言っている[21]。『隋書』「經籍志」の曆數類に家相の本が多いが、その中に五姓とついたものがある。おそらく漢代の五行家の說から出ているのであろう。少なくともこういうことは言い得るであろう。宮商角徵羽が何を指すかは分からないが、少なくともそれぞれの字がそれぞれの代表の字になるのではないか。これは恰度平上去入というのがそれぞれの聲調の性質を表わすと同時に代表となる、それと同じではなかったか。そして同音の字は同じところに置く、そういう風なものではないかと思う。

　五音あるいは五聲ということは、唐以後も家相など占いのようなもの陰陽道ののようなものにはずっと傳承されている。手近なところでは明の『萬姓統譜』などではそうである。少し古くは俗書だが元の『氏族大全』もそうである。以前調べたところでは雜然としてどうも一定の關係を發見できないように思う。それはやはり割に古い傳統を引いているのだろうと思う。

　もう一言付け加えて置きたいこと。それは大へん小さいことなのでありますけれども、こんにち韻書というものは、『廣韻』をはじめとして凡ていわゆる官韻の書物は、平聲は一東からはじまり、東董送屋となるが、なぜそういう字から始まっているか。奇妙な問題の提起の仕方であるが、中國人にもこれを考えている人があるので、例えば『古今韻會舉

---

21 『舊唐書』列傳 29「呂才傳」"至如張王等爲商、武庾等爲羽等、欲似同韻相求、及其以柳姓爲宮、以趙姓爲角、又非四聲相管、其間亦有同是一姓、分屬宮商、後有復姓數字、徵羽不別"。

要』、これでは非常に奇妙な解釋を與えている。わたしの思いついたのは、「宮」の字は一東の韻、「角」の字は、呂靜の本では「𪚥」とあり、ロクと讀めばこれは屋の韻に入る。それからあとはやはり憶測であるが、いまの一東に屬する字はやはりいちばん最初にあり、また角すなわち𪚥に屬する字はいちばん初めにあったろうと思う。今日の韻書は、四聲が發見され組み替えられた時に、やはりいちばん最初にあったものはそこに殘ったものではないか。そういう事情でいまの韻書は一東からはじまり、また入聲は一屋からはじまる。これはわたしの想像であります。多少それの反對になりそうな事實がないわけではないが、それを話すと長くなるので止めさしていただきます。

第4章　中國語の音聲と音韻

1. 音聲學の最小限度の常識について

　參考書として佐久間博士の『一般音聲學』がある。ある1つの言語について用いられる音（sound）の最小の單位を phoneme と申します。日本ではそれを音韻と譯するようですネ[22]。たとえば英語の pin という語が3つの單位に分かれる（p/i/n）。push とか pull とかと共通に持っている要素は p（というアルファベットで表わされた音）であり、pig とか pill とかと共通の要素が i であり、それから man、sun、hen などと共通の要素が n、そういう風に1つの syllable がこういう風に分かれる。その1つ1つが phoneme になるわけである。中國語で同じような、假に三 san という字をとると、これもやはり同じような3つの要素に分析できるわけですが、たとえば s—sə 色、sau 嫂、su 蘇、a—fa 法、χai 海、kau 高、n—lin 林、ẓən 人、yan 遠、この3つに分析することができる。尤もイギリス人やアメリカ人が pin を分析することが容易であるようには中

---

[22] 音位、音類。中國では漢譯した時に、こういう字を使うことがある。

國人がこの san という音を3つに分析することはたやすくないが、事實上この phoneme に分析できる。

　phoneme にはいろいろの分類がある。大きく次の2つに分ける。

$$\begin{cases} \text{consonant} & （輔音）\\ \text{vowel} & （元音） \end{cases}$$

母音と子音というものの區別は、詳しく言うと科學的に正確に定義することは困難であるが、しかしごく普通の定義の仕方は、王力も言っておりますように[23]、vowel と consonant との間にはっきりした境目というものはない。ただ兩極端というものはあるのでありまして、極端の母音（e, a, o）と子音（p, t, k）とかは明瞭に區別されるが、その中間にはどちらにもなり得るようなものがある。たとえば母音の中で i, u とかは子音に近いもの、從って子音になり得るものであり、m, n, l, f とかは母音になり得ることがある。

　しかし母音に定義を下せば、生理學的には母音が發音されるときは、發音器官がある程度の開きを持ち、口腔の中で雜音が聞こえないようにすることである。物理學的には發音にあたって發音器官が1つあるいは2つの共鳴器（resonance chamber）を形作って、それによって樂音の陪音（日本では倍音）を強め、且つその陪音の高さ pitch が一定のものであること、それが母音の特徴を形成する。音聲學には大體2つの方向があるわけですね。生理學と物理學と。この定義の中には1つ不完全なところがある。それは母音が1つの樂音だということが定義の中にあるが、母音が樂音であることを前提しているわけである。母音は原則として樂音である。なぜ樂音かというと、肺の中から出て來た呼氣が聲門のところで聲帯にぶつかって振動を起こし、それが樂音のもととなり、それが口腔の中で共鳴を起こす。1つの vowel が他の vowel と區別されるのは、

---

[23] この部分は主として王力『中國音韻学』の初めのところに據った。

發音器官が構成する共鳴器が種々異なったかたちと容積とをとるからである。

　この共鳴器を構成する主な器官は舌、唇、軟口蓋（soft palate）[24]。その３つのうちで最も自由に活動するのは舌で、それによって起こされる變化も最も多い。舌は音聲學的にいえば、また３つの部分、前、中、後に分かれる。どの部分も高まり或いは低くなることができる。高まる部分の不同および高さの違いによって、いろいろ異なった母音が生まれる。

　　1. 前舌　—　[i] [e] [a]　　front vowel
　　2. 中舌　—　[ə] [ɐ][25]　　mixed vowel[26]
　　3. 後下　—　[u] [o] [ɔ]　　back vowel

これは一例に過ぎませんけれども、もっと澤山あります、詳しくいえば。

　第２の發音器官は唇であるが、唇は圓くつぼめることがある。その程度はいろいろある。また平たくすることもできる。その度合いも種々である。唇と舌との運動は別々に行われるのでなく同時に行われるので、前に述べた母音でも [A] を出發點として、次第に a—i と發音すると、唇がだんだん平たくなり、また [A] から出發して順次に ɔ—o—u と發音すると唇がだんだん圓くなる。これはそれらの母音と舌の動き方と關連した唇の動き方だが、唇の動き方だけでも音を變えることがある。例えば i を發音するときに、舌はそのままで唇だけを圓くすると [y]（ü）の音になる。

　それから第３の發音器官である軟口蓋の變化は簡單であって、普通２つの狀態を構成するだけである。第１は軟口蓋が持ち上がって喉にぴったりくっついてです、喉にくっついて鼻の穴、鼻腔ですネ、これを塞ぐ。そうすると呼氣の全部を口腔だけから吐き出させる。こうして發せられた母音を純粹の母音、または口の母音（pure or oral vowel）という。（例：

---

[24] 中國語では軟顎。
[25] 蘇州語の「包」pɐ、英國南部の up。
[26] 混合母音。日本語ではふつう用いない。

[a]）。それから第2には軟口蓋が口腔と鼻腔の間で動かずにいる、どっちも塞がない狀態にいれば呼氣は口と鼻の兩方から吐き出されるので2つの共鳴器ができる。こうして發せられる母音は所謂鼻母音または鼻化母音（nasal or nasalized vowel）である。（例：[ã]）。

　以上で母音の簡單な說明を終わって、次に半母音と複合母音について說明する。半母音 semivowel が發音される時には、舌が非常に高くなりまして、最も高い母音（[i] とか [e]）よりも高くなる。そうなると一種の摩擦音をつくる。しかしなお母音によく似た音色をもっております。だからそれは半子音と呼ぶこともできる。中國語でいえば半輔音ですネ。半母音のもつ摩擦性はまさに子音の特徴であります。母音を發音する場合にも、顎の角度（上顎と下顎との開き方）はさまざまであるが、その角度のもっとも少ない母音（[i] [u] [y]）は半母音になる可能性が多い。但し半母音になるときには、舌が更に持ち上がる（母音としての [i] [u] [y] よりも）。1つの半母音と1つの母音、または2つの母音が結合してできた1つの syllable を複合母音という（diphthong）。

　syllable というのはただ一回の呼氣の動作によってできた音の群（group）である。syllable というのがまた定義が難しいもので、これはごく簡單な定義である。diphthong のことは日本ではよく二重母音という。diphthong にも2種類あって、第1の成分が半母音または短く弱い母音であり、第2の成分がふつうの強さをもった母音である場合、發達的（rising or ascending）という[27]。例えば i̯a 雅、y̯ɛ 月である[28]。それから第2の場合は、第1の成分が1つの完全な母音であって、それに半母音または短い母音がつづく場合、衰落的ということばが使ってあるが（falling or descending）、その例は ai̯ 愛、ou̯ 歐、この場合はうしろの方が半母音になってますネ。もっともこの diphthong を形成する母音の強さがほぼ同じだと level ということができてくる。第3の場合がある譯だが、王力の言っているのはこれ

---

[27] 日本では上昇というのが普通ではないかと思う。
[28] 下についたアーチ形の記號は、半母音もしくはその母音が少し弱いことを示す。

だけ。二重母音に對して三重母音というものが有り得る譯で triphthong、中國語の例で申しますと、i̯au̯ 要、i̯ai̯ 崖。北京語では i̯a にはじまるものだけしかない。

それからその次に子音（consonant）ですね。子音というのは音響學（これは先に申しました物理學）的には一定の音の高さをもたない音素であります。生理學的にいえば噪音（noise といいますか、樂音に對する噪音）が優勢を占める音素である。それは發音の方法から申しますと、2つの大きな種類に分かれる。

A. 閉塞音[29]

    { 破裂音　　plosive (explosive)　　p, b, t, d, k, g
      鼻音　　　nasal　　　　　　　　m, n, ŋ (ng)

B. 緊縮音 (constrictive)

    { 1. 摩擦音　　　fricative　　f, s, z
      2. 塞擦音　　　affrivate　　ts, dz
      3. 邊音（側音）lateral　　　l
      4. 顫音　　　　vibrant　　　r

閉塞音というのは發音にあたって發音器官の或る部分が完全に閉ざされて呼氣を妨碍し、そして突然にそれを開くものである。これは2つに分かれまして、破裂音（plosive or explosive）と鼻音（nasal）である。破裂音は一旦閉じたものをすぐに開くもの。鼻音は閉ざされると同時に呼氣が鼻腔から出るもの。發音器官のいろいろな部分が閉じ、その結果息が口から出ないで鼻から出る。

　Bの緊縮音は發音の時に發音器官がつくる通路が非常に小さくて、呼氣が多少の妨碍を受けて摩擦した音を出すもの。これには4つの種類がある。

---

[29] 日本ではこれを閉鎖音という。

緊縮音は一般に呼氣の通路が非常に狹まるものであるから、第1の摩擦音は發音の時、口腔が狹まってできる音。第2は日本では破裂摩擦音というが、一旦閉じまた少し開く、その隙間から出るもの。前半は閉塞、後半は摩擦。第3の邊音は口腔の中程で持ち上がり、呼氣がその兩側の通路から流れ出るもの。第4の顫音は呼氣の流出によって一部分の柔らかい器官を振動させる音。柔らかいというのは、舌とかあるいは懸壅垂[30]である。英語のrはふつう舌の先が振動するもので、日本語のラ行のrと大差ないという。後者はフランス語やドイツ語にある。以上は發音の方法による區別である。

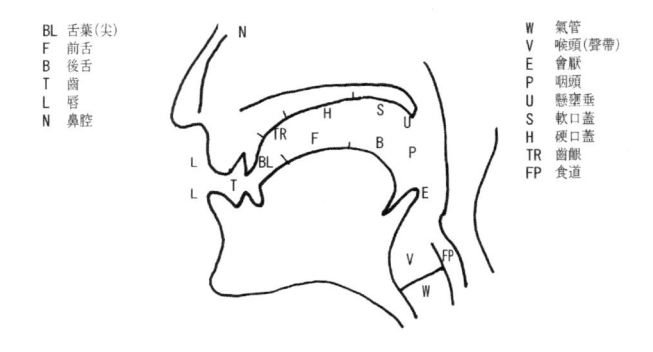

BL	舌葉(尖)	W	氣管
F	前舌	V	喉頭(聲帶)
B	後舌	E	會厭
T	齒	P	咽頭
L	唇	U	懸壅垂
N	鼻腔	S	軟口蓋
		H	硬口蓋
		TR	齒齦
		FP	食道

　それから發音の場所によると、發音の部位ですネ、それによると子音は6つに分かれる。

---

[30]中國で小舌という。

a.	唇音	labial	p, b, f, v[31]
b.	齒音	dental	s, t, d
c.	口蓋音	palatal	ɕ, ɲ
d.	軟口蓋（軟顎）音	velar	k, g, χ
e.	懸壅垂（小舌）音	uvular	[R]
f.	喉音	guttural (glottal)	h

全體が口腔になるわけである。ついでにもう一つ付け加えると、今まで發音の方法と部位とによって分類したが、第3は發音の時に聲帶が振動するかどうかによって2種類に分かれる。

有聲音	voiced	b, d, g, v, z, m, n, ŋ
無聲音	unvoiced	p, t, k, f, s

王力は、この人の特別の用語で、これをそれぞれ響音、幽音と呼ぶ。他の人はあんまりそういうことばを使っていないようです。以上は音聲學的な說明をしたが、中國の傳統的な音韻學ではどういうことばを使っているかを、このつぎ簡單にお話しする。

2. 中國語の音聲

子音

　無聲音（voiceless）というのは要するにこの、發音の時にですネ、呼氣が口腔まで出るときに聲門が大きく開いて聲帶が振動しないものである[32]。それに對して有聲音というのは聲門が閉じて聲帶が振動する音である。簡單にその區別を實驗するには、例えば耳を塞ぎながら發音して耳が響くようなのが有聲音、そうでないものが無聲音である[33]。

　母音も（完全に發音されるとき）一種の有聲音である。子音では、鼻

---
[31] 後の2つは唇齒音。
[32] 聲門というのは聲帶と聲帶との間を言う。ヨーロッパのことばでは vocal cords。
[33] もう1つの方法は喉ぼとけに指を當てる。

音はふつう全部有聲音、そういうのは凡て有聲音であります。現代の中國語の多くの方言では、有聲の子音の多數を喪っております。例えば純粹の b とか d とか g とかにあたる音は、多くの方言はそれを有しないのであります。吳語にはあるが、標準語とその他の方言には有聲の子音が非常に少ない。b̥, d̥, g̊ のように、有聲音であるべき音が無氣化する。ふつうの濁音、つまり有聲音は、b を發音する時にはじめから聲帶の振動が始まる。これは d でも g でも同じ。

ところが b̥ や d̥ は聲帶の振動が遅れ、半程から始める。つまり言い換えれば、最初 p で b に移り a になる（p b a）。普通にそう説明する。だから純粹の p ではない。北京語ではそう説明すれば好いんですが、無氣音にはもう 1 種類あって、それが p とか t とか k とかで表わされる音である。この方が説明しにくい。日本語でも意識はしないが、促音のあとのタ行の音がやや近いと、これは私の友人の中國人が言ったことである。上海語の無氣音というのはそういう風に發音されるので、北京から行くとまごつく。有氣音か無氣音か分からないが、有氣音とは完全に區別される。兩方を一緒に使うことはない。

中國の傳統では、b̥, d̥, g̊ / p, t, k と p', t', k' を淸音といい、有聲音を濁音と呼ぶ。有聲音は 1 種類、たいていどこでも區別はない。

中國語でなぜ有聲音が少なくなったかについて王力先生の説明を紹介する。有聲の子音の例は方言では吳語にある。例えば貧 b'in、同 d'uŋ、事 zɿ。これらの子音は有聲音であるが、その發音には 3 つの段階を經過する。第 1 が緊張（tension）、第 2 が維持期、第 3 がそれをゆるめた鬆弛のそういう 3 つの相に分けることができる。吳語の有聲音というのは、第 2 の維持期の中頃に至ってはじめて聲帶の振動が開始されるものである。だから b'in というのは實は無聲の b（或いは p）の後に ɦ が付いたものである。だから實際は純粹の有聲音ではない。初めのところはやはり無聲の子音であり、後に有聲の ɦ が入るから、有聲のように聞こえる。

王力氏は言っていないが付け加えておくと、單獨で發音したときには

そうなるが、その前に何か母音が來る場合、つまり言い換えれば他のことばにつながって發音される場合（compound の中で發音される場合）には有聲になる場合が多い。このことは北京語のḅ, ḍ, g̊でも同じ。たとえば「道」を單獨で發音すれば、dao だが「知道」のときは殆ど純粹の有聲音のように發音される。つまり母音と母音の間（intervocalic position）にある場合は有聲に發音される。ともかくも吳語の有聲音の性質はそういうものである。

現代の中國語の多數の方言は有聲音の大部分を喪っているが、古代語はそれを有していた。その消滅の經路は吳語の發音の仕方から説明される。現代の吳語においては聲帶の振動する期間はその子音の半ばを占めるに過ぎない。それが次第に、つまりその振動の時間がもっと短くなれば、最後には完全な無聲の子音だけが殘ることになる。各地の方言における有聲子音の消滅はこのように説明される。これだけでは完全な説明でないと思う。つまり北京語でなぜ有聲音だけ消滅したか、これだけでは分からないが、少なくとも有聲音だけについてはこれで説明されている。

$$
\begin{array}{l}
無聲 \left\{\begin{array}{ll} 不吐氣 & p \quad 全清 \\ 吐\ 氣 & p' \quad 次清 \end{array}\right\} 清 \\
有聲 \left\{\begin{array}{l} \left\{\begin{array}{ll} (不吐氣) & (b) \\ 吐\ 氣 & b' \end{array}\right\} 全濁 \\ 鼻\ 音 \quad m \quad\quad 次濁 \end{array}\right\} 濁
\end{array}
$$

同じような關係が塞擦音のような類においてもある。この場合は鼻音がないから次濁がない。ですから中國式の分け方では3通りしかない。

ちなみに[34] T'chang-ngan の **ng**an は ŋan で ɣan と違う。河北省獻縣がフランスのミッションの中心地で、この地方でまさに an を ngan と發音

---

[34]尾崎注記：「ぼくの質問に對して。」

中國音韻史　　　　　　　　　　　　　　　　　　　　41

する。そうした關係があるのではないか。ngan は北支那一帶にかなり廣く行われている。

母音

　上顎との距離が大きければ母音、小さければ子音になり、さらに狹くなれば破裂音などになるのだから、母音の場合もっとも大きな意味を持つのは舌の位置である。ɿ, ʅ は Karlgren が使いはじめた。ɿ は ts, tsʻ, s のあと、ʅ は tṣ, tṣʻ, ṣ, ẓ[35]のあとにある母音である。

3. 中國の音韻學につかわれる術語の二三について

　いちばん初めは聲母と韻母である。漢字 1 字は 1 シラブルであるから、それを 2 つに分けて前の部分を聲母、後の部分を韻母という。ヨーロッパの言葉では聲母を initial、韻母を final と申しますが、注意すべきことは聲母 initial は必ずしも consonant とは限らない（consonant である場合が大部分だが）、それから韻母が直ちに vowel であるとは限らないということである。initial はシラブルの初めの部分だから consonant であることが多いが、母音で始まることもある。中國の音韻學の習慣では母音で始まる場合にも一の聲母があると看做すのである。例えば、例を舉げると、

　　　　　班　　p|an
　　　　　　　　in. fin.

その場合は聲母は子音であるが、例えばこういう例では、

　　　　　　應　　iŋ

日本語でもオウとかヨウとか母音で始まる。2 つに分けるべきではないが、この場合にも喩という聲母と、それに韻母とから成っている、とそ

―――――――――
[35] Sanskrit の書記法によれば tṣ, tṣʻ, ṣ, ẓ となる。

ういう具合に考える。聲母の方は割に簡單だが、そのことは後にして、韻母についていうと、それは色々な場合がある。

　まず第 1 に、① ただ 1 個の母音から成るもの。例えば a, o, i。

　それから、② 2 つ或いは 2 つ以上の母音、まあ 3 つくらいまで。この場合つまり複合母音になるわけですね。ai, au, ou, iau。

　それから、③ 1 つの母音と 1 つの consonant 子音との結び付きで出來ているもの：an, in, aŋ。

　それから最後に、④ 2 つの母音と 1 つの consonant 子音とが結び付いて出來るもの。この場合はですね、（色んな種類があるが、一例を擧げると i̯ɛn, i̯əŋ とか）實際は 1 つの母音は半母音になる譯です。まあ、それは分かりきったことなんですけれども。

　それから initial の方でありますが、initial についてちょっと注意すべきことは、中國のやはり音韻學で、聲母と韻母という代わりに、紐と韻、そういうことばを用いる場合がある。この場合の韻と申しますのは（つまり紐に對して用いられるときの）、その syllable の主要な母音（主要母音）、例えば

　　　　　表　　pi̯au̯

これは韻母は 3 重母音であるが、その場合 i, u は半母音であるから、主要母音は a、この場合には a 以下の au̯（良 li̯aŋ、光 ku̯aŋ では aŋ）が韻になる。そうすると、前の半母音のくっついた consonant が殘る。紐という場合、往々そういうものまで含めることがある。これは說明の仕方だが、そういう風に說明することができる。

　古い時代の、例えば唐の時代に梵語の學者（中國人の坊さんで）は、紐のことを體文といい、韻のことを聲勢といった例がある（慧琳『一切經音義』）。これはおそらく悉曇の方であって、中國の音韻學ではあまりそういうことばを使うことはない。

　次は字母である。五音とか七音とかいうことがあるが、後回しにして、

中國の音韻學で字母というのは、紐を（言い換えれば聲母でありますけれども）代表する漢字のことである。それはちょうどヨーロッパ語のalphabetの1字1字に名前が付いているようなものであって、紐を代表する漢字を以てその紐に名前を付けてあるのである。

　嚴密にいえば、紐というのは1つの音素であるが（例えばl, p）、それを便宜のために、それを含んでいる1つの字をとって名前をつけた。これは代表字だから何を使ってもいい譯なんですけれども、殊に時代によって紐にも變化のあることですから、數が多かったり少なかったりするので、それぞれについてどの字を選ぶかは自由な譯です。しかし習慣上、字母と申しますのは、普通は36字母と申しまして、36個の紐の代表字をいうのである。

　あとから申しますように、字母という名稱もやはり梵語學の方から來たのである（字に母があるというような考えも佛教の密教の方の考えで、中國に元來あった思想ではない。）36しかないから、なるべく暗記しておいて貰うといいんですが、

　　見溪群疑 ｜ 端透定泥 ｜ 知徹澄娘 ｜
　　幫滂並明 ｜ 非敷奉微 ｜ 精清從心邪 ｜
　　照穿牀審禪 ｜ 曉匣影喩 ｜ 來日

排列法に二通りあるが、その一方のほう、こちらの方が清朝では比較的多く用いられた。後でいうように『韻鏡』などの順序と多少違う（字は同じだが）。見溪群疑から始まるのは、司馬温公の作だという『切韻指掌圖』という本の順序である（司馬温公のこの順序によったのであろうが、清朝の江永も同じ）。36字母の決まったのは唐の守温という坊さんがあって、それが決めたという言い傳えになっている。そして宋以後（一般の學者が採用するようになったのは宋であるが）、唐の時代の中國語の音韻を分析した時、紐（簡單にいえば聲母）が、だいたい36位に分かれたということになる。ですから今のことばで發音すると、合わない

ところがある。

　ともかくこの36字母というもの、これは先ほど申しましたように、守温という坊さんが決めたといわれるが、それ以後ずっと中國の音韻學で使われていて、だいたい唐の時代に決められたのであるから、それ以前またはそれ以後、音韻組織が異なればそれに應じて字母は増減があって差し支えない譯です。

　ですから實際、學者によってはこれをもっと増やすことを主張する人もあります。そういう人もあった。ただですネ、この36字母を使うのが便利な點は、これが『切韻』が作られてからそう隔たっていない時代に考えられたものであるので、『切韻』の音というものを1つの基準にして考える場合には、これを元にしてだいたいの音韻を分類して大きな誤りは來さないから、まあそのためであります。むろん『切韻』の組織はこれより増やしたり減らしたりしなければならないが、これを元にして少し増やしたり減らしたりすればよい。これを元にしたらよいので便利だからである。

　それでこの36字母はさらに大きく分けて幾つかに分類するのが普通である。5つ或いは7つ、それを五音または七音と申しますが、五音の方から申しますと、

| 喉 | — | 喉音、母音 | 曉 χ、匣 ɣ、影 ʔ、喩 ∅ |
| 牙 | — | 軟顎音 | 見 k、溪 kʻ、群 g、疑 ŋ |

| 舌 | — | 舌頭音 | 端 t、透 tʻ、定 d、泥 n |
| | | 舌上音 | 知 ȶ、徹 ȶʻ、澄 ȡ、娘 ɳ |

| 齒 | — | 齒頭音 | 精 ts、清 tsʻ、從 dz、心 s、邪 z |
| | | 正齒音 | 照 tʃ、穿 ʃʻ、牀 dʒ、審 ʃ、禪 ʒ |

| 脣 | — | 重脣音 | 幫 p、滂 pʻ、並 b、明 m |
| | | 輕脣音 | 非 f、敷 fʻ、奉 v、微 ɱ |

これで五音、これに半舌（來 l）、半齒（日 nʑ）を加えると七音になる。これはだいたい發音の場所によって付いている名稱であるが、現代の音聲學上の名前を當てはめると上のようになる。日 nʑ は、或いは 36 字母が考えられた時には z もしくは ʒ にだいぶ近かったかも知れないが、半齒というから z の系統と考えられていたのであろう。半舌を舌音に、半齒を齒音に入れると五音になる。

　發音の方法によってこういう風に分けたのは觀察の不十分なところもあるが、だいたい合理的である。5 つに分けられると五行の木火土金水の 5 つに配當するようになったために神祕的な意味があるように考えられたことがある。それはその配當の仕方について王力の書物に、羅常培の調べたのによって、5 つの方向（東西南北中）、五色（3 原色に白黑）、五臟などとの關係を載せてある。これも人によって違っていてややこしい。とにかく 5 つに分けたために、そういう甚だ神祕的な觀念に結び付くようになった。音韻そのものとは殆ど無關係のことである。

　それから普通に使われているので説明しておく必要のあるのは陰陽である。陰陽というのは音韻學上色々な意味をもっているが、その中でここに必要なのは韻母の方、その區別のことである。後で申しますように、他の意味にも使われますが、ここに申しますのは陰聲と陽聲と申しまして、すべて韻母の終わりに鼻音の來るもの、實際には 3 種類しかないが、-n, -m, -ŋ、それを陽聲といい、鼻音の來ないもの、言い換えればだいたい母音で終わるもの、それを陰聲という。ですから、

　　　先 ɕiɛn　　庚 kəŋ　　林 lɐm　（廣東音）

そういう風に -n, -m, -ŋ で終わるのが陽聲、そうでないもの、

　　　他 tʻa　　賽 sai　　球 tɕʻiu

これが陰聲である。で、この陰陽という區別をするのは清朝の古音學者が言い始めたのであって、この區別があることに着眼したのは戴震（東原）、陰陽という名前を與えたのは孔廣森ですから、これは主として古

音に關する議論になるのであるが、こういう風にすべての文字の韻母を2つに分けると入聲というものがあるので、入聲をこの2つのどちらに屬させるか、或いは獨立させるかということが問題になる。

すべての韻を陰陽の2つだけに分けてしまう人は、入聲も陰聲の方に入れる。入聲というのは元來は-p, -t, -k で終わるのであるが、それも陰聲の方に入れてしまう人がある。例えば孔廣森などがそうである。

それから入聲を獨立させて3つに分ける人もある。それは戴震（だけではないけれども）等がそうである。何時入聲が陰聲に入るかというと（これも王力のいうことであるが）唐代まではまだ p だの t だの k だのがあるが、後に drop してしまって（元代になると完全に drop してしまう）、その結果、母音だけが殘った。清朝でもほとんど同じであったろうが、現代の方言の中で主として北方の方言は入聲というものは有しない。入聲が、北京語のように、平上去の3つに分かれるもの、平聲だけにしか入らないもの、色々だが、要するに母音だけになったから、母音だけの韻母つまり陰聲と看做されたのであろうと言っている。清朝の學者は音聲學もなく、方言の知識も乏しいので、どうしても自分たちの發音について考えたのが普通であった。

これも古音學に入ることだが、序でですから申しますと、陰陽對轉ということがある。古音の方で言い出されたことであるが、陰聲であるべき文字が陽聲に發音されたり、陽聲であるべき文字が陰聲に發音されたりする場合がある。今の音を見てもそれがよく分かる場合があるが、例えば、

   先 ɕiɛn その諧聲になる字 洗 ɕi

これは日本でセンと發音するのは間違いで、ずっと以前、唐以前から西のように發音していた字である。つまり ɕiɛn の n が落ちたのである。こういう例は非常に多く、『論語』の

   儺 no < nɑ 難 nɑn

中國音韻史   47

もそうである。nだけでなく鼻音全體について言われることだが、大體において語尾の鼻音が落ちることがよくある。そのことを陰陽對轉という。

　これには一定の原則（か或いは條理、すじみち）があって、陽聲が陰聲に變化する時には、その變化の結果出來る音は常に陽聲と同じ母音でなければならない。ですから、例えば an が i になるというようなことはない。（儺は nan > na、それから更に音韻變化を辿って no になったので直接の關係はない。）それぞれの陽聲の韻母にはそれに對應する陰聲がある。an, am — a、on, om — o、in, im — i 。だからこれを對轉と呼ぶのである。

　實際に鼻音が drop するというのがいちばん簡單なのだが、中國の學者は韻母というものは1つだと考え（更に母音と子音に分けることをしなかったので）、こういう考えをしたものである。だからこれは陽聲の韻母と陰聲の韻母との1つの關係を示すものである。もしもある陽聲の字が陰聲に變化した場合に、その母音が陽聲の母音と全く同一でなくて、發音の場所において隣り合っている場合、そういう場合にはこれを旁轉と呼ぶ。例えば、an, am — [ε] というような場合、これは一例であるが、そういうのを旁轉と呼ぶのであります。

　音韻變化はしばしばこういう風に鼻音を失うことによって起こるものであるから、ある陽聲とある陰聲とが對轉の關係にあるかどうかということを知れば、音韻變化の經路を非常に簡單にすることができる。

　一見ちょっと別の音のように見えても、對轉の關係にあれば一方から一方に變化するということはよくあるからである。簡單にいえばそういうことである。

4. 等呼

　この前申しました陰聲と陽聲ですネ。韻母のしまいのところの違いによって名付けられたものでありますが、これに對して中國の音韻學者は

韻頭の母音の違いによって開口と合口の二類を立て、開口呼、合口呼と呼ぶ。韻母がただ 1 つの母音のときは問題ないが、複合母音であるか、または母音のあとに何か鼻音その他の consonant が来る場合には、それを構成する要素が 2 つ以上になるが、そういう 2 つ以上の要素からなっている場合、その最初の母音（に決まっているが）を韻頭と呼ぶ。

　開口、合口の 2 つに分けた場合には、韻頭が u である場合にはこれを合口と呼び、そうでないものは全部開口である。韻頭が u であるかどうかによって開口と合口とに分ける。この他に更に開口にも合口にもそれぞれ洪音と細音、言い換えれば母音に狭いものと廣いものとを區別すると、開口の狭い音、細音は齊齒呼といい、合口の狭いものを撮口呼という。ただし開口の中に齊齒呼を、合口の中に撮口呼を別に立てるのは、中國音韻學史上比較的新しく起こったことで、この名前の決まったのは恐らく明末ごろである。そういう區別を立てた中で代表的なのは潘耒という人である（『類音』）。この人は清朝の初めの人で、たしか顧炎武の門人と稱した。だいたい潘耒がこの 4 つの名前をはっきりと限定した人のように思われる。潘耒の定義によっていうと（原文は王力の本を見れば分かるから略す）、齊齒呼は韻頭が -i- であるもの、撮口呼は韻頭が -y- であるもの、-i- でも -y- でも -u- でもないものが開口呼になるわけである (ex. -a-, -o-)。それ以來ずっとこの名前が音韻學者に用いられて今日に至っているわけである。中國のいわゆる國語學者もだいたいこの名前を使っている。

　この 4 つ（開口、合口、齊齒、撮口）を合わせて等呼ということがある。等呼というのはだいたいそういう意味に用いられる。そしてこの潘耒は同じ聲母にこの 4 つの等呼のある場合を擧げている。例えば、

　　　影母　恩　因　温　氲
　　　　　　ən　in　uən　yn
　　　　　（開）（齊）（合）（撮）

清朝のことだから今の音と大して違いないと思われるが、假に發音を表

わすと、まあこういう音だろうと思う。しかしこういう風に４つがうまく對立しているという風には限らないのでありまして、例えば、

曉母	○	欣	昏	熏
χ	—	ɕin	χun	ɕyn

では開口に當たるものはない。ｉの母音のときはɕになる。ｕのときは保存されているが、ｙのときはまたɕ、口蓋化である。χは元來舌根、後舌の音であるが、それがずっと前の方、齒齦のすぐうしろのところで發音されるようになるとɕになる。この場合でも分かるように、韻頭というものは、いわゆる紐（かんたんに言えば聲母）といちばん近いところにあるので、音韻が變化する場合には、しばしば聲母に影響を與えることが多いのであって、この現象は近代の北方語、中國北部の言語に最も著しく現れている。中古音、つまり『切韻』の時代、簡單に言えば隋の時代であるが、中古のある種類の聲母は、かりに現代の北京語を例に取れば、北京語では開口と合口の場合だけに元の音が保存され、齊齒呼と撮口呼の場合には別の音、別の１系統になるということがある。

見母（溪・群）　　k- > tɕ-[36]
精母（清・從・心・邪）　　ts- > tɕ-[37]

開、齊、合、撮のこの４つの等呼というのは、明以後の音韻學で使われる名前で、それ以前の音韻學者は全體を開合の２つに分けて、それをそれぞれ４つに分けて四等というのを區別するのである。だから全部で８つになる。その場合の四等は後でお話しすることにするが、こういう風にあらゆる發音を四等に區別する、あるいは四等に分けてこれを表に作ったりする、そういう表のことを等韻圖というのであるが、そういう圖表によって音韻を研究する學問を等韻學という。この等韻の學問はひろく

---

[36] これはやはり齊齒呼と撮口呼の場合に限る。言い換えれば-i-又は-y-の前に限る。
[37] ｋ類の場合と同じように齊齒呼と撮口呼の場合、つまりｉとｙの前でそうなる。言い換えれば開口（-a-, -o-）又は合口呼（-u-）の前ではｔｓの音が保存されている。

解すれば、先ほど申しました潘耒 (1646–1708) 以後の、こういう開、齊、合、撮の4つに分けるような、そういう説も含むのである。つまりことばの音に關するすべての分析を包括した名前である。

　等韻という學問がいつ頃から起こったかということは、いま正確には分からないが、晩くとも唐の中ごろ、7世紀から8世紀にかけてはもうこういう風な學問が起こりつつあったと思われる。ただそれが盛んになったのは、8、9、10世紀、宋以後である。

　この前申しました字母というようなものも、これは等韻の學問の産物であり、それは同時に梵語の學問から得た知識が元になっている。字母という名稱そのものが佛教系統のことばである。華嚴經の漢譯などにあるそうですネ。等韻の學問がたしかに梵語の影響から起こっていることは間違いない。だからこれは坊さんの間に始まって、清朝までずっとこれに關係する人は坊さんであることが多い。ただ守温という人が書物を著したらしいが、その書物の斷片らしいものが傳わっているだけで、全體は殘っていない。あらゆる漢字を表にした圖表のようなものを守温が作ったかどうか分からないが、そういう表のいま傳わっているのでいちばん古いものは『韻鏡』である。

　『韻鏡』はいま實際に殘っている等韻圖ではいちばん古いものである。いま傳わっている本から分かることは、この書は1161年、宋の紹興年間であるが、この年に刊行されまして、それから更に30何年か經ちました後の1196年に重刊されました。いまある本には1203年の序文があるが、實際には1196年の版から出ている。『廣韻』が版になったのは1008年であるから、それから100年以上も經っているけれども、この圖表の原型はもっと古いと考えられる。その中には相當唐時代からの古い傳統を含むものだろうと考えられている。

　それからこの本は全部で43圖から成っている。この本は長い間中國ではすっかり忘れられて、日本だけに傳わっていて、日本にはこの本の版本が非常にたくさんある。何十とあると思いますが。ただ日本でこれ

が版になったのはだいぶ晩く、戰國時代の享祿年間、1528年に版になったのがいちばん古いが、その後翻刻は無數にある。そして中國には清朝の末、明治になってから、日本に公使になって來ていた黎庶昌が『古逸叢書』に收めて出版したことによって中國に知られるようになった。ところが中國では實はこれと殆ど同じような書物が實際はあったんでありまして、それが鄭樵の『通志』、これはまあ一種の歷史の書物なのですけれども、これの「七音略」という部分、それが『韻鏡』と殆ど內容の同じものなのであります。原型は同じものだったに違いない。鄭樵は1104-1162の人で、『韻鏡』の版になる少し前である。43圖から成ることも同じであるが、「七音略」の方は殆ど説明がないのに對し、『韻鏡』は前に少しある。そういうことから見ても、『韻鏡』の原型はもっと古いであろう。等韻の圖表としては、この2つがいちばん古いが、それ以後同じようなものがたくさんある。その中でいま傳わっているいちばん古いものを擧げると、

  切韻指掌圖　舊題司馬光撰
  四聲等子
  經史正音切韻指南

もし『切韻指掌圖』が司馬温公の作だとすると、『韻鏡』や『七音略』よりも古くて11世紀になるが、いまの本が司馬光の作ったものであるかどうか分からない。北宋にしても南宋にしても、とにかく宋のものであることに間違いない。この本は組織が違っていて、全體で20圖、ということは音韻組織が簡單になっていることを示すものである。

 『四聲等子』には「攝」ということばが使われているが、『切韻指掌圖』にはいまだ用いられていない。これも誰が作ったか分からないが、王力によれば、元の時代、元人の作だという。もう少し古いかも知れないが、『切韻指掌圖』などよりは新しいのでありましょう。これは16圖から成っていて、いま申しましたように、それぞれの圖を「攝」と呼んで

いますから 16 攝である。攝ということについては、後で説明する。ただ次の『切韻指南』などよりは古いだろうと思われる。

『切韻指南』は元の劉鑑の序文（1336）がある。これも殆ど同じく 16 攝。攝と申しますのは、要するにいくつかの韻を更にひとまとめにしたものであるが、それに先だって、韻というものの説明から始める。

それぞれの韻に、それの代表の字を選んで名前をつける。たとえば、一東、二冬というように、いろんな名をつける。それはちょうど聲母に代表の字を選んで、36 字母としたのと同じことであるが、つまり東という字が -ung の、麻が -a の、陽が -ang の代表字である。韻というのは非常に多いのであって、『廣韻』で 206 韻（『切韻』はもう少し少ない）あった。但しこれは四聲の別を含んでいるのでこんなに多くなる。それは韻母の種類というものが、聲母よりもはるかに variety に富んでいるからである。たとえば -ən、こういう韻母、これは先程の潘耒の考え方によれば、

   ən iən uən yən

という 4 通りの variety に分かれる（實際に發音されるかどうかは別として）。つまり大きくいえば 1 つの韻であるが、それが 4 つに分かれてもよい譯である。また 1 つの韻ごとに四聲すなわち 4 つのトーンがあるから、これを 4 倍すれば 16 の韻になる。ところが、こういう四聲とか等呼とかいうことを假に無視して、抽象してしまって、共通の要素である ən だけを考えると、この 16 韻が 1 つの ən という音になる。ən という共通部分を含んでいるということでは大きく 1 つの group になる。こういう見方をすれば、多くの韻をいくつかの、十いくつというような group にすることが出來るわけである。十いくつとか、二十以下の group になる。この group を攝あるいは韻攝という。

先程の『四聲等子』以下の、等韻の學問でつかう攝というのは、206 韻をいくつかの group にまとめてしまった、その group の名前である。普

通に使うのは 13 あるいは 16 である。その名前はいちいち擧げないが、一例をいうと、

  果攝　-ɑ　（今の音では o になっているものを含む）
  山攝　-ɑn　（今の音で ɛn になったものを含む）

等韻の學問というのは、そういう風に發音をいろいろに分類して作ったものである。その中で『切韻指掌圖』は版本がわりあいに見易い。『四聲等子』は『粤雅堂叢書』だったか、『切韻指南』と『切韻指掌圖』とは德川時代の版本がある。等韻學の內容についてはもう少し說明すべきところがあるが、それは『廣韻』の說明と一緒にしたい。この學問は『廣韻』以後盛んになった學問であるが、それに拘わらずここで一寸說明したのは、『廣韻』にかぎらず韻書の學問は反切をもって字音を表わしたものであるが、その反切の表わす音價の再構成 (restitution) をやるためには、反切だけでは少し不充分なのであって、どうしても等韻の學問の、あるいは等韻の圖表の助けを借りなければならない、まあそのためであります。ところが等韻圖を頼りにして再構成しようとすると、これが如何に古いとしても 9 世紀を遡ることはない。どんなに古い傳承を含むとしても、唐の中頃以後である。ところで Karlgren の再構成しようとするのは『廣韻』の原型である『切韻』、7 世紀はじめ頃の音であるから、どんなに古く見ても 200 年から 300 年近いギャップがある。そのことを絶えず注意する必要がある。つまりそれだけの誤差がある。少なくともその誤差を勘定にいれないと、つまり『切韻指掌圖』の表わす音が完全に『切韻』と考えると誤差が出る。

5. 『切韻』の音價を再構成する方法および結果

 それは實際いちいちの過程について細かいことをお話しするひまはないと思う。ここでは基礎になっていることと、その結果だけをお話しする他はない。そのため Kargren の言っていることを 1 つだけ紹介してお

くが、Karlgren が中國の中古音を定めるために使った材料というのは大體 3 つありまして、第 1 が中國語を外國語に音譯したもの (transcription) 及び外國語を中國語に音譯したもの、そういう材料が第 1。それから第 2 は韻書の中に與えられている反切の注記 (notation)。それから第 3 が等韻圖、漢譯では韻表ということばが使ってある (tableaux phonétiques)。その場合 Karlgren は第 1 の材料は留保をつけて、第 1 の材料は興味ある結果をもたらすであろうが、多少の疑問がある、どの民族でも外國語から借用したことばはうまく模倣できないものであって、自身の言語の發音の習慣にそれを合わせるために、借用語というものはほとんどもとの形が認め難くなるほどにするものである。だからそれだけに頼ることは危險だということになる。Karlgren は實際、佛典の中に出てくる Sanscrit の音譯に用いられた漢字の研究を行っている。よく見たことはないが T'oung Pao 1920 の中にある[38]。Karlgren のことばによれば、音譯の重要な意味は、本國の材料によって得られた結果に對する試金石たることにある。ですから主な材料は第 2 と第 3。

ところでこの第 2 の反切であるが、Karlgren の使った『廣韻』がどんな版かわからない。『廣韻』を使ったことは間違いないと思うが。次の等韻圖についていうと、『韻鏡』の價値を、少なくとも Ancient Chinese の研究の時、最初の研究の時には、あまり理解しなかったらしいので、『切韻指南』を據り所としたのである。もっとも Karlgren が實際に利用したのは原本ではなくて、『康熙字典』のはじめに附いている『等韻切音指南』という表なのである。Karlgren はこれを『切韻指南』と同じものだと認めている。それはまあそうなのであって、全く同じではないが、ほとんど同じものである。だから攝ということばを使っている。次に先ず『廣韻』の反切を分類しなければならぬ。これはやはり王力の本に據ったのであるが、『廣韻』の反切に使ってある漢字を分類した結果（これは

---

[38] [Bernhard Karlgren, Prononciation ancienne de caractères chinois figurant dans les transcriptions bouddhiques, *TP*, Vol. XIX, pp.104-121.]

Karlgrenのやったそのままではないが)、それをプリントにしました。この分類はどういう風にしてやったかというと、清朝の陳澧の書いた『切韻考』という本がある。そのやり方です。反切というのは一見デタラメな、勝手な字が使ってあるようだが、系列を作ってみると、上の字がいくつかの類に分かれる。ここにあるのは王力の本に據ったのであるが、もう1つ（北京の、もう十何年かまえに亡くなったが）白滌洲という學者、この人の統計した「廣韻聲紐韻類之統計」がある（女師大の雑誌に出た[39]）。數字はそれに使われている回數です。王力の本が白滌洲の表の通りになっていないところがある。少し出入りがあるが、大體のことがこれで分かればよいと思う。陳澧によれば、『廣韻』の反切に使われている上の字は452字あるそうである。これをまた集めて、その字同志を系聯すると、陳澧の考えでは40類、白滌洲では47類となる。ここに出ているのは白氏の結果である。實際のやり方については、この次にお話しします。

6.『廣韻』の聲類・韻類

　聲類でありますから、つまり反切の上の字ですネ。例えば冬都宗切とあると、都の字、それを全部あつめて分類した結果がこの聲類表である。大體陳澧の『切韻考』と大差ないが、詳しいことは白滌洲（劉復の門下にあたる）、この人の統計をとった、その統計の結果がそこに書いてあるわけです。反切の上の字はつまり簡単にいえば、雙聲になる字で聲母を表わすわけだから、それを集めて分類した結果を聲類という。

　どういう風にして集めたのかというと、陳澧のやり方は、自分で説明しているところによると（序文）、先ず

　　　　冬都宗切　　當都郎切

この場合、聲類が同じだということが分かる。したがって冬＝當という

---
[39]『女師大學術季刊』第2卷第1期、民國20年4月刊。]

結果が出る。そういうのを同用という。同用という範圍が非常に廣いわけですけれども、2枚目のプリント上から8番目、都類、都 $_{37}$、これは一番多いわけです。それからこれは分かり切ったことなんですけれども

  當都郎切　　都當孤切　　當＝都

こういう風に反切の字と歸納される字と互いちがいになっているものを互用という。また

  冬都宗切　　都當孤切　　冬＝都＝當

のようなものを遞用という。實際にはどの2つからも最後の結果が出てくるが、同用・互用・遞用の3があって、そのどれかに當たるものは、それは聲類は同じでなければならない。まあ、そういう方法によってずっとつなげるんであります。

　反切の上の字の間でそれぞれの字、例えば都と當と冬、その3つの字が1類になることは分かりますが、それと同じような方法で丁も1類になるということが分かります。こういう風につながるものがあり、多いものは10幾つの種類になるものがある。そういう一續きの關係になるもの、1つのシリーズをなすものを陳澧のことばで聲類という。

　ところがここに擧げてあるのはただ機械的に1類になるものでなく、反切の字の上では系聯しないものも1類に附してある。それは今の都の類で見てもそういうことがあって、この中で冬、都、當の3字が系聯することは分かるが、これとよく似た音と思われる多ですネ。多は

  多得何切　　得（德）多則切

これは先ほどの陳澧氏のことばを用いると互用ということになるわけですね。冬、都、當、この3字が同じ1類になるということは分かる。この他に丁がありますけれども（丁當經切）、そうしますと、冬、都、當、丁という4つの字と、多、德、得という3つの字とは、反切の上でつながらない。そういうのを陳澧では兩々互用という。そういうのは何故1類

中國音韻史

に讀めたかというと、『廣韻』の中に一字兩音のものがある。こういうのを又音と申しますけれども、例えば一東の韻のところですネ。

　　一東　　凍德紅切　　又　都貢切
　　一送　　凍多貢切

都と多とは同じでなければならない。ですからこの都と多とは等しいということは決めました。直接の證據はないけれども、こういう間接の證據によって、系聯はしないけれども1類だということをきめたと、陳澧はそういう風にして反切の聲類を決めたといっている。

　そういうやり方によって反切の上の字のgroupをあつめ、陳澧では47より少なくて40類になる[40]。どこが違うかと申しますと、

　　　1. 古類　　2. 居類

の2つは、等韻家の36字母ではいずれも見母に屬する。反切の上だけからは關係しない。古以下の9字と、居以下の8字とは系聯しない。系聯しないから白滌洲では2類になっているが、陳澧はやはり一字兩音の字を探して居と古とは等しいという關係になければならないとして、そうしてこの2つを一緒にしてしまった。そういう風にすると、以下も同じような關係になる。

　　　3. 苦類 4. 去類;　　6. 五類 7. 魚類;　　8. 呼類 9. 許類;
　　　11. 烏類 12. 於類

そこまでが1枚目、それだけで5つ減る。それから2枚目に行って、

　　　　30. 盧類 31. 力類;　　46. 莫類 47. 武類、

そうすると7つ減ることになるので、40類になるわけである。

　40類とすると、それでも36字母に比べるとまだ4つ多いが、それはどこが多くなっているか、その違っているところを申しますと、36字母

---

[40] 47類を決めたのは白滌洲。

の中で照穿牀審の4字母は、等韻家の圖では原則として3等と2等しかない。3等に使われる字と2等に使われる字とをそのまま殘すと2類になって、4つ増えるわけですネ。それから喩母というのがある。これは3等と4等しかないが、これも2つに分ける（于・以）。そうしてですネ、明と微、これは36字母では2つになっているが、これを1つにする。陳澧のやった結果ではそうなる。差し引きゼロになって、照穿牀審を2つにしただけが多くなる。それに比べると白滌洲のやった結果では、陳澧の分けてないものを分けたのが7類ばかりあるので、7類だけ多くなる。

　一字兩音というのが非常な曲者で、これを使うと陳澧などが言っているように、少なくとも47あるものが7ばかり少なくなるだけでなく、陳澧が引用していないものがあって、それを押し進めるともっと少なくなる。

　類隔と呼ばれる反切の1類があるが、例えば端＝知、幫＝非となるようなものである。そういうことは原則としてはないが、『廣韻』の中には類隔のものが幾つかあり、それを押し進めると、端母と知母とは1の類だとしなくてはならなくなる。端透定尼、知徹澄娘の8字母が一緒になるから、それだけでも4つ減る。そういう調子でやると實はもっともっと減って、33類とか28類とかになる。ですから一字兩音というのは本當は使わない方がよい。陳澧のやり方は不徹底で一部分だけを使っている。なぜ一部分だけ使っているかというと、（陳澧はどこにも言っていないが）陳澧があらかじめアタマの中で描いていた『廣韻』の音韻組織のようなものに合わせただけのことである。

　同じことが47類についても言える。47類の中でもまだ系聯しないものがある。あるいは系聯していても實際には2つに分かれるべきものがあって、それはですネ（36字母で言った方が簡単でありますからして）精清從心が少なくとも反切から言うと實は2種類に分かれなければならない。そうすると47+4=51。51類を建てたのは曾運乾です[41]。そしてそ

---

[41] 湖南の人で、少し古い派の學者ですけれども。

れに贊成したのは最近まで燕京大學の教授であった陸志韋という人である[42]。それが一番精密な分類である。

この表に 47 類としているわけは、Karlgren がやはり 47 類になるわけだから、Karlgren の學說に合わせるために 47 類を採ってあるだけである。とにかく『廣韻』の反切の上の字を數學的に分類すれば 47 類になる。或いはもう少し精密に分類すれば 51 類。そういう聲類というのは、Karlgren のことばを使えば、代數的な結果であって、どの字とどの字が等しいという結果を示すだけである[43]。それの實際の値（value）を知るためには別の方法が必要であって、それは結局 Karlgren は直接そう言っていないが、Karlgren の言っていることから綜括すると、現在の中國語の方言においてそれぞれの字がどう發音されているかということが有力な手がかりになる譯である。

もっとも Karlgren の言い方は中古漢語すなわち 7 世紀初の『切韻』という韻書によって代表される言語が、現代の凡ての方言の祖先になる、そして或る字が現代の或る方言では甲のように發音され、他の方言では乙のように發音されるのは何故であるかということを、その言語（『切韻』のことば、いわゆる中古漢語ですが）が說明するものでなければならない、まあそういう風な言い方である。ですからその value は實際に方言がどう發音しているかを知らなければ分からない。それが 1 つ。それから Karlgren が使った方言について、これは去年の講義で申しましたので繰り返すことになるが、Karlgren の利用しました方言は次のものです。

北京　山西$_8$　甘肅$_3$　陝西$_3$　河南$_3$　四川南部　漢口
南京　揚州　吳語$_3$　閩語$_3$　粵語$_3$
域外方言（日本、朝鮮、安南）

---

[42]［陸志韋「證廣韻五十一聲類」『燕京學報』第 25 期（1939 年 6 月）1-58 頁。］
[43] X とか Y とかの關係であって、實際 X とか Y とかがどういう數値であるかわからない。

33ヶ所、33種類の方言であるが、そのうちで直接その土地の人の發音を調査する機會のあったのは24ヶ所（その他は西洋人の使ったromanizeされた辭書などを使っている）。山西省が特別多いのはお氣づきになると思うが、この地方はSwedenの宣教師がいたので、その助力を得ることができたと言っている。

　それとこの前申したように等韻圖。方言だけでは『切韻』の言語を直接それだけで決めるというのは難しいので、『切韻指南』そういう等韻の圖、それを使っている。等韻の圖表に基づいたところについて、ごく簡單にお話しておきます。

　『韻鏡』その他の等韻の學は凡ての字母（簡單に言えば36字母）を縱の圖表にとって、そうして横に、4つにとるのですが（韻類）、例えば1類が大體1列になるようにはめてある。例えば『廣韻』なら『廣韻』に擧げてある反切の附けられた字、それが2類あれば2行に、2つの段になるように當てはめられてある。本によってとり方が2種類あるが、平聲なら平聲だけで4段、あわせて16段、そういう風にしたのが『韻鏡』その他等韻圖の大體のかたちである。そういう表を見ると36字母は36行になる必要があるが、36行になっていない。『韻鏡』のような代表的な表では23行になっていて、少し減っている。何故かというと36字母は四等に全部出てくるものもあるが、全部に出てこないものもある。例えば、見母はどれにもある。しかし端母は一等と四等しかないわけです。その反對に知母は二等と三等にしか出てこない。知母以下の9母（知徹澄娘、照穿牀審禪）は齒頭音と舌頭音との間に入ってしまい、輕脣音（非敷奉微）も別に出す必要がないから、この4つと合わせて13行少なくなり、全部で23行になる。

　四等と聲類との關係は、Karlgrenがそれまでのヨーロッパの學者の研究を參照し、或いは批判しながら出した結論は次のようになる。それは三等について、見母と溪母と疑母の場合では、一二四等と三等とが別のgroupになる。それでおそらく三等というのは口蓋音であろう（kj-）。一

二四等と三等の區別のある音では大體同じようなことが言えるわけである（影、曉、來）。曉母について言うと、大體h-の音だが、これも2つになる。そうすると一方はhj-（もう少しひどくなると東京の人がヒをシという、そこまでは行っていないが）一種の拗音（jodisé）、假定であるがその假定をもっと押し進めて聲母が三等になっているものは-j-、そういう假定を立てる。類推だがそう決める。直音たとえばk-と拗音kj-、もっと齒ぐきに近いところで發音される[44]、そういう風な音を假に假定する。三等の音はすべて拗音だと決める。それが聲母についての、Karlgrenの場合の一般的な原則です。ですからk-以外の音もすべてそうなるわけで、t-, tj-; p-, pj-等。

この場合いちばん面倒なのは齒の音、

精　清　從　心　邪
照　穿　牀　審　禪

齒頭音はしばらく除外して、等韻の圖では二等と三等に來る音、現在の音では多くは捲舌音になっている。もちろん捲舌音にならないものもある。ところが三等はさっき言ったように拗音であるが、拗音と北京の捲舌音とは結びつきにくい。tṣの後は-j-があることはない。一般にこれは結びつきにくい音である。そこで三等の音はやはりtṣでなくて、tś(tɕ)に近い音、これならば-j-につき易い。そういうのを三等に決める。tś(tɕ)j-, ś(ɕ)j-, ź(ʑ)-。そして純粹の捲舌音の方を二等にする。

　二等と三等とは反切上別のgroupに分けなければならないことは先ほど言ったようであって、何か區別がなければならないが、その區別はKarlgrenではこういう風に說明される。そういうやり方で凡ての字母について、その反切と、それが等韻圖でどういう位置に來るか（等韻學でどういう風な說明が付けられているか）、それを現在の方言の音とで、それぞれの字母がどういう音にあたるかを決める[45]。その決めたのが廣韻

---

[44] 東北人のキはチに聞こえる。
[45] Karlgrenのやり方はいつもそうであって、『廣韻』の反切と等韻圖によって圖式にし

51紐表である。47類と少し違って51類だが、實際には47類である。齒頭音は4つしかとってないから、陸志韋という人の說では實際は8類になる。輕脣音の非敷奉微の4字母は『切韻』の時代[46]では重脣音と區別がない。ただし重脣音は2つに分かれる。それはつまり直音と拗音の關係でありますけれども、直音と拗音とが別のものだと考えると8つになる。この表では輕脣音が別に4つ出してあるが、『切韻』の時代にはなかったが、それに引き續いた唐の時代にはできていたと考えられるからである。

結局51類になるが、先ほど擧げた陸という人の51類とは同じくない。それは注意して置かねばならない。それから使ってある字が47聲類表と一致しないものがある[47]。

韻母についてもやはり『廣韻』の反切を歸納することによって、つまり韻母を同じくするgroup、それを韻類と申しますけれども、そういうものができる譯です。やり方は聲類の場合と同じである。聲類は206韻の全部に散在しているが、韻類は同じ韻の中に前後しているだけだから、韻書の中から區分することは比較的容易である。やはり韻類を區別することを始めたのは陳澧であるが、『切韻考』において第3卷が「韻類考」、一東の韻からはじめて目錄のようなものがある。1韻が1類のものもあり、1韻になっているけれども反切の下の字からどうしても2類あるいはそれ以上になるものができてくる。いちばん多いのは1つの韻が4つの韻類に分かれるもの、例えば五支（平）、四紙（上）、五寘（去）である。その他にも4つの類に分かれるのは幾つかある。結局、206韻を通じては、『切韻考』卷3の目錄を合計すると、平聲がいちばん多くて90、上聲が80、去聲が88、入聲が53で、計311となる。

どれだけに分かれるかは反切の取り方により細部は問題があるので、

ておいて、そこに方言音をあてはめ、あてはまらないものは變わっていくというやり方である。

[46]『廣韻』がそうなっているから、『切韻』もそうであろう。

[47] 36字母が使ってない別のものを取ったところが少し違っている。

中國音韻史 63

人によって異なる。Karlgrenは、方法は同じことだと思うが（平上去入それぞれの計算はしませんけれども）總計しまして283。それからこの前に申しました白という人（白滌洲）、この人の數え方では、陳澧と出入りがありまして、82、76、82、50で、計290となっている。

これも王力の本に、だいたい白滌洲に據ったと思いますが、韻類のですネ、表とそれから使われている反切の文字ですネ、それを擧げてありますが、煩わしいからプリントを作りませんでした。必要な方は王力の本『中國音韻學』、それを御覽になったらよろしい。これはだいたい白滌洲に據っているようであります。

反切の一々の字については王力の本を見ていただくことにしまして、『切韻』の韻母の音價について、これもごく簡單に説明したいと思う。實はこれについても清朝以來いろいろな問題があって、これは現代の中國語と『廣韻』のようなものを比べて見ればすぐ分かるが、韻の分け方が非常に細かいということである。全體としてみると少なくとも90類以上になる。

例えば一東の韻でいうと、これは2類に分かれるが、假に1つが-ungだとすると、もう1類は-ingである。つまりそれは、主要母音はこの場合-u-だが[48]、その前に-i-のような半母音があるかないかによって分かれる。そのような主要母音の前に半母音がついて韻が分かれることは了解できるところであるが、それは別にしても『廣韻』の韻は、57（平）、55（上）、60（去）、34（入）／計206であって、このいちばん多いものを取ると60ぐらいになる[49]。しかしそれだけの音を區別している地方は方言の中には1つもない。それが第1の異なった點である。だから多くの學者は次のように考えた。それは1つは古音というものである（『切韻』を今音とするのに對する）。つまり『切韻』の中には『切韻』の時代、7世紀の初めにはそういう區別がなかったけれども、それ以前の古い時代

---

[48] -oだという人もある。
[49] 去聲の中には、平聲や上聲にないものがある。

代の言語の韻の區別、それをできるだけ保存しようとした。そこで韻が増えていく。例えばその1つの例を申しますと、戴東原が言っておりますことですけれども、『廣韻』を開けてみますと、初めに一東、二冬、三鍾、四江がある。ところがここで問題になるのは、四江の韻であるが、この韻は下平に十陽という韻があって、現在の音は十陽の韻と四江の韻とは全然區別がない[50]。簡單に言うと-ang、-iang のような音で全然區別がない。區別がないのはおそらく唐の中ほどまで遡るのではないかと思う。戴東原の考えでは、四江の韻というのは古音、まあ漢以前の音では、一東や二冬などと同じであった。それは『詩經』その他の押韻とか諧聲の押韻とかを見れば分かるが、ですから古音では四江の韻はそっちの方に屬すべきでありまして、それが後世になって音が變化して、十陽の方に入るようになった。ですから戴東原の考えを少し補足して言うと、古音だけ考えると四江の韻を考える必要はない。それから戴東原のいわゆる今音を考えれば、十陽なら十陽の韻と一緒にしてしまえばよいので、つまり古音だけ或いは今音だけを考えるときは、どちらの場合にも四江を獨立させる必要がない。ただ『廣韻』では古音を保存するために特別の1類にしている。つまり古音に比べても今音に比べても1類増えるわけである。『切韻』はそういう分け方をしているから韻が多い。

　それからそれと同じような關係が方言の間でも成り立つ（方音）。synchronique な關係であるが、方言どうしの韻の分け方はもっと複雜であって、例えばAという地方とBという地方とを比べると、Aにだけあって B になく、また B だけにあって A にない反切があるとする。その他、両方あるのがあるわけだが。そうすると、この場合は次のようになる。

```
A   ○   ○   ×
B   ×   ○   ○
```

これを戴東原のやったと同じやり方をすると少なくとも1類以上は多く

---

[50] それと十一唐も同じ。

なる。ある1つの韻についてはBの地方のやり方にしたがい、他の韻についてはAの地方の區別を採用する。そういう風にするとむろん韻類の數は多くなる。むろんそういう風にして出來たとすると、現實にはどの地方の人も或いはどの方言を話している人もそれだけ多くの區別をしている人はないわけだが、それだけ折衷的であると同時に紙の上だけのことになる。とにかくこの2つのことを考えれば、韻が非常に數が多くなるのは考えられることである。

　以上申しましたのは大體ふつうの考え方であったと思う。しかしそれと異なった考え方をする人もあって、例えば陳澧などがその一人でありますが、陳澧はこういう風に言っている（『切韻考』）。陸法言は206韻を分けており、その1韻ごとに更に2類、3類或いは4類に分けているが、それは好んで繁雜にしたものではない。それは當時の音が實際その區別があったのだ（當時之音、實有其分別也）、そういう風に言っている。そう考えることも不可能ではない。ヨーロッパの學者はだいたい陳澧の流儀の考え方を取るのが普通であって、Karlgrenなどはそうである。Karlgrenによると、206韻の、といっても實際は約60の韻の主要母音すべてに區別があると、少なくともある筈であるという。そういう立場で『切韻』の音價と言いますか、音の値をreconstructした譯であります。その結果につきまして、やはり王力に據ったんでありますけれども、Karlgrenの再構成した音、それの表を出してあります。この韻母の表、これはKarlgrenの *Phonologie chinoise* の、漢譯で言うと528頁以降、そこに表がある。ただその表は『切韻指南』、實は使ったのは『康熙字典』の本であるが、その順序になっていて少し見にくいので、ここに差し上げました表は『廣韻』の206韻の順序になっているから、その方が見易いと思う。ただちょっとご注意申し上げておきますが、その韻表（四）というところで、平聲の方は問題がありませんが、上聲と去聲で韻の順序が、われわれの普通利用する『廣韻』（宋版による）の順序と違っているところがあるので、それをちょっとご注意ください。それはそれと對

應する平聲の韻および入聲に合わしたので、やはり戴東原という人が、今の『廣韻』の順序が間違っていると言って改訂したので、それに從っているわけである。Karlgren がこういう風に音價を決めた決め方については出來るだけ簡單に要點だけを説明しておきます。Karlgren は『切韻指南』というような等韻圖を利用して區別をした。だから等韻圖において一等から四等まで、母音においても4種類の分類がありますので、それに合うように分けてある。一等と二等とは母音の區別があると認められる場合。これが [ɑ] の類の母音の時は、一等をɑとし、二等の音をもう少し前の、前舌のエに近いa、そういう風に決めた。これはまあ非常に簡單に分かると思います。例えば平聲で申しますと、歌・戈がɑで麻がa。二等の系統に入る音は、今の方音でもだいたい [A] だが、一等はoに入っているのが多い。後舌の [A] はoに變わりやすい。二等では邪iɛ< a のように、i が前に來てa がɛになることは、前舌の母音だとすると簡單に説明できる。もちろん他に、車 -əなどもあるが。

　三等と四等との違いは非常に面倒である。例えば、

一	二	三	四
寒	刪	仙	先
-ɑn	-an	-iæn	-ien

これは結果から申しますと、そこにありますように、三等と四等の現在のたいていの方言の音は -ien であって、北京語でも區別はないが、『韻鏡』などの圖で區別があったからには、何か別のものであるに違いない。主要母音の開き具合、それから前の i の強弱、それによって區別する。論爭めいたことがあって問題になったが、詳しいことは略す。こういうように『韻鏡』の中で同じ圖に入っているもの、それは母音の開き方の大きい小さいによって一應解決される。それに關しては Karlgren だけでなしに、例えば清朝の學者では江永が既に言っていることであって、「音

韻有四等、一等洪大、二等次大、三四皆細、而四尤細」[51]ということばに合致する譯である。日本の大矢透博士の考え方も江永の『音學辨微』に基づくが、江永自身一等二等がどう違うか言っていない。讀者が自らさとらねばならないようになっているが、Karlgrenはそれを音聲學的に解釋してある譯である。

ただし寒刪仙先などは『韻鏡』で1つの圖になっていて、4つの韻の關係がはっきり分かり易い例であるが、實はこういう風に簡單に分からない例が非常に多い。例えば五支、六脂、七之、八微というようなところを取ってみると、微の方は別にして、五支、六脂、七之、これはだいたい等韻の圖で何等にあたるか、開口であるか合口であるか[52]、五支と六脂では開口と合口の2種類に分かれ、それぞれ二、三、四等がある。二等の音は特殊であって、『韻鏡』というものでは正齒音の4つの字母は必ず二等に配當されるものがあって、韻としては三等であっても、二等にはみ出してくることがある。主なものは三等と四等であるべきである。五支、六脂、七之は、現在の方言ではほとんど區別がない。『廣韻』がこう3つに分けているのはどういう譯か、清朝の學者はほとんど分からなかったが、Karlgrenは五支は福州の音によってieとし、それから *Phonologie chinoise* には言っていないが、古代のiaからくるものであろうと考えた。これは清朝の古音の研究にも合うので、五支の韻はそれでよいが、六脂、七之は區別がつかず匙を投げている。他にも先程のように長短で區別しているが、できるならば長短などで區別しない方が望ましい。

細かいところは文句のつけようもあるが、一應Karlgrenの決めた音によるのは便利である。Karlgren以後、日本でも有坂氏、河野［六郎］氏などのように、三・四等の區別の問題があるが略す[53]。

---

[51]江永『音學辨微』乾隆己卯の序文がある。
[52]開合口はだいたい『切韻指南』に據っていると思う。
[53]有坂氏『言語研究』第3輯。

第5章 『廣韻』以後の音韻の變遷について

　宋以後の官韻と言われるものの大略について話す。つまり宋以後の韻書の主なもの、その前に一體唐代に『切韻』及びその他の韻書が、實際はどういう風に使われていたかを知る必要があるが、このことは詳しいことはわからない。『切韻』の陸法言の序文にある樣に

　　　欲廣文路、自可清濁皆通、若賞知音、即須輕重有異

この場合の清濁とか輕重とかいうことはよくわからない。漠然と使われているらしい。つまり知音の人にとっては字音の微細な區別もゆるがせにできないが、詩文をつくる場合には、そんな小さな違いは許されてよいという風に解釋すると、『切韻』を作った陸法言自身が、彼の定めた 206 韻（實際はもう少し少ない）が、いわば理論的なものであって、詩や文の作者たちに強制しようとする意志はなかったということになる。つまり 206 韻であっても、それをもう少し韻の性質の近いものは通用しても差し支えないということなんだろうと思う。そういうことについても、1 つの材料は、よく知られていることであるが、封演[54]という人の『封氏聞見記』という本の中に、隋の陸法言の『切韻』は 12586 字を含んでいて、文章を作る者の規範である（以爲臨文楷式）。しかしながら同じような韻を 2 つに分けたものがあって、「屬文之士共苦其苛細、國初許敬宗等詳議、以其韻窄奏合而用之」とある。合用というのはおそらく、となりにある韻と一緒にしよう、韻をふむときは、その隣りの韻をふんでもよいということであろう。許敬宗（592–672）は初唐の人で、これは陸法言を去ること遠くない。50 年くらい後の人であるから、その中に 7 世紀の中頃に 2 つ以上の韻を合用したいと考えたことがわかる。但し現在殘っている唐代寫本の切韻を見ても、どの韻とどの韻と一緒に用いてよいというようなことが書いてある本は 1 つもない。だから許敬宗

---

[54]時代ははっきり分からない。8 世紀の半頃、初唐末〜中唐初の人らしい。

が奏上した合用の實際の内容は分からない。ただ天寶14年（752）に玄宗皇帝の御撰『韻英』5卷という韻書ができた。

その書物は590韻であったといい、非常に細かいのであるが[55]、だからやはり韻の通用ということが、あるいはこの書には記してあったかも知れない。590韻というのは非常に細かく、たぶん韻類は細かな區別は全部分けてあると思うが、これは『廣韻』を細かく分けても300幾つかにしかならないから、どうしてこんなに細かくなるかは疑問である。この『韻英』を參考にして作ったといわれる書物があって、それは慧琳『一切經音義』で、100卷ある。元和5年（810）にできたという。『一切經音義』というのは、唐の初め頃に玄應のものがあって、これは25卷。慧琳のものには玄應のものがそっくりそのまま入っていたかと思う。清朝以來、小學者が重寶だと考えている。この『一切經音義』は反切で字音が表わしてあり、その反切はだいたい『韻英』その他の書物を元にしているらしいが、問題があって、同じ字がところによって違う反切が付けてある。その反切は黃淬伯の『慧琳一切經音義反切考』があるが、これは少し不完全なところがあるようであるが、大體のことは分かる。それによれば『一切經音義』について考えられることは、少なくとも韻類は、『切韻』或いは『廣韻』よりもう少し區別が大まかになっていて[56]、『廣韻』で2あるいは3の韻になっているものが、だいたい1つになっていると考えなければならない結果になっているので、これは近世の音、宋の音に近くなっている。これが通說であるが、要するに正確なことはよく分からない。『切韻』が細かすぎるので、それを使いよくしたいとは誰も考えることであった。

---

[55] 「分析至細、廣開文路、兼通用韻」（王應麟『玉海』）。
[56] 尾崎注記：「この部分主として稻葉［昭二］君のノオトに據り、時に自分の判斷で都留［春雄］君のそれの方が一層よく小川教授の口調をとどめていると考えられる場合に限り、それをも取り入れることにした。だから實際は紙の上で、ぼく個人の「小川調」を創作してしまったかも知れないのである。」

『廣韻』が刊行されたのは 1008 年であって、宋になってからだが、この書物はいま宋版およびその復刻がある。その目録をごらんになると、それぞれの下に獨用とか同用とかいう風なことが記してある。

たとえば初めのところで申しますと、一東獨用　二冬鍾同用　三鍾　四江獨用　五支脂之同用……平聲でも上聲、去聲、入聲みな同じことであります。假にこういう韻書にしたがって詩だの賦だのを作るとすると、一東の韻を脚韻とすると、一東の中にあるのだけを用いなければならないが、二冬の中は第3の三鍾の中の字と互いに押韻して差し支えがないと、そういう意味であります。ですから同用と書いてあります韻は2あるいは3以上に跨っていても一の韻のように用いることができる。これは使い方からいえば韻を合併したのと同じことになる。

ですから平聲は上・下に分かれている。これは卷數が多くなるから上・下に分かれているんですが、それぞれ平（上 28 → 16、下 29 → 16）、上（55 → 32）、去（60 → 34）、入（34 → 19）で、計 206 → 117 となる。この『廣韻』の獨用・同用とあります話はですネ、これは戴東原以來（戴震『聲韻考』）、この『廣韻』の獨用・同用の話です、さっき申しました許敬宗の建議によったものだと見なされている。確かな證據はないが、唐の初ごろからこのように使われていたのではないか。

そこで、その次の宋の時代になって、文官試驗、つまり科擧に使用する、國定といいますか官定といいますか、そういう韻書ができた。そういう風な『韻略』のことをひっくるめて官韻というが、韻書のことを官韻と呼ぶのは宋以後のことである。

景德四年（1007）に『韻略』ができている。編纂は『廣韻』と同時であるが、この本は『廣韻』をもっと簡略にしたような本で、要約つまり抜き書きのような本であったらしい。この本ができるときに、同用・獨用の條例が決まっていたらしい。丘雍などという人たちによって決められたと『玉海』に見える。不文律みたいなものはあっても文書になったのははじめてなのかも知れない。この『韻略』はのこらない。景祐四年

中國音韻史　　　　　　　　　　　　　　　　　　　　　　　　71

（1037）になって、丁度などによって更に改修したのが、いま見ることのできる原本らしい。で、その名前は『禮部韻略』という。この『禮部韻略』は『廣韻』の同用の範圍をもう少し擴張しまして、13ヶ所というのでありますが、窄韻13處、附近通用を許したということがあります。許すとか許さないとかは奇妙であるが、試驗用だからそういうことがあるのである。細かいことは一々申しませんけれど、13ヶ所と申しますが、數えてみますと通用の韻で9つ減ったことになる。『廣韻』が117とすると108になった。一例を擧げますと、例えば上平では二十文、二十一殷[57]（欣）、これは『廣韻』ではまだどちらも獨用だが、景祐の『韻略』以後通用されるようになる。

　この時、この改訂されました、つまり訂正本の『韻略』ですネ、これと同時に、それとは別に『廣韻』を非常に增補しましたすこし大きな韻書を作りまして、それが『集韻』です。ですからこれは10卷もありまして、非常に厖大な本であります[58]。宋版がある。よく知られているものでは宮內省圖書寮の本がある[59]。反切の付いているのを除いて親字になるのが53529字というから、『廣韻』に比べて23000字以上多い[60]。注釋も詳しい。非常に詳しい。ついでですが『類篇』が同じ時にできた。梁『玉篇』に倣って部首に分けたものであるが、反切などは同じ字については同じになっている。いまある『集韻』の誤字を『類篇』によって改めることができる。これも宋版がある。

　『韻略』は『附釋文互注禮部韻略』という題になっている。文官試驗についてのいろんな規則、あるいは諱などを最後に載せてある。この本は試驗用だから、日本の六法全書などのように、これに少し手を加えたような本が無數にある。『韻會擧要』の序によると、50幾つあったとい

---

[57] 宋の皇室の諱。
[58] 寶元三年（1939）、刊行されましたのは更に三年後。
[59] ただしこの本は二卷以後のみ。宋版は淸朝の復刻本があって、容易に見ることができる。
[60] 普通いちばん多いといわれている『康熙字典』より1000字以上多い。

う。その中でいちばん有名で、そして今日殘っている本は『增修互注禮部韻略』である。毛晃及びその子の毛居正が增補した本があって、できたのは紹興32年（1162）、版になったのは1223年です。この本の詳しいことはよく存じませんが、明版があるのではないかと思う[61]。略して『增韻』と呼ぶ本である。日本でもよく藏せられているし、清朝の學者も見ているらしいが、現在の『附釋文互注禮部韻略』は南宋刊本があって、その方が見易くなっている。

　毛晃・毛居正の本ができて更に70年ほど後であるが、平水劉淵『壬子新刊禮部韻略』という本がでました。宋代に出版が盛んになった時で、こういう名稱は本屋が勝手に付ける。平水の劉淵が增補したんであります。平水がどこかということは少し問題があるんですけれども、たぶん今の山西省であろうと思われます。平陽縣が金の時代以來書籍の出版の行われていたところなのであります。本屋が多かったためだと思いますが、まあそこで出た本なのであります。壬子というのがまたやはり問題があって、ふつうは宋の淳祐の壬子ですから12年（1252）だと云われてるんであります。あるいはもう一まわり後かも知れないのでありまして、そうしますともう60年後ということになります。これでは『廣韻』の206韻をぜんぶ合併しまして107韻（『禮部韻略』は108韻）にしている。

　これ以後、いわゆる詩を作る人たちが韻をふむのに使う107韻あるいはもっと減って106韻でありますが、『古今韻會擧要』が平水韻という名前で呼んでいるのはこの書物らしい。それ以後、詩を作る時の韻は平水韻による、ということになっている。『禮部韻略』と平水韻との違いは去聲で1つ少なくなっている。『廣韻』で四十八嶝というところがあるが、これが四十七證と一緒になってなくなっている。

---

　[61]［『增韻』には元版があり、日本國內では至正四年（1344）建安余氏勤德堂刊本がお茶の水圖書館に、至正十五年（1355）日新書堂刊本が宮內廳書陵部、天理圖書館等に所藏されるのをはじめ、かなり多く殘っている。］

『古今韻會擧要』はこの次にしてちょっととびますが、これより更に後に『韻府群玉』20卷、元延祐元年（1314）序、陰時夫・陰中夫撰がある。實に韻書というよりも類書に屬するものである。たとえば『太平御覽』とか『藝文類聚』とかに大分近いが、やはり詩を作るための書物で、韻によって分けてある。清朝康熙年間にできた『佩文韻府』のもとになる本であるが、この『韻府群玉』はある韻字の上に2字あるいは3字續いた用例をたくさん擧げた書物であるが、107韻のうち上聲の中でまた合併したので（二十四迥と二十五拯）、そのため更に1韻減って106韻。ですからそれ以後も平水韻と申しますけれども、實は106韻。この106韻が詩を作るとき韻をふむのにずっと使われた。

ついでですが清朝の時代には、『佩文韻府』より後ではないかと思うが、『佩文韻府』の韻字のところだけを抜き書きした、あるいはこれの方が先にできたかも知れないが、『佩文詩韻』というものができて、これは清朝の『禮部韻略』にあたる官定の韻書である。殿試では受驗者に一部づつ配って試驗したという。以上、『廣韻』以後清朝までの官韻について、ごくあらましをお話ししたのであるが、詩を作るといっても近體詩（律詩・絶句）に限る。古詩の押韻は人によって多少まちまちである。それについて書いているのは『古今韻略』5卷（清・邵長蘅撰、康熙年間の1696刊）で、德川時代の末に日本でも版になった[62]。

しかし全體として申しますと、官韻の系統の書物は要するに『廣韻』の206韻をもとにして、一の韻の字があまり少ないときは、詩を作るのに不便だから、それで隣同士つかえるようにしたというだけのものである。それは必ずしも同用あるいは通用される韻が、それを定めた當時の實際の發音上、同一であるかどうかということは問うところではない。

ですから初めのところで申しましても、一東と二冬（と三鍾、平水韻以後は二冬と呼ぶが）とは唐以來嚴重に區別せられている。ところが實際の發音は -ung であるか -ong であるかよく分からないが、そのような音

---

[62] ［實際には文化二年（1805）に官板が刊行されている。］

で、唐の半ば以後には同じ音になっていたらしい。日本の漢音などは多少痕跡があるが、チベット語で書いたものは同音になっている。そのように同音であっても、いつまでも區別がある。それと反對に『廣韻』で申しますと、上平の二十二元、二十三魂、二十四痕、この３つは『廣韻』以來ずっと通用されております。これは發音にはじっさい古くからあまり共通點はない。なぜこれを一緒にしたのか、それぞれの音價ははっきりしないが、母音はだいぶ違う。ただ書物の上で隣同士にあるから一緒になっている[63]。別にすると字が少なすぎる。このように紙の上で合併しましたもの、それは現實の發音と關係はない[64]。だから今までの人は丸おぼえする他なかった。以上、官韻の變遷のあらましである。だいたいのことは戴東原『聲韻考』と顧炎武『音論』とを見ればわかる。

第６章　いわゆる官韻とは別の系統の韻書について

　官韻というのは『廣韻』の 206 韻をもとにし、それの隣同士の韻をだんだん一緒に合わせて 106 韻にしたもので、それは紙の上で一緒にしたのにすぎない。それとは別の系統の韻書がある。それは今日その本がありますものでは、まず『蒙古字韻』というのがある。これは元の朱宗文撰で 1308 年にできた本でありますけれども、これはですネ、元の世祖フビライの時であったと思うが、八思巴文字[65]というのを作って、その八思巴文字を使って漢字の音を表わした一種の transcription だが、つまり八思巴文字により漢字の音寫を行う、そのために使う本であって、例えば、

大　[八思巴文字] (tay)　　　[八思巴文字] (ta)　＋　[八思巴文字] (ya)

---

[63]「該死十三元」ということわざがあるくらい憶えにくいところである。
[64] 關係のあるものとないものとある。
[65] チベット文字を少し modify して、少しかたちを變えて縱書きにし、蒙古語を表わすようにした文字。

のように、字のかたちは多少篆字に似せたところがあるが、要するにチベット文字に少し手を加えたもので、この『蒙古字韻』という本は、例えば དགに なら དགと音を書き、その下に「大」以下同音の字をならべる。やはり韻によって分けてある。珍しい本で、寫本が British Museum にあるだけである[66]。元の時代、公文書、皇帝の詔など八思巴文字の書を石碑に彫りつけたのがある。たいてい漢字と一緒に刻してある。そういう石碑がわりに澤山のこっていて、それを蒐めた本などもあるので大體のことはわかる[67]。比較的忠實に漢字音、その頃の實際の音を表わしているように思われる。

　韻書の中にこの組織を取り入れたものがある。それが『古今韻會舉要』という本である。序文によると、黄公紹編、熊忠舉要とあり、だからもとの本は『古今韻會』という本であったが、熊忠が『古今韻會舉要』を作ったものらしい。『古今韻會』は傳わらないから、普通『古今韻會』といえば『古今韻會舉要』のことで、1292年の序文がある。『舉要』そのものは1297年に出た。この本は30卷ありまして、107韻、平水韻に據ったと稱している。やはり大體は『禮部韻略』をもとにしたのであるが、一字づつについて相當詳しい注釋がある[68]。

　107韻なので『廣韻』の系統そのままに見えるが、實はそうでないので、先ず第1に違うところは、各々の韻の中で字をならべるのに36字母の順序[69]に據っている。だから一東の韻のはじめのところは公沽紅切（見母）。一東に限らずどの韻を見ても見母の字がある限り、それから始まり、できるだけ36字母の順序によってならべている。そればかり

---

[66] 今もって復刻が出ないので簡單に見られない。[昭和31年（1956）に關西大學東西學術研究所から石濱純太郎將來影片にもとづく影印本が刊行され、今日一般に用いられている。ちなみに原抄本は現在大英圖書館或いは大英博物館に存在するはずであるが、實際には遺憾ながら所在不明となっている。]

[67] [Éd. Chavannes, Inscriptions et chancellerie chinoises de l'époque mongole, *TP*, 1908. 現在では羅常培・蔡美彪合編『八思巴字與元代漢語〔資料彙編〕』が網羅的でより便利である。]

[68] 『説文』とか『集韻』とかいろんな書物を參照している。

[69] 2種類の配列法があるが、見母から始まる配列法があるのでそれに據った。

ではないので、例えばやはり一東の韻で申しますと、中陟隆切…終之戎切 音與中同 そういう箇所が至る所にあるが、これはどう言うことかというと、終（照母）と中（知母）とは明らかに字母を異にするので、中古音では區別があった筈なんです。ところが『古今韻會擧要』では音が同じだとする。今の北京語でも同じく zhōng、今の北京語と非常に近いことが分かるが、その樣に違った反切を與えながら實は同じ音だとことわった場所が方々にある。今のは字母が違っているが實は同じ音だという場合だが、今度は韻が違っていて同じ音になるという場合。

　　二冬　攻沽宗切 音與東韻公同

すると少なくとも元のこの時代、攻と公が同じ音だったことが分かる。韻書の中で、分けてある韻は違っていても實際はその２つ或いは３つの韻の間で同じ發音の字がある。實際の發音の韻母が同じになる[70]。聲母についても韻母についても、反切によって表わした音と實際の音とが違うことを注意している。これを、いちばん始めに一種の目録があって、そこに集めてある。「禮部韻略七音三十六母通攷」 蒙古字韻音同 と書いてあって、そこに集めてある音の目録のようなものは、結局『蒙古字韻』で音が同じくなるものを書いてあるということになる。つまり言い換えれば、『古今韻會』という本は『蒙古字韻』という本を參考して出來ていることは間違いない。ただあくまで『蒙古字韻』そのものではなく、それを利用して107韻の中に分けてしまっているので、一應バラバラにして歸納しないと『蒙古字韻』そのものにはならぬ。ただ『蒙古字韻』のほうが年代が後である。ただしこれは簡單に言うと『蒙古字韻』の類の本は何種類かあったらしい。

　それから話が前後するが、このように36字母の順に並べること、これは實は『古今韻會』に始まることでなく、それよりだいぶ前になるが（90年ほど）、金の時代に、韓道昭の『五音集韻』15卷（1211）がある。北白

---

[70] 逆に、一東の韻で、公 uŋ、弓 iuŋ の２つは實際には分かれるべきだと言っている。

川の研究所に本がある。これは 206 韻を 160 韻にしてある。この合併の仕方は非常に特殊で、これ以外は例がないが、やはり 206 韻を元にしてあることは同じである。各々の韻の中でただ反切を書くだけでなしに、それが何の字母に屬するかを書き、それとそれが何等になるかを書く。これは何か等韻圖を参考しているに違いない。そして 36 字母の順に竝べてある。順序はほとんど『古今韻會』と同じであると思う。その意味で『五音集韻』は等韻圖と『韻略』とを一緒にしたようなものである。等韻圖を、韻書を作るとき参考にするのはそれ以前にもあったと思うが、それは参考するだけで直接その組織に利用したものはないが、『五音集韻』ははっきりとそれを示してある書物である。この本が實際に使った等韻圖は何であるかという問題は略すが、ともかく『古今韻會』が『五音集韻』を直接参考しているかどうかはわからないが、少なくともそれ以前から 36 字母に分けることが始まっていたのは事實である。いうまでもないが『五音集韻』のほうは『古今韻會』が利用している『蒙古字韻』のようにその時代の實際の發音を表わしたものではなかった。その點が違うところである。『古今韻會』は日本でも古くから翻刻があり[71]、古くから利用されていた本である。

　『蒙古字韻』とまたこれ別の系統の韻書があって、それが『中原音韻』である。これは時代は 1324 年、周德清という人が作った本。1324 年には大體でき上がっていたと考えられる。今ある本はそれより少し後に手を入れたらしい。これは元の時代の北曲を作る人のために、その参考書として出來た本であります。一般に元曲という、元の時代の戲曲は、それまでのふつうの中國の文學と違って、大體その時代の口語で書いたものである。だからあまり學問のない人もある程度分かる。しかも元の都は今の北京にあったが、大體その北京の地方のことばによって作られた、とそう思われる。詩文を作る人のためでないから、口語の音を比較的忠實に表わしている、そういう書物である。元版がある。全體を 19 の韻

---

[71] 足利時代の五山版。

に分けてある。

一	東鍾	ʋŋ, yŋ	十一 蕭豪	aʋ, iaʋ(aʋ)
二	江陽	aŋ, uaŋ, iaŋ, yaŋ	十二 歌戈	o, uo
三	支思	ɿ, ʅ (ï)	十三 家麻	a, ua
四	齊微	ɪ, eɪ, ueɪ,	十四 車遮	iɛ, yɛ
五	魚模	y, ʋ	十五 庚青	eŋ, ieŋ, ueŋ, yŋ
六	皆來	ɑɪ, aɪ, iaɪ, uaɪ	十六 尤侯	oʋ, ioʋ
七	眞文	in, yn, uen	十七 侵尋	im, em
八	寒山	ɑn, an, ian, uan	十八 監咸	ɑm, am
九	桓歡	uœn	十九 廉纖	iɛm
十	先天	iɛn, yɛn		

その1つの韻がそれぞれ3つに分かれて平（陰陽）上去。だから實際には4つになる譯だが、それまでの韻書と非常に違うところは入聲を全然別扱いして、そしてある場合には例えば「入聲作上聲」、そういう風にして上聲の後につける（平聲になる場合も、去聲になる場合もあるが）。それが非常に大きな特色である。この韻は『廣韻』など、いわゆる206韻に比べると、『廣韻』の平聲は57だから、四聲による考慮をしなければ57-19=36になり、それと比べても非常に少ない。實際の音については石山福治『考訂中原音韻』が非常に詳しい。研究と推定した音が書いてある[72]。それからだいぶ後だが、中國の學者では趙蔭棠の『中原音韻研究』が民國25年（1936）に出た。新しい研究だから前のに比べて色々な點で進歩している。、まだまだ研究の餘地があるが、趙蔭棠氏によって大體の發音を書いてみる。細かいところ、もう少し區別があるが大體のところである。大體、今の北京語にずっと近くなっているが、いろんな點で少しずつ違っている點もあって、その主な點は、例えば九桓歡、十四車遮である。後者は今ではəになっているが、その名殘はある。いち

---

[72] 東洋文庫刊。震災の時に出來上がっていた。

ばん特色のあるのは十七以後、戲曲家の間で閉口韻といわれた-mの韻、いま北京ばかりでなく、いわゆる官話が行われている地方で-mを保存している地方がなく、廣東とか福建とかだけである。それがまだこの時代には殘っていたことが分かる。

　-mの音は保存されているが、-n, ŋ, -mに對應する入聲の-t, -k, -p, の音も全然ない。その點ではやはり今の北京語に非常に近い。それは韻の方であるが、これに對して聲母の方はどうなっているかというと、これは今でも北京にいますが[73]、羅常培という人の研究があって[74]、それによると次のようになる。

　　1　p　（幫 並 去）　　　11　k　（溪 群 平）
　　2　p'　（滂 並 平）　　　12　χ　（曉 匣）
　　3　m　（明）　　　　　　13　Ø　（影 喩 疑）
　　4　f　（非 敷 奉）　　　14　tʃ　（照 知 牀 澄 去）
　　5　v　（微）　　　　　　15　tʃ'　（穿 徹 牀 澄 禪 平）
　　6　t　（端 定 去）　　　16　ʃ　（審 禪 去）
　　7　t'　（透 定 平）　　　17　ʒ　（日）
　　8　l　（來）　　　　　　18　ts　（精 從 去）
　　9　n　（泥 孃）　　　　19　ts'　（清 從 平）
　　10　k　（見 群 去）　　20　s　（心 邪）

どうして分けることが出來たか詳しく話す時間がなくなったが、『中原音韻』は反切を全然使わない。例えば寒山の韻を見ると、

　　寒山　平聲　陰
　　山刪潸○丹單…簞○干…

とあり、これは○の前あるいは○と○との間が同音であることを示す。

[73]今も北京大學の教授だろうと思う。
[74]『集刊』二本四分（民 21）［423-449 頁「中原音韻聲類考」］。

そういう風に同音の字を一箇所に集めてあるので、反切はないが各々の字が中古音でどの字母に屬するかから調べると、同音の字の group の間に字母を異にするものが一緒になっていることがある。そういう例を羅常培氏の『集刊』の論文に澤山擧げてあるが、例えば終照中知。そこで知母と照母は『中原音韻』で同じ音であったことがわかる。そういう風にして行くと、幾つかの字母が１つに纏められる。例えば非敷奉はつねに同じ。それが歸納の１つの方法だが、もう１つ羅常培氏の考えたことは、全濁 b', d', g' 並定群の字母に屬する字、それは去聲で出てくるときは大體原則として全清 p, t, k それと一緒になってでてくる。この場合本當は『中原音韻』では b'=p, d'=t, g'=k.... ということが分かるだけであるが、どっちであるか『中原音韻』だけでは決められないことである。そこのところ面倒な、疑問を起こせば起こす餘地があるが、その推論を省くと、實際の發音は無氣音であったろうと考える方が合理的である。そして平聲では（上聲では原則として出てこない）必ず全濁の字は陰陽の陽聲の方に入る。で、陽平では、これは獨立しているから、これはどういう音であるか實際には分からないが、これは有氣音であろう、と。平聲の場合にはだから b'=p', d'=t'.... そういう風に考えて別に差し支えは起こらない。それと反對の場合を假定して、去聲だけ全濁になっていると考えると、非常に不都合である。實際に證明できないところもあるが、技術上これで不都合はないと思う。從って全濁は去聲では全清に、平聲では次清になる。

　非常に特色のあるのは５の v、今の北京語にはないが[75]、方言で保存しているところがある。13 はゼロ、母音だから。母音と考えて別に支障はなかろう。14, 15, 16 は今の捲舌音と全く同じではなかったかも知れないので、17 の「日」も同じ。ただ分かれ方はほとんど今の北京語と同じである。どちらにしても韻母も『廣韻』に比べると半分以下、聲母も羅常培氏の研究を正しいとすると、36 字母の半分近い。initial において

---

[75] u, w になっている。

も final においても非常に簡單になる。『廣韻』以後 700 年ばかりの間にそれだけの變化があった。母音においても子音においても非常に簡單になったことが分かる。

『中原音韻』はこれまでの官韻の系統と違い、その時代の口語の音韻組織を比較的忠實に表わしているということをお話ししたが、この書物が出たことは、中國における韻書に少し大袈裟にいえば劃期的な變化をもたらしたものであって、『中原音韻』が出てからまもなく、それから 50 年ばかり遲れて出ました『洪武正韻』（1375）という書物は、これはほとんど『中原音韻』の組織をそのまま襲ったといってもよいような種類のものであります。この書物の名前を見ても分かるように、洪武帝つまり明の太祖が元を亡ぼして中國を統一してからまもなく、洪武 8 年に學者に命じて作らせたものである。序文を書いている宋濂も有名な文人であり、まあまあこの時代では學者といってもよいのであるが、この書物の序文の中に、

　　　壹以中原雅音爲定

ということばがありまして、中原の雅音によって定めたとそういう風に申しておりますが、その中原雅音というのは何か、それは今のことばで言えば官話を指すと思われる。つまり中原と申しますけれども、今日のことばでいえば、北支那の標準語という譯で、大體それを標準に取ったと言うことになる。

『中原音韻』がもしも元の都であった北京地方の口語の音を表わしているとすれば、『洪武正韻』も大體同じような音を表わそうとした。その目的は大體そうであったという譯であります。

ただしこの書物は例えば韻の名前の付け方ですネ（韻目）、それは『中原音韻』とは目録では同じでない。『中原音韻』はこの前申しましたように 19 に分けまして、そのそれぞれの韻の中を 4 つの聲に分けるんで

すが[76]、この書物では平上去入ですネ、平上去入の各々の韻に名前を付けております。例えばこの

　　一東　一董　一送　一屋

つまり『切韻』以來の名前を使えるものはそのまま使ってあります。平聲だけ擧げておきますと、

　　一東　二支　三齊　四魚　五模　六皆　七灰　八眞
　　九寒　十刪　十一先　十二蕭　十三爻　十四歌　十五麻
　　十六遮　十七陽　十八庚　十九尤　二十侵　廿一覃　廿二鹽

平上去の3つはまったく同じことなんですが、22に分けてある。それに對し入聲は10に分ける。

　　一屋　二質　三曷　四轄　五屑　六藥　七陌　八緝　九合　十葉

韻の名前はほとんどすべて『切韻』もしくは『廣韻』その系統の名前を使っているのだが、ただ韻母が少なくなっている。ただ十六遮は『廣韻』の系統の韻書にはない。これは『中原音韻』の車遮韻の遮を取ったのである。十三爻も『廣韻』などには出てこないが、宋の『禮部韻略』あるいは『集韻』などではこれを使った韻書がある。

　ただこの書物と『中原音韻』との非常な違いは入聲のあることである。入聲が10部獨立してあります。これは『中原音韻』では他の3つの聲のどれかに分けて入れてあるのだが、この書物では獨立している。なぜそういうものを獨立させてあるかということは、理由は色々考えることが出來るのであるが、いちばん主な原因はこの序文を見ますと、これを編纂した學者の名前が10何人ですか擧げてありますが、15人ですネ。15人の學者の名前が擧げてありますが、その中にただ1人蒙古人がありますが、答祿與權という、この1人を除いてあとは全部南方の人であります。最も多いのはその中でも浙江の人なんであります。浙江人が、宋濂

---

[76] 昔の四聲ではない。

自身が既に浙江の人でありますが、5人あります。その他は江蘇、それから安徽、江西、廣東というような地方の人がありまして、その大部分は南方人なんであります。そういう地方はすべて入聲を保存している地方でありまして、そういう地方の方言では、今でもそうでありますが、入聲がある。そういうことばを日常しゃべっている人からいえば、入聲のない中國語というものが何か不完全なように考えられる。その上にですネ、『切韻』以後の四聲というのは必ず入聲を含んでいるのでありますから、その2つが主な理由であろうと思う。

　ただこの入聲は實際の音價はよく分からないのでありますが、このことに限らず、この書物がまだ研究の餘地のある本で、詳しいことは分からないところがあるが、入聲は或いは今の南京方言のようなものであったかも知れない。大體の音韻組織は北京官話に近いが、入聲を保存しているというだけが違う、つまり陰陽上去入の五聲になる、その點だけが違う。もしも明のはじめ『洪武正韻』が出來た時代から今と大體同じようであったとすれば、この書物は少なくとも入聲に關しては南京のことばを大體據り所としたのではないかとと思われる。それは單なる想像であるが、そういうように思われる。明のはじめ洪武年間にはまだ南京が都であった。その都の音を標準として取るということは考え得ることであります。『洪武正韻』の聲類については、やはり中央研究院の『集刊』に劉文錦の研究がある。この書物は『中原音韻』と違って反切がある。この反切を集めれば大體分かる譯である。で、その結果だけについていうと、『洪武正韻』の聲類は31種類になる。これは36字母に比べて5少ないが。どこが少なくなっているかと申しますと、

　　　知照　徹穿　澄牀（禪）　非敷　泥娘

その分け方が36字母と大體同じであるものは一々擧げませんが、その中で同じになっているもの、唐から宋にかけていわゆる等韻學が出來た頃の36字母では、知ṭ-照tś-が別々になっていたが、知母と照母が一緒

になり、同じことであるが、その有氣音である徹と穿、澄と牀（牀は禪の中に入っているものもある）も一緒になる。非敷は f- になると有氣無氣の區別がなくなる。今の方言でも f- には有氣音・無氣音の區別は事實上存在しない。泥 n- 娘 ɲ-、これも『中原音韻』の時代には既に混同されていて、現在の北京語でもこの區別はない。日本語の音韻變化と反對の方向であって、日本語は i が後に來ると口蓋化されるが、北京語ではそうではなく、ふつうの n になる。

　31 類で重要なことは、全濁の音というものがやはり存在していることである。そのことも『中原音韻』とは一致しない點である。『中原音韻』で聲類が 20 になるのは、全清か次清かどちらかに入っているからであって、その結果全濁という獨立した一類がない。このこともおそらく先ほど申しましたように中國の南方の方言の音が、今日そうでありますように[77]、關係している。ですからこの書物は表面上、中原雅音を表わす建前でありますけれども、事實は北シナでない他の地方の音によってしか解釋できないというところが多い。この書物はまだ疑問の點はいろいろあるが、詳しいことをお話しするひまがない。ただこの書物は乾隆の『四庫提要』の中に申しておりますように、明の太祖が編纂させたいわゆる勅撰の書物だから、非常に強制力の強いものである筈でありますけれども、事實上は少しも行われなかった。というのは言い過ぎだが、詩を作る人は詩を作る人で、やはり『切韻』以來の韻書によっていたので、一人の皇帝の力によってもどうにもならないものだと書いてある。詩を作るときにも、これによらせようとした。明の太祖がそのつもりであったとすれば、それは失敗したが、しかし『洪武正韻』の直接の影響といえるかどうか分からないが、『洪武正韻』がもとにした『中原音韻』（學者の間でよりはむしろあまり教養のない人々の間で非常に廣まった）と同様に、明の時代に度々版になったところを見ると、學者でない人々の間では相當行われたと思われる。一體中國では殊に宋以後であるが、

---

[77] 必ずしも昔のままでないが、何らかのかたちで保存しているものが多い。

いわゆる欽定の書物はあんまり世の中に行われないということがよくあるのだが、『洪武正韻』もその1つである。『洪武正韻』よりはむしろ『中原音韻』から直接出たような書物が實に何十種類か出て清朝まで續いている。そのことをお話ししたい。趙蔭棠『中原音韻研究』に相當詳しい說明がある。

『中原音韻』と直接乃至間接に關係ある書物を大體2種類に分ける[78]。

  { 曲韻派　（元）『中州音韻』(1351)（明）『瓊林雅音』(1398)
   小學派

曲韻というのは戯曲、中國の芝居は一種の唱い物なので、その唱の部分それは必ず韻をふむ。そこだけを獨立して唱うというようなものもあって、そういうものを一口に曲というが、その參考のために出來た書物、それを簡單に曲韻という。この系統の書物がこれ以後何種類も出來る。殊に明の中頃になって崑曲が盛んになってから、崑曲はやはり江蘇地方に出來たものなので、その内容はだんだんこの地方の音に合わせるようになってだんだん違ってきた。七聲になっているというようなものがある。今の蘇州語などでもそうである。しかしこの類の書物は限られた需要に應ずるための書物であるが、これに對して小學派というのは、もっと廣く全くの啓蒙的な、何も知らないような子どもに教える、そういうことを目的にした本、その今分かっているいちばん早いものが

  蘭茂『韻略易通』2卷　　1442（明正統年間）

この本はですネ、名前から想像すると『禮部韻略』と何か關係あるように見えるが、組織は全然違う。韻の分け方は『中原音韻』とほとんど同じである。

  一東洪　二江陽　三眞文　四山寒　五端桓　六先全

---

[78] 『中州音韻』は今でも寫本が傳わっているから、その内容の大體を知ることが出來る。『瓊林雅音』のほうは太祖の子寧獻王（朱權）が作ったもので、内容は『中原音韻』と大差ない。

七庚晴　　八侵尋　　九緘咸（上）
　　十廉纖　十一支辭　十二西微　十三居魚　十四呼模　十五皆來
　　十六蕭豪　十七戈何　十八家麻　十九遮蛇　二十幽樓（下）

　これはですネ、組織はある程度合理的になっているのは、第1の東洪から七までが-ŋと-n、八から十までが-m、十一以下は全部何といいますかネ、母音で終わるやつです。-i とか -u とか、-a とか -o とか母音で終わるものを十一以下、つまり下卷ですね、そこにおいてある。こういうことはこれまでの韻書には餘り例がない。おそらくこの本が初めだろうと思う。

　韻の分け方からいうと『中原音韻』より1つ多いが、それは十三（-y）、十四（-u）を『中原音韻』では1つにしてあった。『中原音韻』の時代でも既に今の音に近くなっていたと思うが、從來の歷史から一緒になった。そこが違うだけである。ただ1つこの書物には入聲があって1つの韻の中で平上去入に分ける。入聲の性質はこれもよく分からない。趙蔭棠氏もこれについて別に言っていない。これは『洪武正韻』の影響だろうと言っているだけである。それからこの書物のもっと大きな特徵は聲類を非常にはっきりさせていることでありまして、それは聲類を20に分け、五言絶句にして憶え易いようにしてある。これは有名であるから書いておきます。

　　　　東　風　破　早　梅　　向　暖　一　枝　開
　　　　t　f　p‘　ts　m　　ɕ　n　Ø　tʂ　k‘
　　　　冰　雪　無　人　見　　春　從　天　上　來
　　　　p　s　v　ẓ　tɕ　　tʂ‘　ts‘　t‘　ʂ　l

これの實際表わす音は現在の北京語でもほとんど分かりますが[79]、ただ向の1字で表わしてあるもの、今の注音符號では2つに分かれるが（ㄏとㄒ）、もともと同じ音が變化したので、音韻論的には同じものと考えら

――――――――――
[79] v が北京語にないだけ。

れていた。興味あることは『中原音韻』が 20 の聲類に分かれることが
確實だとすると、それとこれとはほとんど一致する。この時代になって
も音韻論的には『中原音韻』の時代と大差なかったということが分かる。
この 20 の字を字母のように使う、そして 1 つ 1 つの韻の中の字の順番
をこの順にして、それを平上去入の 4 つに分ける。東、風、破 蓬 p'uŋ、
早 宗 tsuŋ、… この 20 字のことを「東風詩」というのであるが、この東
風詩というのを覺えていれば、それによってこの本が引けるということ
になる。36 字母を暗記するよりはるかに簡單で、この時代の口頭の發音
に近い音である。ですからこの本は例えば音を知っていて字をどう書く
か分からないとき、本國人ならそういうことが有り得るわけですネ、…
そういう一種の字引になる。

　この本を作った蘭茂というのは雲南の、今の昆明に近いところの人で
あるが、雲南の地方のことばは今の北方の官話の一種として、今でも入聲
があったかと思うが、詳しいことは存じません。この書物は雲南だけで
なしに北シナで非常に廣く行われたようであります。明の萬暦年間の版
本が書庫にあるが、それは東魯呉百含という人が序文をつけて版にした
ものであるが、おそらく山東で出たのだろうと思う。北シナで行われた
ことはそれでも分かると思う。今いちばん普通に行われているのは『雲
南叢書』に入っているが、これは後の人が手を加えて變わっている。例
えば東風詩がなかったりするが、とにかく『韻略易通』の一種には違い
ない。

　これ以後『韻略易通』に倣った本がこれまた無數といってよい。ただ
その中で、明の時代はそれで終わりとして、清朝になってからこの系統に
屬する書物でいちばん廣く行われたのは『五方元音』という書物である。

　これは出來たときがはっきり分からないが、普通ある本に康熙庚寅
(1650) の序文があるから多分その頃、實際出來たのは 1654-73 頃だろう
という。17 世紀半ばを過ぎた頃ですネ。樊騰鳳という人が著したので、
この人は唐山、これはおそらく今の河北省の唐山だろうと思う。天津の

少し北の方であるが、その地方の人である。これは韻を 12 に分けてある。

  一天　二人　三龍　四羊　五牛　六獒（上）
  七虎　八駝　九蛇　十馬　十一豺　十二地（下）

この韻を 12 に分けたのは、12 というのはあるイミで神祕的な數だからである。1 日に 12 の時があり、1 年が 12 月に分かれるように、或いは中國で音樂に 12 律というようなものがあるし、そういう神祕的な數であるのです。大體は今の北京のことばに合うようになっている。ただこれも五聲になっていて入聲があるが、その入聲が何であるか、これもはっきり分からない。これもさっき申しましたような南京官話の入聲のようなものを表わすつもりではないかと思いますが、ただこの書物は、『韻略易通』の方が入聲を上卷にくっつけてある、その點ではこれは非常に保守的であるが、『五方元音』の方は反對に卷下、無尾音、純粋に母音で終わる韻の方にくっつけてあります。例えば、

  都　覩　杜　突　-u

今の『韻略易通』の方ではですネ、

  東　董　洞　篤　tuŋ/tu(k)

そういうところは違うが、とにかく入聲は相變わらず保存されている。ただつけ方が違う。それから字母という字をつかってあって、これがやはり 20 でありまして、

梆　匏　木　風　斗　土　鳥　雷　竹　蟲　石　日
p　p'　m　f　t　t'　n　l　tʂ　tʂ'　ʂ　z
剪　鵲　絲　雲　金　橋　火　蛙
ts　ts'　s　∅　k/tɕ　k'/tɕ'　x　∅

36 字母のある種類の配列法と大體同じように竝んでいる。金と橋とが兩方を表わすというのもさっきと同じ事情ですネ。この中でですネ、東

風詩と違うところは、東風詩で無の字で表わした v がない。その代わりに母音を 2 つに分けている（雲と蛙）。それは雲の字で表わされるものは因、言、氤、元など -i- もしくは -y- をもつもの、蛙の方は文、晩、恩、安など -u- をもつものである。19 が奇數だから、こうして 20 というきっちりした數にしたかったということもあると思う。この『五方元音』という書物、これは北京に近い人が作って、比較的北京語に近いからであろうが、清朝になってから非常に行われた本である。字母を覺えていれば、自分たちの日常の發音で非常に簡單に字が出てくる。そういう風に便利なのでたいへん流行した。

それで無數の版本があるが、外國人に中國語を教えるときに『五方元音』は便利だと言った人があったと見えて、これを元にして作った字引もある[80]。蒙古文字で發音をつけた『蒙漢合璧五方元音』というような書物もあって、そういう異民族の人たちも非常に利用した本である。もう一言付け加えると、『韻略易通』にしても『五方元音』にしても非常によく行われた本で、模倣書も多いのであるが、我々が音韻史の材料として使う場合は、ちょっと注意しなければならないことは、それを作った人が日常に使っていた實際の言語の發音、それを完全にそのままに表わしているものでないということである。『韻略易通』の入聲は體裁からいうと、-k となるべきだが、そう發音しなかったであろうことはほとんど確實である。『五方元音』に保存されている入聲も同じである。通俗的なしたがって日常の言語を表わしていると思われるものでも何らかの意味で非常に保守的なものを殘しているものである。標準語が正しいと考えられる時は、それが保守的であるという性質をいつでも持っているが、それと同じことである。發音も文法と同じように純粋に descriptive のものでなく normal な、何らかの意味で規範的なものを表わしている。『中原音韻』などもそういう點があると思う。またそういう書物でなけ

---

[80]『漢英韻府』（Williams, *Syllabic Dictionary*）。その中にも『五方元音』に據ったということを、はじめにちゃんと言ってある。

れば多くの人が使うことはできない。

第7章　上古漢語（Archaic Chinese）

　Karlgren 以前、特に清朝の學者が研究して相當な成績をあげたところである。その人たちはこれを一口に古音と呼んでいる。西洋の新しい學問の入る前、中國の學者の書いたもので古音というのは大體において『切韻』以前のことばの音を指す。だから中國人の言っていた古音は Archaic Chinese を指すのだが、それに對して Ancient Chinese を今音という。『切韻』のことば或いは『切韻』による發音がそれ以來長い間、詩を作るときの韻のふみ方が必ず『切韻』（及びそれを元にした韻書）に從ってふまなければならないことになっていた。それは現在でもそうであるが、そのためにこれを今音という。というのは現在も行われている韻のふみ方であるからである。ただし事實上は6世紀以來、千何百年という年月が經っているので、その間、實際の音韻變化があったが、それを一應無視して全體をひっくるめて今音と呼ぶのである。

　清朝の學者のやったことは、どれだけの字が1つの group になるか、その幾つかの group を見いだした、簡單に言えばそういうことである。それぞれの group の間の違い、どういうところが違うか、具體的にはどういうところが違うかということは清朝の學者はそういうところまではやらなかった。本當に古代の音は事實上、再構成することは不可能だが、どういう性質の音であったか、ある程度推定することは出來る。これは程度の問題であって…清朝の學者はそれは出來なかった。それに對してある程度の推定を下したのは Karlgren 氏である。（不全）[81]

---

[81] ［この第7章「上古漢語」のノオトのみ 1951 年度となっており、末尾に4月18日の日付がある——髙田。］

中國音韻史

廣韻四十七聲類表

1	古類 見一二四等	古$_{136}$ 公$_3$ 過$_1$ 各$_1$ 格$_1$ 兼$_1$ 姑$_1$ 佳$_1$ 詭$_1$
2	居類 見三等	居$_{79}$ 舉$_7$ 九$_6$ 俱$_4$ 紀$_3$ 几$_2$ 規$_1$ 吉$_1$
3	苦類 溪一二四等	苦$_{86}$ 口$_{13}$ 康$_4$ 枯$_3$ 空$_2$ 恪$_2$ 牽$_1$ 謙$_1$ 楷$_1$ 客$_1$
4	去類 溪三等	去$_{42}$ 丘$_{37}$ 區$_4$ 墟$_3$ 起$_3$ 驅$_2$ 羌$_2$ 綺$_2$ 欽$_1$ 傾$_1$ 窺$_1$ 詰$_1$ 袪$_1$ 豈$_1$ 曲$_1$
5	渠類 羣三等	渠$_{36}$ 其$_{25}$ 巨$_{24}$ 求$_7$ 奇$_2$ 暨$_2$ 臼$_1$ 衢$_1$ 強$_1$ 具$_1$
6	五類 疑一二四等	五$_{80}$ 吾$_5$ 研$_2$ 俄$_1$
7	魚類 疑三等	魚$_{40}$ 語$_{14}$ 牛$_{10}$ 宜$_4$ 虞$_2$ 疑$_1$ 擬$_1$ 愚$_1$ 遇$_1$ 危$_1$ 玉$_1$
8	呼類 曉一二四等	呼$_{70}$ 火$_{16}$ 荒$_4$ 虎$_4$ 海$_3$ 呵$_1$ 馨$_1$ 花$_1$
9	許類 曉三等	許$_{70}$ 虛$_{16}$ 香$_9$ 況$_7$ 興$_2$ 休$_2$ 喜$_2$ 朽$_1$ 羲$_1$
10	胡類 匣一二四等	胡$_{91}$ 戶$_{32}$ 下$_{14}$ 侯$_6$ 何$_2$ 黃$_2$ 乎$_1$ 獲$_1$ 懷$_1$
11	烏類 影一二四等	烏$_{82}$ 伊$_3$ 一$_3$ 安$_2$ 烟$_1$ 鷖$_1$ 愛$_1$ 挹$_1$ 哀$_1$ 握$_1$
12	於類 影三等	於$_{109}$ 乙$_8$ 衣$_3$ 央$_2$ 紆$_1$ 憶$_1$ 依$_1$ 憂$_1$ 謁$_1$ 委$_1$
13	以類 喻四等	以$_{24}$ 羊$_{14}$ 余$_{12}$ 餘$_8$ 與$_7$ 弋$_2$ 夷$_2$ 予$_1$ 翼$_1$ 營$_1$ 移$_1$ 悅$_1$
14	于類 喻三等	于$_{20}$ 王$_6$ 雨$_4$ 爲$_3$ 羽$_3$ 云$_2$ 永$_1$ 有$_1$ 雲$_1$ 筠$_1$ 遠$_1$ 韋$_1$ 洧$_1$ 榮$_1$
15	陟類 知二三等	陟$_{41}$ 竹$_{13}$ 知$_9$ 張$_8$ 中$_2$ 豬$_1$ 徵$_1$ 追$_1$ 卓$_1$ 珍$_1$
16	丑類 徹二三等	丑$_{67}$ 敕$_9$ 恥$_1$ 癡$_1$ 楮$_1$ 褚$_1$ 抽$_1$
17	直類 澄二三等	直$_{55}$ 除$_9$ 丈$_5$ 宅$_4$ 持$_3$ 柱$_2$ 池$_1$ 遲$_1$ 治$_1$ 場$_1$ 佇$_1$ 馳$_1$ 墜$_1$
18	側類 照二等	側$_{36}$ 莊$_7$ 阻$_6$ 鄒$_1$ 簪$_1$ 仄$_1$ 爭$_1$
19	之類 照三等	之$_{29}$ 職$_{12}$ 章$_{12}$ 諸$_7$ 旨$_4$ 止$_3$ 脂$_1$ 征$_1$ 正$_1$ 占$_1$ 支$_1$ 煮$_1$
20	初類 穿二等	初$_{26}$ 楚$_{23}$ 測$_3$ 叉$_3$ 芻$_1$ 廁$_1$ 創$_1$ 瘡$_1$
21	昌類 穿三等	昌$_{30}$ 尺$_{15}$ 充$_7$ 赤$_2$ 處$_2$ 叱$_1$ 春$_1$ 姝$_1$
22	士類 牀二等	士$_{35}$ 仕$_9$ 鋤$_8$ 鉏$_3$ 牀$_3$ 查$_2$ 雛$_1$ 助$_1$ 犲$_1$ 崇$_1$ 崱$_1$ 俟$_1$
23	食類 牀三等	食$_{11}$ 神$_6$ 實$_1$ 乘$_1$
24	所類 審二等	所$_{44}$ 山$_{15}$ 疎$_6$ 色$_5$ 數$_3$ 砂$_2$ 沙$_1$ 疏$_1$ 生$_1$ 史$_1$
25	式類 審三等	式$_{23}$ 書$_{10}$ 失$_6$ 舒$_6$ 施$_3$ 傷$_2$ 識$_2$ 賞$_2$ 詩$_2$ 始$_1$ 試$_1$ 矢$_1$ 釋$_1$ 商$_1$

26	時類 禪三等	時$_{15}$ 常$_{11}$ 市$_{11}$ 是$_6$ 承$_3$ 視$_2$ 署$_2$ 氏$_1$ 殊$_1$ 寔$_1$ 臣$_1$ 殖$_1$ 植$_1$ 嘗$_1$ 蜀$_1$ 成$_1$
27	而類 日三等	而$_{23}$ 如$_{17}$ 人$_{16}$ 汝$_4$ 仍$_1$ 兒$_1$ 耳$_1$ 儒$_1$
28	奴類 泥一四等	奴$_{54}$ 乃$_{17}$ 那$_3$ 諾$_2$ 內$_2$ 妳$_1$
29	女類 泥二三等	女$_{35}$ 尼$_9$ 拏$_1$ 穠$_1$
30	盧類 來一二四等	盧$_{29}$ 郎$_{16}$ 落$_{11}$ 魯$_4$ 來$_3$ 洛$_2$ 勒$_1$ 賴$_1$ 練$_1$
31	力類 來三等	力$_{57}$ 良$_{13}$ 呂$_7$ 里$_2$ 林$_1$ 離$_1$ 連$_1$ 縷$_1$
32	都類 端一四等	都$_{37}$ 丁$_{23}$ 多$_{11}$ 當$_9$ 得$_2$ 德$_1$ 冬$_1$
33	他類 透一四等	他$_{54}$ 吐$_{10}$ 土$_8$ 託$_2$ 湯$_2$ 天$_1$ 通$_1$ 台$_1$
34	徒類 定一四等	徒$_{64}$ 杜$_3$ 特$_2$ 度$_2$ 唐$_1$ 同$_1$ 陀$_1$ 堂$_1$ 田$_1$ 地$_1$
35	子類 精一四等	子$_{62}$ 即$_{16}$ 作$_{14}$ 則$_{12}$ 將$_7$ 祖$_5$ 臧$_4$ 資$_3$ 姊$_3$ 遵$_2$ 茲$_2$ 借$_1$ 醉$_1$
36	七類 清一四等	七$_{61}$ 倉$_{24}$ 千$_{11}$ 此$_4$ 親$_2$ 采$_2$ 蒼$_2$ 麤$_2$ 麁$_1$ 青$_1$ 醋$_1$ 遷$_1$ 取$_1$ 雌$_1$
37	昨類 昨一四等	昨$_{28}$ 徂$_{19}$ 疾$_{16}$ 才$_{12}$ 在$_{10}$ 慈$_9$ 秦$_5$ 藏$_4$ 自$_1$ 匠$_1$ 漸$_1$ 情$_1$ 前$_1$ 酢$_1$
38	蘇類 心一四等	蘇$_{41}$ 息$_{30}$ 先$_{13}$ 相$_{11}$ 私$_8$ 思$_7$ 桑$_5$ 素$_4$ 斯$_3$ 辛$_1$ 司$_1$ 速$_1$ 雖$_1$ 悉$_1$ 寫$_1$ 胥$_1$ 須$_1$
39	徐類 邪一四等	徐$_{11}$ 似$_{11}$ 祥$_4$ 辞$_3$ 詳$_2$ 寺$_1$ 辭$_1$ 隨$_1$ 旬$_1$ 夕$_1$
40	博類 幫一二四等	博$_{23}$ 北$_{23}$ 布$_9$ 補$_7$ 邊$_2$ 伯$_1$ 百$_1$ 巴$_1$ 晡$_1$
41	方類 幫三等	方$_{32}$ 甫$_{12}$ 府$_{11}$ 必$_7$ 彼$_6$ 卑$_4$ 兵$_2$ 陂$_2$ 拜$_2$ 分$_2$ 筆$_2$ 畀$_1$ 鄙$_1$ 封$_1$
42	普類 滂一二四等	普$_{38}$ 匹$_{32}$ 滂$_3$ 譬$_1$
43	芳類 滂三等	芳$_{15}$ 敷$_{12}$ 撫$_4$ 孚$_4$ 披$_3$ 丕$_1$ 妃$_1$ 峯$_1$ 拂$_1$
44	蒲類 並一二四等	蒲$_{29}$ 薄$_{23}$ 傍$_5$ 步$_4$ 部$_2$ 白$_2$ 裴$_1$ 捕$_1$
45	符類 並三等	符$_{24}$ 扶$_{13}$ 房$_{11}$ 皮$_7$ 毗$_7$ 防$_4$ 平$_3$ 婢$_1$ 便$_1$ 附$_1$ 縛$_1$ 浮$_1$ 馮$_1$ 父$_1$ 弼$_1$ 苻$_1$
46	莫類 明一二四等	莫$_{65}$ 模$_2$ 謨$_2$ 摸$_1$ 慕$_1$ 母$_1$
47	武類 明三等	武$_{24}$ 亡$_{13}$ 彌$_{11}$ 無$_7$ 文$_4$ 眉$_3$ 靡$_2$ 明$_2$ 美$_1$ 綿$_1$ 巫$_1$ 望$_1$

韻表（一）

韻數	平聲	上聲	去聲	開合	等列	韻母數	平上去音值	入聲	入聲音值
1	1 東	1 董	1 送	合	1	1	uŋ	1 屋	uk
					2,3,4	2	i̯uŋ		i̯uk
2	2 冬	(2 腫)	2 宋	合	1	3	uoŋ	2 沃	uok
3	3 鍾	2 腫	3 用	合	3,4	4	i̯ʷoŋ	3 燭	i̯ʷok
4	4 江	3 講	4 絳	開	2	5	åŋ	4 覺	åk
5	5 支	4 紙	5 寘	開	2,3,4	6	(j)i̯ĕ		
				合	2,3,4	7	(j)ʷi̯ĕ		
6	6 脂	5 旨	6 至	開	2,3,4	8	(j)i		
				合	2,3,4	9	(j)ʷi		
7	7 之	6 止	7 志	開	2,3,4	10	(j)i		
8	8 微	7 尾	8 未	開	3	11	(j)e̯i		
				合		12	(j)ʷe̯i		
9	9 魚	8 語	9 御	合	2,3,4	13	i̯ʷo		
10	10 虞	9 麌	10 遇	合	2,3,4	14	i̯u		
11	11 模	10 姥	11 暮	合	1	15	uo		
12	12 齊	11 薺	12 霽	開	4	16	iei		
				合		17	iʷei		
13			13 祭	開	3,4	18	i̯æi		
				合		19	i̯ʷæi		
14			14 泰	開	1	20	ɑi		
				合		21	ʷɑi		
15	13 佳	12 蟹	15 卦	開	2	22	ai		
				合		23	ʷai		
16	14 皆	13 駭	16 怪	開	2	24	ăi		
				合		25	ʷăi		

韻表（二）

韻數	平聲	上聲	去聲	開合	等列	韻母數	平上去音值	入聲	入聲音值
17			17 夬	開	2	26	ai(?)		
				合		27	ʷai(?)		
18	15 灰	14 賄	18 隊	合	1	28	uɑi		
19	16 咍	15 海	19 代	開	1	29	ɑi		
20			20 廢	合	3	30	i̯ʷɐi		
21	17 眞	16 軫	21 震	開	2,3,4	31	i̯ĕn	5 質	i̯ĕt
				合		32	i̯ʷĕn		i̯ʷĕt
22	18 諄	17 準	22 稕	合	2,3,4	33	i̯uĕn	6 術	i̯ʷĕt
23	19 臻			開	2	34	i̯ɛn	7 櫛	i̯ɛt
24	20 文	18 吻	23 問	合	3	35	i̯uən	8 物	i̯uət
25	21 欣	19 隱	24 焮	開	2,3	36	i̯ən	9 迄	i̯ət
26	22 元	20 阮	25 願	開	3	37	i̯ɐn	10 月	i̯ɐt
				合		38	i̯ʷɐn		i̯ʷɐt
27	23 魂	21 混	26 慁	合	1	39	uən	11 沒	uət
28	24 痕	22 很	27 恨	開	1	40	ən		
29	25 寒	23 旱	28 翰	開	1	41	ɑn	12 曷	ɑt
30	26 桓	24 緩	29 換	合	1	42	uɑn	13 末	uɑt
31	27 刪	25 潸	30 諫	開	2	43	an	14 黠	at, ʷat
				合		44	ʷan		
32	28 山	26 產	31 襉	開	2	45	ăn	15 鎋	ăt, ʷăt
				合		46	ʷăn		

韻表（三）

韻數	平聲	上聲	去聲	開合	等列	韻母數	平上去音值	入聲	入聲音值
33	1 先	27 銑	32 霰	開	4	47	ien	16 屑	iet
				合		48	iʷen		iʷet
34	2 仙	28 獮	33 線	開	3,4	49	i̯æn	17 薛	i̯æt
				合	2,3,4	50	i̯ʷæn		i̯ʷæt
35	3 蕭	29 篠	34 嘯	開	4	51	ieu		
36	4 宵	30 小	35 笑	開	3,4	52	i̯æu		
37	5 肴	31 巧	36 效	開	2	53	au		
38	6 豪	32 皓	37 號	開	1	54	ɑu		
39	7 歌	33 哿	38 箇	開	1	55	ɑ		
40	8 戈	34 果	39 過	合	1	56	uɑ		
					3	57	i̯uɑ		
41	9 麻	35 馬	40 禡	開	2	58	a		
					3,4	59	ia		
				合	2	60	ʷa		
42	10 陽	36 養	41 漾	開	2,3,4	61	i̯aŋ	18 藥	i̯ak
				合	3	62	i̯ʷaŋ		i̯ʷak
43	11 唐	37 蕩	42 宕	開	1	63	ɑŋ	19 鐸	ɑk
				合		64	ʷɑŋ		ʷɑk
44	12 庚	38 梗	43 映	開	2	65	ɐŋ	20 陌	ɐk
					3	66	i̯ɐŋ		i̯ɐk
				合	2	67	ʷɐŋ		ʷɐk
					3	68	i̯ʷɐŋ		i̯ʷɐk
45	13 耕	39 耿	44 諍	開	2	69	ɛŋ	21 麥	ɛk
				合		70	ʷɛŋ		ʷɛk

韻表（四）

韻數	平聲	上聲	去聲	開合	等列	韻母數	平上去音值	入聲	入聲音值
46	14 清	40 靜	45 勁	開	3,4	71	i̯æŋ	22 昔	i̯æk
				合		72	i̯ʷæŋ		i̯ʷæk
47	15 青	41 迥	46 徑	開	4	73	ieŋ	23 錫	iek
				合		74	i̯ʷeŋ		iʷek
48	16 蒸	42 拯	47 證	開	2,3,4	75	i̯əŋ	24 職	i̯ək
				合	3	76	───		i̯ʷək
49	17 登	43 等	48 嶝	開	1	77	əŋ	25 德	ək
				合		78	ʷəŋ		ʷək
50	18 尤	44 有	49 宥	開	2,3,4	79	i̯əu		
51	19 侯	45 厚	50 候	開	1	80	əu		
52	20 幽	46 黝	51 幼	開	4	81	iĕu		
53	21 侵	47 寑	52 沁	開	2,3,4	82	i̯əm	26 緝	i̯əp
54	22 覃	48 感	53 勘	開	1	83	ɑm	27 合	ɑp
55	23 談	49 敢	54 闞	開	1	84	ɑm	28 盍	ɑp
56	24 鹽	50 琰	55 豔	開	3,4	85	i̯æm	29 葉	i̯æp
57	25 添	51 忝	56 㮇	開	4	86	iem	30 怗	iep
58	26 咸	53 豏	58 陷	開	2	87	ăm	31 洽	ăp
59	27 銜	54 檻	59 鑑	開	2	88	am	32 狎	ap
60	28 嚴	52 儼	57 釅	開	3	89	i̯ɐm	33 業	i̯ɐp
61	29 凡	55 范	60 梵	合	3	90	i̯ʷɐm	34 乏	i̯ʷɐp

中國語方言學史

1949年11月5日～16日

第1章　方言ということば及びそれに類似したことばの意味、またそれが如何に使われてきたかについて

　字引を引いてみると、日本でも方言ということばを使っているが、ごく普通の意味は、ある他のことば、中國語でいえば語言で、各地に通行しないものを方言という。つまり別の地方に行けば通用しないもの、それを方言という（『辭海』）。もっと簡単に、各地の土語と書いてある辭書もあります（『國語辭典』）。それから又、土語というのと同じであるが土話、こういう風に解釋した本さえある。それは日本の字引で方言という解釋と略々大差はない。

　少し古いところでどうなっているか調べてみると、これはこの次の章でお話ししたいことだが、『方言』という名前の本がある。その本の外に方言ということばが用いられた例は、『佩文韻府』に「因人見風俗、入境聞**方言** 王維、早入榮」とあり、その通りに見ればこの時の方言というのは先程まで申しましたような、特別のことば、これは確か王維が長安の都から山東の方に行くとき、都のことばと違うことばを聞いたので、こういう詩が出來たのであろう。これは附けたりだが、同じ方言ということばはいつもある地域に關係をもっていることであって、そのことはこの王維の場合にもそうであるに違いないが、地域的な意義だけからは解決できない例がある。例えば杜甫の詩である

が(『杜詩詳注』第十一卷三絶句)斬新とか上番とかいうことばに對して、これは清朝初めの朱鶴齡という人のことばであるが「皆唐人方言」とあって唐人の方言だ、と。こういう言い方、他の例は一寸思い出せないが、詩の注などにこういう言い方が出てくると思う。地域的な意味ではなくて、唐という時代に出來た特別な言い回しという意味であろうと思う。例えば六朝の方言といえば六朝時代の特別な言い回しという意味である。標準語ということばとも關連してくるわけだが、そのことは後でいう。

　土話ということばは現在でも使う。いつから出ているか歴史はいま分からないが、だいたい土話に當たることばが少し古いころ、明ごろだが、鄉談ということばでそういう意味を表わしている。わたしの知っている例は『水滸傳』の百回本の第74回の中に「燕青打着鄉談道」こういう文章がある。この他の場所にも出てきたと思うが記憶しない。この場合には確かに鄉談は土話という意味である。『水滸傳』が明の初め頃、遲くも14世紀に出來たとすれば、その頃から使われたわけである。『鄉談正音雜字』という本がある。この書物、内容は記憶しないが、たしか伊藤東涯の『名物六帖』の中に引用されていたと思う。伊藤家の本でいま天理圖書館にある本にはないそうである。夙く散佚したのであろう。幕末の探檢家として有名な近藤重藏の『正齋書籍考』の卷3の中に『鄉談雜字』(正音が抜けている)という本が2冊、それから『漢語鄉談正音雜字』という本があるようである。近藤正齋は見たようである。今日でも近衞文庫で見られるだろうし、東京では圖書寮、帝國圖書館にも端本だがあるようである。

　それから明朝からあるが、雜字というのは、子供などにどんな字を使うか教えるもの、ごく最近まであるが、非常に日常的なので、地方の方言の記載を含んでいる筈である。『鄉談正音雜字』がどこの地方の方言を書いたものかは調べてないので分からない。

　方言ということばを音韻學あるいは音聲學的に限定すると——どち

らでも大して差はないが——方音となる。これは日本ではあまり使わないと思うが、中國ではよく使う。いつ頃から使うか知らないが、例えば『四庫全書總目提要』の中に『中原音韻』の項に使ってある。この場合、方音は方言と同じことで、この場合も必ずしも特定の音韻を指すものかどうか、ひょっと疑わしいところがある。音についていえば、正音、それに對する訛った音という意味がない、必ずしもそれがどの音であるかということを限定せずにいう場合がある。

　方音ということばはあまり古くは見ないが、土話を鄉談というのと同じ意味に鄉音と言ったのは割に古い例があって、唐の詩なんかに出ている。「鄉音難改鬢毛衰」（賀知章）、これは絕句で教科書などにもよく出てくる詩、「回鄉偶書」という題の詩である。むしろ田舍の訛ですね、まあ日本でいえば。鄉音というのは宋の范成大の詩にもあるが例は引かない。現代語ではむしろ土音ということばが多いかと思う。

　こういう方言とか鄉談とかは、方言同志對立しているというよりも、だいたい標準語に對するものである。清朝人が官話といったのは、この標準語のことである。このことばも由來は調べたことはないが、少なくとも明の中頃からはもうあるようである。

　この方言ということばと方音との關係と同じく、官音といえば官話に用いられる音韻という意味である。なぜ官ということばを使ったかというと、例えば政府で決めたもの、例えば書物のことを官書という。韻書では、政府で決めた或いは朝廷で決めた韻書を官韻という。宋の頃からあると思うが、このように政府で或いは公で決めたものは官の字をくっつける。そういう意味で官話は公用語（official language）という意味を持っている。實際は中央政府のある都會のことばを基礎にしているわけであるが、例えばこの都會が南京にあっても北京にあっても、南京のことばだから官話なのではなくて、公用語だから官話なのである。

　これはだいぶ古い話であるが『論語』の中に「子所雅言、讀書執禮、

皆雅言也」(『論語』「述而」)、そういうことがある。この文句は難解なところがあるのであるが、この雅言ということば、このことばを宋の朱子は「常言」と解釋している。だから朱子の解釋によれば常に言うこととなるが、古注つまり漢人の注によれば「正言」と解釋されている。「雅は正なり」という傳統的な解釋ではそうである。清朝の學者劉寶楠に『論語正義』という本があるが、これによるとつまり後のことばでいえば官話に當たるものだと、後世の人が詩を作る場合に官韻を用い、また官吏として人民に對する場合に官話を使うのは、『論語』にある雅言という意味だと、そういう風に解釋している。雅言ということばが『論語』に出ているが、何を意味するかは非常に難しい問題である。ただ雅言が方言に對するものとして考えられていたことは事實である。雅なるもの、つまり正しいもの、それに對する方言あるいは土話が、つまり正しくないものまた卑しいものとして輕蔑されることになる。この關係は文語とそれから口語、中國語で申しますならば文言と白話とほぼ同樣であります。

　文言というものは中國では文字に書かれるということが第1の條件であるには違いないが、それが雅なものであるに對し、白話の方は雅でない卑俗なことばである。どこの國にも多かれ少なかれあるが、中國においては特に甚だしかったのである。そして方言というものは常に口語である。殊に中國においては100%とは言えないが、大部分そうである。方言が輕蔑されるということは一方、そういう風に筆にすべからざる、文字にならない言語だということにも關係がある。しかし乍ら後で申しますように、方言というものが非常に多い、多いというのは中國の人なら誰でも官話が喋れるかといえばそうではない。そこでもし官話が正しいとするならば、方言を正すということが必要になる。それはいつでも音韻の方から先ず始まるのであって、先ほど言った『郷談正音雜字』も――これは推測に過ぎないが――ある地方の方言を正す、官話に近づけるという觀念の産物であったと思う。清

朝でも廣東に正音書院というものを建て、官話を教授させたということがある。雍正6年（1728）にこの上諭というものが出て、命令して正音書院というものを建てるということを言っている。殿試のあとの謁見の際に、どうも他の地方はそうでもないが、福建と廣東の2つの省のものは言うことがさっぱり分からない。つまり一種の標準語教育の機關であるが、どういう風に教えたかということはよく分からないようである。ただこの學校の教科書という譯ではないと思うが、『正音咀華』が1836年、道光年間に出ている。とにかく廣東人に官話を教えるための教科書として編纂されたことは確かである。正音というのはこういう風にいつも方言を正す、標準語に近づけるという意味がある。

　方言の第3の意味として、外國のことばという意味がある。これは全くの付けたりである。これは清朝の末であるが、1869年に上海で廣方言館というものが設けられたことがある。設置したのは李鴻章であるが、これから少し後に北京でも同じようなもの、但し北京では同文館ということばを用いているが、内容は同じでヨーロッパ語を教えた。今日のことばで言えば外國語學校である。このとき教えたことばを見ると、英文、法文、俄文、德文（同文館）で、上海でも同じようである。1893年に張之洞が武昌で自強學堂というものを作りましたときにも、4つの部、日本語でいえば部でありますが、4つの部というのは方言、算學、格知（自然科學）、商務、この4つのcollegeと申しますか、四齋を設けた。これは張之洞という人は改革派の政治家、つまりこれは皆實用的な學問である。その中に方言とあるのは外國語ということである。

　方言ということばの意味、それからどういう風に使われてきたかというのは以上の通りであるが、そういう方言、これは實際その今日でも中國を旅行すれば、必ず方言の違いが甚だしいということに誰でも氣がつき、それによって非常な不便を感ずるのであるが、それにもか

かわらず、實はこの方言の研究ということは、中國では、この次に第2章で申しますように、この『方言』という名前の本などが非常に古くからあるにかかわらず、全體から言えば非常に後れていたと言わなければならない。それは何故かというと、第1に中國では口語というものが、白話というものが、非常に輕蔑されてきた。筆にのぼすべからざるもの、また筆にのぼすことができないものであるために、文化に與らない。方言というのは事實上また口語の一種であるから、そういうものに注意するということが非常に少なかった。文字に書かれないものに注意を拂わない。

中國の文字のもつ非常に特殊な性格が1つの大きな制約になっていた。方言の研究が盛んになるのは、文語と口語との價値の觀念が根本的に改められる必要がある。見るべき研究はほとんど清朝の末、19世紀の末、あるいはほとんど20世紀になってからであるのはそのためである。それならば從來顧みられなかった方言の研究が必要かということでは、第1にまずごく實用的理由がある。例えば現在非常な速度で發展しつつある新文學はほとんど全部白話で書かれている。それは1918年のいわゆる文學革命によって誕生したものであり、例の胡適が言ったように國語的文學、national language という、いわゆる國語、全國に行われ得る國語で書かれることが必要だということが、胡適以來ある。たしかにその通りであるが、その國語というものが、戰時前までは北京の地方の方言（dialect）を基礎とした國語である。しかし交通機關の發達の後れている中國では全國民がただ1つのことばを、目で見て了解するだけでなく、耳で聞いて分かり、口で話すことができるのはまだ遠いことである。

當然のことであるが、今日の文學を作る人が、北京の人ばかりではない。したがってその中にいろいろな方言の要素が混じってくることが少なくない。我々が現代に生きている限り、中國語の書物を讀む場合に方言の要素が入ってくることは免れない。非常に限定した意味

で、新文學の讀者の我々としても、方言の知識が必要で、少なくとも無益ではない。これは語彙の問題だけであるが、これが實用的理由の第1である。

　この實用的な理由は後回しにしても、中國語というものを學問的に研究する場合、特に中國語の歷史、それを完全に知るためにはどうしても方言の研究が缺くべからざるものになる。中國語の歷史の研究というものは、今までも淸朝の學者の非常な努力によって、古代語はある意味では非常に進步しているが、研究はある意味で畸形的で、音韻學的には比較的明瞭になったけれども、それ以外の點では、つまり古代語が現代語までどのように發展してきたかについてはほとんど見るべき研究がないと言ってよい。

　カールグレン（Bernhard Karlgren）が音韻學的な研究をするまでは、音韻學的にもどういう風に發展してきたかはほとんど知られなかったと言ってもよい。カールグレンは先ず、7世紀初め頃の『切韻』によって代表されている古音（Ancient Chinese、漢譯では中古漢語）を再構成（reconstruct）し、その再構されたものから現代の各地の方言へどういう風にして言語が變化したか、フランス語でévolutionということばを使っているが、それを解明することが彼の『中國音韻學研究』[1]の目的なのであった。ところでその場合、古い言語から、昔から今へというその發展の跡を辿ったわけであるが、その再構成の基礎になったのは『切韻』と、日本でよくいわれる『韻鏡』などで代表される書物であるが、その他に他の國に借用された漢字音とともに現代の方言の音韻との比較ということが、やはりその重要な基礎をなしているのである。カールグレンの方法はある意味で機械的だという非難もある。そのことは後で觸れるかと思うが、少なくとも中國語の音韻史というものが、現在の方言の比較の上に建てられねばならぬという

---

[1] Karlgren, *Études sur la phonologie chinoise* (Leyde et Stockholm, 1915-1928) の漢譯。趙元任・李方桂・羅常培共譯、1940年、商務印書館。

のは正しいと思う。その場合には日本語に借用された漢字音なども廣い意味では中國語の方言ということになる。

　中國語の歷史の研究は常に方言によって補われねばならぬ點がある。音韻史のみでなく單語、語法の研究に照らしても、現代の方言によって補うほかはない。おそらく最も大きな助けを與えるのは言語地理學（linguistic geography）であると思う。言語地理學が進步しなければ中國語の歷史の研究はいつまで經っても進步しないだろうと思う。言語地理學は一名方言學（dialectology）と呼ばれるくらいだから、まず方言の研究が進步しなければならない道理である。

　次に必要ないことかも知れないが、ヨーロッパの言語學における方言（dialect）というものの定義をお話ししておきたいと思う。

　小林英夫『言語學通論』[2]の中に、言語が體系として色々に分類されるという項目のところで言っているが、地域（district）の大小に應じて同一の言語社會に屬していると自ら意識する話し手の集團全體に亘って通達手段として用いられる言語がある、これを共通語（langue commune）という。同一の言語社會に屬していると自ら意識する話し手がやはりそれに屬すると考えられるが、諸種の點で自らの言語とは異なるものと思われる言語がある、これを方言（dialecte）という。大體の所はそれで好いと思うんです。要するに、この、ですからこれは今の言語學の定義ですけれども、例えば東北辯と九州辯と……言語學の術語を集めた字引がありますが、フランス人のMarouzeauの[3]、この中のdialecteは、さまざまな特質ですナ、particularitésの總體、それらの集合が、それらというのはparticularitésのことですが、隣り合った地方語とでも譯すんですか、parlerという字が使ってありますけれども、小林さんのこの本の中では土語ということばを當ててますけれども、隣り合った土語とそれを結びつけてある親緣性parentéとは關

---

[2] ［小林英夫『言語学通論』、東京：三省堂、1937年。］

[3] ［J.Marouzeau, *Lexique de la terminologie linguistique*, Paris: Paul Geuthner, 1933.］

係なしに、それが隣り合った土語とは區別されると意識されるが如き特質の總體として定義されている。

　その上に１つの言語、それのつまり下にある區分になるわけですね（下位區分）。ですから發生的に言えば、もともと１つの言語があって、それぞれが段々に分かれて方言になった、歴史的にはまあそれが普通なんです。例えば古典時代のギリシャ語は方言としてしか存在しないと言われるが、その元になる非常に古いギリシャ語があって、それが分かれたということは言語學者も認めている。しかしギリシャのように幾つかの方言があると、その間に方言同志の共通の言語（langue commune）が出來て、國語（national language）ですか、そういうような地位を占めるようになる。實際にはそういう複雜な關係になっていると思う。

　フランスの言語學では langue ── dialecte ── patois（俚語）、そういう風に區別をする人もある。そう區別をした場合は、方言（dialecte）という方が少し廣い地域を占める。patois は非常に制限された地域、例えば村同士ことばが違うというような、中國語ではよくあると思うが、ドイツ語では Platt という。patois というのは中國語でいえば土話というのがいちばん良いのではないか。必要なことは、普通に方言という時に、あることばが、例えば假に現代語でいうと、いわゆる國語で我 wo というのは、蘇州の人はこれを [ŋəu] というとしますね、その場合に [ŋəu] というのが wo の方言だと、そういう風にいうのが非常に多いんですね。つまりある１つのことばの、その他の地方における他の言い方が方言であると、普通にはそういう言い方が非常に多いが、言語學では particularités の總體が１つの dialecte である。音韻や語法の１つ１つは element には違いないけれども。

第 2 章　揚雄の『方言』

　中國でいわゆる方言の違いというものが意識されるようになったのは相當古いことであって、例えばこの時代からして、戰國時代ですネ、戰國の時代にはいろんな書物の中にそういうことが見えている。1つの例を舉げると、例えば『孟子』の中に（滕文公下）、こういう話がある。楚の國の大夫が子どもに齊語を習わせたいと。その場合には齊人に教えさせるのがよいか、楚人に教えさせたらよいか、と。弟子、齊人をして之を傅けしめんと。孟子、けれども1人の齊の人に教えさしたのでは駄目だ。これを引いて莊嶽之間に置くこと數年ならば、日に撻って楚ならんことを求めんとすれど得ずと。有名なことばである。注によれば莊嶽というのは齊の都の街里名という。孟子の時代に、楚と齊と大分ことばが違っていただろうということが分かる。それからこの話をした門人がどういう人であったか分からないが、戰國では楚よりも齊のことばの方が雅であると考えられていたのではないかということである。それはつまり楚という國が元來夷狄である。異民族であったかどうか、はっきりしたことは分からないが、それに比べれば齊という國は文化國である。齊のことばは文化語であって、楚のことばは未開のものと考えられていたのではないか。『中國語雜誌』に東大の藤堂氏の說[4]があるが、戰國時代は齊語が標準語であった（その都臨淄、稷下）。孟子も齊の國にある期間滯在していて、そこで學者としての經歷をもった人だから孟子のことばも齊のことばではないかと思う。戰國時代の他のことばと大體一致しているので、齊のことばは文化語として用いられていた。秦の統一を經、漢の時代になって、文化人の用いたことばはおそらく稷下のことば、齊のことばであろう、それが雅言であると。たいへん面白い說である。『孟子』を見てもそう思われるところがある。ただ問題は雅言の雅をどう解釋するかとい

---

[4] ［藤堂明保「古代中國人の判斷の構造と虛詞の用法」『中國語雜誌』第 4 卷第 2 號（1949 年 5 月）33〜40 頁、15 頁。］

うことだが、今は論じない。

　戰國時代、諸種の方言があったということは斷片的ではあるが諸書に見えている。そういう風に違っていたということは大體分かるのであるが、それについて何か記錄を殘したというのはこれから話す揚雄が最初である。

　揚雄という人は前漢の末から後漢にかけての人であって、死んだのはA.D.18、この時に71歳であった。この人の書物はふつう『方言』というけれども、非常に長い名でありまして『輶軒使者絶代語釋別國方言』、それを略して、最後のところだけをとって『方言』というのである。もっともこの書名も揚雄が作ったときからそういう名前であったかどうか、はっきりしない。というのは今の『方言』のいちばん終いに附いている劉歆との往復書簡の中に、劉歆のことばとして「屬聞子雲（揚雄の字）獨採集先代絶言異國殊語以爲十五卷」とあり、それに對する揚雄の答えに「又敕(ツゲル)以殊言十五卷、君何由知之」とある。未完の書物であったために別に決まった名前は附いていなかったんじゃないかと思う。こういうことはよくあるので、殊に古い時代、漢の時代などには、例えば司馬遷の『史記』は『太史公書』『歷史』とも呼ばれた。後漢の人が引用した時にはすでに『方言』と呼んでいるので、後漢の時代にはこの名で呼ばれていたことは確かである。宋の人などは『方言』が『漢書』の列傳、藝文志の中に出てこないということを據り所にして、この本は揚雄の作ったものではないと疑った。これは少し疑いすぎである。清朝の戴震にこれを反駁した考證がある。

　どういう本であったか考える際にも書名が一寸問題になる。輶軒使者の4字、輶は輕車（『詩經』にも使ってある）、軒は馬車、少し身分のある者の乘る車、だから輕い馬車、この場合には天子の使者が乘る車。漢の時代の一部の學者は、周秦の時代には毎年の八月に輶軒之使をつかわして各地の方言を書き留めさせ、都に歸ってくるとそれを書きつけて記錄して秘宮(くら)の中にそれを藏せしめた、と言っている。劉歆

もそういうようなことを言っている。各地の風俗、民謠、そういうものを採集して、それを天子に奏上させたということは、だいたい古文家の考えであるが、『周禮』などにもそういうことがある。それが今の『詩經』のもとだと、それが『周禮』の考え方である。いわば精神的な貢物だということである。ところが揚雄自身もそう言っているが（實際そういうことを信じていたらしい）、周や秦の王朝が滅亡したために蒐集も散佚し、これを見たものがない。だから揚雄はそういう古い記録を見たわけではないが、揚雄の先輩で蜀人嚴君平、林閭翁孺、この２人の學者がおそらく方言を集めるということをはじめた。變な言い方をしているが、意味をとるとそういうことになる。嚴君平は有名な學者であるが、千言を遺した。翁孺はどれだけ集めたか分からないが「梗概之法略有」とある。方言の後に附いている２人（劉淄と揚雄）の書簡はたいへん讀みにくいが、この意味は翁孺という人は組織的に集めたということであろう。ところで揚雄は32歳の年、それはB.C.22（そういう風に考證されている）はじめて都に出て役人になったのであるが、この時はじめて宮中の書物を見ることが出來るようになった。その翌々年（B.C.20）という年あたりから、これは漢の時代の制度であって孝廉（後世では舉人のことに使うが）、地方で官吏に推薦されて都に出てくる人々のことであるが、試驗を受けるために集まってきた孝廉及び内部衞卒、各郡からやってくる、今のことばでいえば近衞兵というようなもの、そういう人たちに會うために揚雄は「常把三寸弱翰、齎油素四尺、以問其異語」した。三寸の弱翰というのは筆、素というのは絹、白い絹、油というのは油でも引くのか、今なら礐砂(どうさ)でも引くところ。それからもう27年になるということを、この書翰の中に書いている。そうするとこの書翰がだいたいA.D.7年頃に出來たことになる。『方言』ではありません、この書翰が。そういう風にして出來たものである。今あるこの『方言』は實は13卷しかない。それは晉の郭璞という人が注を附けた本であるが、これは13

卷しかない。少なくとも書翰に言っているのと比べると2巻足りない。いつの間にかなくなったのか、卷數の分け方が違っているのか。今の『方言』を見ると、13巻に分かれているだけで、各巻に名前も附いていないし、分け方も亂雜である。似よったものを集めたところもある。卷四衣服、卷五器物、いろんな道具、なべ、かま、それから今で言えば雙六か、それから某、第八卷は鳥獸、それから蟲、まあそういうこともあるが、そういう集め方に一定の方針があるとは思われない。非常に雜多で亂雜である。

　それからこの本は同じ意味のことばは一ヶ所にまとまっている筈だが、例えば卷の一（この本の體裁は『爾雅』と同じ體裁であるが）…哀也、これは卷一にある。それが5つの字を擧げて、ところが卷十二にも同じもの、同じ項目が出てくる。…哀也。ここの所にはただ2字出てくるだけで、字は違うが、こういう風に同じ所にあるべきものが別々の所に出てくるということ。それから全く同じ意味でなくても…愚也、これは卷一のはじめの所にある…知也、…慧也、それのつまり反對の概念だから同じ所にあるべき筈だが、…愚也は卷十二、そういう風に分かれている。そういうことを見ても、この本が非常に整理が不完全であるということが分かる。

　そういう風に整理は不完全だが、1つ1つの項目を見ると方針がある。

　　黨曉哲知也、楚謂之黨、或曰曉、齊宋之間謂之哲

開卷第1のところだが、最初の5字、これが標題になるわけである。その次にどこの地方でそう言っているかを記してあることが非常な特徴である。第3條あたりがいちばん好いのであるが、「娥嬴好也」、この1條においては、好というのはこの場合には美しさ、女なのではないかと思う。女偏が使っているから、女の美しさをいうのではないか。詳しく書くと、秦曰娥、宋魏之間謂之嬴…まだそれ以外の言い

方がある。例えば地方によっては…娨、姣、姝、姱、妍…それからその後に「好其通語也」、そういういろんな言い方があるけれども、好ということばが通語である。どこへ行っても通ずるということでありましょう。今のことばで言えば普通話。だからここの所で言えば、ことばが8つあるが、好が普通話で、あとは方言ということになる。こういう風に1つの項目では同じ意味のいくつかの單語を集めて訓をしてある。この場合のように、その訓に用いられた好がただちに通語である場合もある。通語であるということを特別に斷ってない場合もある。またこういう風に訓に用いられたことばはどこどこで用いられる、それが亦通語ということも、凡語[5]ということもある。通語といっても色々な意味があって、必ずしも天下全體の普通話ではなくて、もっと狹く、例えばある2つの地域にまたがっているものをやはり通語ということがある。何々との通語である。そうでない場合には特別に四方之通語と言っている場合がある。以上が『方言』という書物のだいたいの書き方、體例を、ごくあらましを言ったが、さっき言ったように、未定稿なので非常に整理を要するところがある。しかし紀元前後の中國のdialectの狀態の相當な量の地域に對する言及、そういう知識を與える點で比類のない書物である。だから林語堂氏が言うように、この書物及び漢の時代の經書の注釋に見えている當時の方言の記載を總合すれば、漢の時代の方言の狀態というものが、あらましであるが分かることになる。その當時全體の記載というものがないので、そういう點で比類がない。

　明の時代に陳與郊という人があって『方言』の分類をし直して、4卷だったと思うが、『爾雅』の分類によった。こういう風にして順序を立てた『方言類聚』という本があるそうである。この本のことは『四庫提要』に出ている。それから胡樸安という人の『中國訓詁學史』の中にそれが引いてある。しかし分類をするよりは詳しい目録をつくっ

---

[5] 私（小川）の見たのでは1ヶ條だけ。

て、できれば索引でもこしらえれば、この本はもっと利用價値が增えると思う。次に林語堂の研究、それをお話ししなければならないと思うが、それはこの次。

揚雄『方言』の書名の上に附いている「絕代語釋」の4字の意味については、卷1にこういう所がある。

　　敦…大也。……皆古今語也、初別國不相往來之言也、
　　今或同。而舊書雅記故俗語、不失其方、而後人不知、故爲
　　之作釋也（卷一）
　　假佫…至也。……皆古雅之別語也、今則或同（同）

先ず「舊書雅記」とは古典のことであり、「古雅之別語」とは通語に對して言うのだろうと思う。今では使わなくなったということだろうと思う。また「今或同」とは、或イハ同ジクナッタ、つまり今ではこうした特殊な言語は行われなくなった、というのは通語が行われるようになったから、それらは使われなくなった。ところがこれは林語堂の解釋が正しいと思うが、古典に書かれていることばで、どこかの俗語の中に昔からのことばを失わないものがある。揚雄が、古いことばが方言の中に殘っていると考えたかどうかは分からない。

『方言』は清朝の時に郭璞の注の上に注をつけたりしたが、この書物を言語學的に取り上げたのは林語堂である[6]。1人の人が一定の時に、とにかくその時代に集めた方言の記錄なので學問的に非常に信賴し得る書物である。林語堂が研究したのはこの時代の方言がだいたい幾つ位に分かれるかということ。このことは簡單ではない。例えばどこどこで言うという場合、陳なら陳、楚なら楚と單獨に出てくるより、一緒に出てくることが多い。陳は單獨で出てくることは少ない。楚は單獨で出てくるが、陳と楚とは揚雄の集めた材料では、いわばほぼ方言學上同じ區域に入ると見なしてよかった爲だと思う。その場合陳楚

---

[6]［林語堂「前漢方音區域考」『語言學論叢』（1933年、上海：開明書店刊）16-44頁。］

と續けていう言い方の回數、頻出度（frequency）ですか、それが20度とか30度とか澤山出て來るならば、當然この2つの地方は1つのdialectに屬していたと考えてよい。

　鄭と楚の2つの地名が一緒に擧げられていることはない。鄭は周と一緒（鄭周、周鄭）、ふつう鄭周と陳楚がそれぞれ近くて、鄭周が1つの區域に入るということが分かる。さらに齊趙この2つ、この當時の黃河を隔てて隣り同志だが、齊趙と續けて使われたのは、林語堂の調べたところでは1度しかない。地域は近くてもdialectとしては共通點が少なかったことが分かる。

　甲というある1つの地方が揚雄の『方言』の中でいつも乙の地方と一緒に出て來るならば、甲乙を1つの地域とする（秦晉）。

　第2には甲の地方とそれに隣り合っている乙の地名との一緒に出て來る回數がその他の地名、例えば丙と一緒に出て來る回數より多い場合、そういう場合は1つの地域というのは言い過ぎだが、方言（dialect）の類似性というか親近性、その間が非常に近いということが分かる（齊魯）。

　第3はある地名が單獨に出て來る場合が特別に多ければ、それだけで1類とする（楚、齊）。

　第4はある地方のある1つの地域、地區ですか、ある1つの地區に特に言及する場合がある。その回數が多ければ、やはり特別のdialectとして1類を爲していたことが分かる。これは一寸聞くと前のことと同じように聞こえるが、例えば東齊ということがある。齊の中でもやはり特別なdialectであったということである。『方言』の中に出てくる地名は全部で50幾つかあるが、同じ地名を別名で言うとき、小さな地名が大きな地名に包括される場合などがあって、實際には26になるそうです。この26というのを上に擧げた4つの條件によって分類すると14になる。そういう風にして出來たものをプリントに書いてもらった（後揭附録「前漢方言十四系」）。

一番はじめは秦晉。林語堂のやり方を一寸紹介すると、秦の出てくる回數が106。その中で86回は晉と一緒に出てくる。ところがこれに對して梁（今の四川省の一部分）というのは一緒に出てくる場合があるが、それは6遍しかない。隣同士ではあっても親近性が少ないということが分かる。秦と西楚が一緒に出てくる場合もあるが、これはたった2回しかない。それから周と秦もやはり隣同士になるが、これも2度しかない。それらの dialect とは非常に明確な區別のあったことが分かる。秦ということばは使ってないが、自關而東あるいは自關而西ということばが使ってあることがあり、函谷關というものが當時の方言においても大きな境目であったことが分かる。唐の初め頃までよくそういうことがあったのではないかと思う。

ところで特別に秦の中でも西秦ということがある。別の言い方をしている時もあるが、同じ地方を指している。これは漢民族が、異民族、羌というのはまあチベット族でしょうな、それと接觸した地方。ところで林語堂の注意しているのは、たった1度だが西秦と東齊と一緒に出てくることがある。これは非常に面白いことである。林語堂はどこと言っていないが、『方言』の中を探してみると卷の七なんです。非常に妙な、

　　　膊曬晞暴也、東齊及秦之西鄙言相暴僇爲膊⋯（卷七）

つまりこういう字はおそらく揚雄が作り出したんだと思いますが、どれもさらすという意味、その中で東齊と秦の國の西の方、邊鄙なところで、さらし者にすることを（人間には限らないが）膊という。非常にかけ離れた土地、これは何か間違いではないかと思われるかも知れないが、戴東原の『方言疏證』という本がある。それを見ると、『左傳』が引いてあって、だいたい齊のことばであることは確實である。ただ秦の西の方まで使っていたかどうかは分からないが、linguistic geography の上では別に珍しいことではない。その場合には古い時代の殘存物で

あることを示す。これは地域の連續性ということがあって、あとから出てきた地方ほど連續性がある。この場合もしも揚雄の書いてあることが間違いないとすれば、それはそういうことを示す。後から後から新しい波が出て來ると、古いものが兩側に驅逐されて、それが兩側に殘る。今のtextが間違っていないということを假定した上で、揚雄が事實を事實としてありのままに記錄したということが知られる。秦からはじめて14あるが、地圖を御覽になるとよく分かる。

　蜀の地方は揚雄の故郷なので、興味がなかったのかあまり書いていない。林語堂にはこの他に古い漢以前の方言に關する幾つかの考證がある[7]。齊、楚の他はよく分からない。それだけこの2つの地方は特色があったのだろうと思う。『方言』という書物は卷の一の初めに書いてあることばによれば、方言の違いということが結局、時代の差別に對應するものだ、correspondするものだということになる。地理的な方言の差異が歷史的な方言の差異に對應すると、そこまで考えたかどうか分からないが、少なくとも同時代の方言を調べることによって古い書物に出てくる分からないことばを考えようとする、そういう態度であったことは略々想像される。この時代にあっても非常に卓越した見識ではあったが、この書物が完成せず、未定稿として後に傳えられることになっただけでなく、後に揚雄の仕事を繼ぐものも出なかったことは殘念であります。

　これには2つの原因がある。第1は許愼の『說文解字』という書物の影響である。この本はむろん中國の文字學にとって非常に偉大な書物であるけれども、しかしながら缺點だけをいうと、ことばをことばとして扱わずに、文字の形という點に拘泥したということ、それが第1。第2は文字の出來た時代というものを考慮しないということ。『說文』はその前に『史籀篇』とかですナ、それから三蒼とかいうよ

---

[7]「燕齊魯衞陽聲轉變考」「周禮方音考」「左傳眞僞與上古方音」など、すべて上掲『語言學論叢』に收錄。]

うなですナ、そういう色々な字引がありまして、一面にそういうものの集大成なのであるが、今の『說文』では出所が明らかでないものがある。すべて同じ平面で論じられているということは、そのことばの變遷を理解させないという、そういう缺點がある。しかしながらその實、揚雄の『方言』という書物の說を相當大量に取り入れてある。中には『方言』に見えていないような地方のことばの記載もごく僅かだがある。

　許愼より後になって郭璞（晉）という人が注を加えて、郭璞の注の中でも、これは郭璞の時代の dialect に關する言及が折々見られるが、これはまあ省略しましょう。それ以後は清朝までそういうことはあまり注意しなかった。しかしそこには第2の原因が働いている譯で、古い書物、つまり經書ですが、經典に用いられることばが段々に話しことばから離れて行って、それが古典語あるいは文學語（literary language）としての權威が段々確立されて、口語の現實のすがたである方言もしくは土話との差別が大きくなるために、この2つを同じ平面で研究するというような態度をとることは學者の文化人としての氣持ちが許さなくなったということが第2の原因である。後世に方言というものを非常に公平な態度で調べるというようなことは非常な變わり者なのである。例えば、これはあとで言うが、清朝の末頃の人范寅の『越諺』などの書物もそうである。

　清朝は非常に文字學、清朝のことばで言えば小學の盛んになった時なので、小學に關係ある書物はどれも皆研究された。その1つがこの揚雄の『方言』なのである。そこで1つには『方言』のいろんな text を考訂する、校合するということが行われる。それを行ったのは盧文弨の抱經堂本、これは丁杰小雅の校合を利用したことが非常に多い。それから戴震の『方言疏證』、これは實際に經書の中に使われている方言を取り出して考證した本である。それから清朝の末になるが、郭慶藩という人があって、この人は長沙の人であったが、思賢講舍本は

戴震の『方言疏證』と盧文弨の校合した本と一緒にしたもので、手に入り易かった本である。それからよく讀まなかったので詳しいことは申し上げられないが、錢繹の『方言箋疏』、『方言』が 13 卷なので、これも 13 卷だが、おそらく一番詳しい研究であろうと思う。錢大昕の子である。1851 年の序文がある。ふつう廣東の廣雅書局本が行われている。光緒年間、たぶん張之洞の總督であった時代に出來たのだと思うが、非常にたくさん經書の本を出した。手に入りやすい本であったが、今ではどうであろう。まだまだあるが、普通に讀まれている本は今擧げたようなものである。これはつまり小學書として文字學の立場から『方言』という書物を研究した書物がいろいろ出たのだが、その他に『方言』を補うという意味の書物がある。

　江西の人杭世駿（?–1773）の『續方言』2 卷。この本のことは『四庫提要』にも書いてあるように、十三經、『說文』それから『釋名』[8] などの中にいろんな所の方言の記事がある。その記事を集めたものである。その記事の並べ方は實際は『爾雅』の體裁に倣ってあるのだが、そのことを明記していないので一寸見にくい。見たところ雜然としているように見える。それから同じ名前の本を戴震も書いている。2 卷。これも 10 何年も前（民 21）に、手稿本だったのだが、原稿が偶然北京の古本屋で見つかって影印された[9]。戴東原の著書目錄、年譜にも出てこない。編纂を放棄した本なのだろうと思われる[10]。本としては杭世駿の本がよくできている。杭世駿の本の『補正』、『又補』、或いは『續方言新校補』、また『續方言疏證』を作った人もある[11]。また

---

　　[8] 後漢の末か三國に出來た一種の『爾雅』の系統の字引といいますか、語彙集。『爾雅』とは一寸違って、その時代に使われた器物なども載せてある。日本の『和名抄』に似たり。
　　[9]『續方言』民國 21 年、中央研究院影印原稿本。
　　[10] おそらく杭世駿の本を見たので放棄したのであろう。
　　[11] それぞれ『補正』は程際盛、『又補』は徐乃昌、『新校補』は張愼、また『續方言疏證』は沈齡の撰述。

『方言別録』4巻という本を作った人もある[12]。宣統元年（1911）清朝の亡びる年である。この本などは清朝の小學のやろうとした方向から離れて來たのだが、宋以後の書物に見える方言を集めたものである。上下2巻。これの下巻などには清朝人の書物からも拾っている。面白いことは『說文』の注を書いた段玉裁、朱駿聲（『說文通訓定聲』）などを見ると、一種のphilologieの書物であるが、この時代の方言によって解釋したところがある。動物や植物の名など、そういうものまでも集めてある。段玉裁よりも朱駿聲のほうが多い。更に多いのは郝懿行という人の『爾雅義疏』、これは『爾雅』の注釋の中で一番好いと言われる書物であるが、とくに動植物について書物の知識が多い。そういう點で多いのであるが、とは言ってもこういう書物は經書の注釋の注釋になるが、經書の補助の學問としての訓詁學のために爲されたものが大部分である。揚雄の書物は漢代の書物なので、經書の中の難しいことばを解釋するのに役立たせるために研究されたのである。だからこれらの人々は『方言』という書物の研究者ではあったが、方言（dialect）そのものの研究者でなかったことは申すまでもないが、注意すべきである。次には清朝が主になるけれども、訓詁學から離れた方言の研究について述べる。

第3章　清朝時代の方言研究

　揚雄の『方言』から清朝まで非常に長い期間が經過していて、その間の隨筆のようなものに、色々な零細な材料を見ることは出來るが、そんなに重要なものは餘り見ることが出來ないから省略する。ただ1つ1つ讀んで行けば面白いことはあって、例えば陸游の『老學庵筆記』（六）の中にはなかなか面白いことがある。「四方之音有訛者、則一韻盡訛」こういうことを書いた一節がある。一種の規則的な現象を言っ

---

[12] 張愼儀撰。

たものであるが、その例を擧げている。

  如閩人訛高字、則謂高爲歌、謂勞如羅…秦人訛青字、則
  謂青爲萋、謂經爲稽、蜀人訛登字、則一韻皆合口…

秦人の例は syllable の終わりの鼻音が落ちるという現象。福建のことは他の隨筆にもあったと思うが、秦、陝西のこういう方言に注意したことがあるかどうか。陝西は現在でもそうだが、それだけでなく唐（西曆 9 世紀以前）からそうである。チベット語で千字文の音を表わした本とか、西北のその當時の音を表わした資料を見るとそうなので、その當時から續いていたことが分かる。

  中原惟洛陽得天地之中、語音最正、然謂絃爲玄、謂玄爲絃、
  謂犬爲遣、謂遣爲犬之類、亦自不少

これは洛陽における i と u の交替について言ったものである。洛陽が「語音最正」というのは非常に注意すべきことだと思う。この考えはおそらくもう少し以前、おそくとも隋の時代、もっと遡ると南北朝時代からあった。後漢から魏、西晉と、だいたい洛陽が文化の中心だと考えられていて、その傳統のようなものがずっと長く續いていた。陸法言の『切韻』は 7 世紀のはじめ 600 年ごろに出來たものだが、それが出來たときには、これはある意味では集大成とも言い得ると同時に、折衷なのである。その折衷をするときに、最も大きな element になったものは、北方では洛陽、南方では金陵、詳しいことは分からないが、だいたいは洛陽をもとに定められているようである。

 宋になって開封を都にしたが、やはり洛陽は文化の中心として人々が集まっていた[13]。政治的には重要でなかったが、文化的の都として重きを爲した。從ってことばについても洛陽附近の發音が standard になるものと考えられた。たいへん注意すべきことだと思う。

---

  [13] 李格非『洛陽名園記』、歐陽脩『洛陽牡丹記』などを參照。

明の時代になって、これは傳記の明らかでない人であるが、岳元聲の『方言據』というものがある。つまらないことだが『四庫提要』によると魏濬が作ったとする。この人ならば萬曆年間 1604 年の進士で、福建松溪の人だが、いまある『學海類編』という叢書に入っている本は岳元聲となっている。序文みたいな短い小引があって、それに田舎の人のことばは他郷の人や役人に向かって言うと嗤い者になる、それは「謂有其音無其字也」。しかし實はそうじゃない、「然多有來歷者」。つまりデス、『方言據』の「據」という字の意味は、方言の中のことばの來歷を探したものなんであります。あまり好い例ではありませんけれども、例えば遲鈍という意味の笨。この字は『朱子語類』に諸葛亮は笨であるということばがあるが、笨とは字の意味は竹でもって物を包むということである。竹でもってものを包めば「粗重不輕便」だからのろまという意味がそこから出てきたのだという、この考證が合っているかどうか分からないが。

　こういう風に方言もしくは俗語の來歷を、古典の中に來歷をもった字であるということを考證するのが段々盛んになり、清朝になると大きな本が出るようになった。そのうちで最も有名なものは、

　　錢大昕『恆言錄』
　　翟灝『通俗編』

この 2 つの本です。『恆言錄』という本は 6 卷、1805 年、錢大昕の死んだ翌年に刊行されている。年號でいえば嘉慶 10 年。この本は色々なことばを分類して、例えば吉語、人身、交際…成語、俗諺の 19 類とする。ごく普通に俗語の中で使う單語で古書に見えている用例、今のことばで言えば first appearance、それがいちばん初めに出てくるかどうか分からないが、とにかく古書に出てくる例を集めたもの。例えば工夫は、もともと手間、今は暇、そういう意味だが、『三國志』「衞覬傳」に出る。また公道は現在公平という意味だが、『列子』や『荀

子』に見える。そういう例をたくさん舉げたものである。そうしてこれを見ると現代日常に使われることば、つまり恆言であるが、古い書物の中では必ずしも同じ意味で使われていないことが分かる。したがってことばの意味の變遷を知ることができる。これは方言というより俗語だが、このようなやり方をもっと多くの例について行ったのが『通俗編』である。翟灝という人は1788年に死んだ。生まれた年では錢大昕の後輩だが、序文は1751年。お互いに關係のないことは事實だろうと思う。この書物も天文、地理、倫常…など38類。1類が1卷になっているから38卷。この本については詳しく申す必要はないと思うが、ただ一寸注意しておくことは、この分類はそのことばの内容、意味によっているのではなく、使われている字の性質によって分けてある。例えばいちばん最初を見ると談天 (ひまつぶしの閑談) ということばがあるが、これは天ということばがあるので天文の所に入っている。天地の天とはなにも關係がないのだが。談天という場合には、天文學者の鄒衍という人が談天衍と言われたということを擧げているが、それと關連があるかどうか。集めたことばが非常に多いので中國語の歴史を研究する資料としては役に立つ。東方文化で索引を作った筈である[14]。この類の本がたくさんある。まだ幾つかある。例えば民國には孫錦標『通俗常言疏證』4冊 (1925)、これも『恆言錄』や『通俗編』その1類のものである。ついでだから話をしておくと胡韞玉『俗語典』(1922)、これのもとになっているのは大部分『通俗編』らしい。はっきりしたことは調べたことはないが、入矢[義高]さんがやっておられる。大部分俗語であって方言に及んでいることは少ないが、方言を研究する場合には役に立つ。というのは方言はある意味では俗語だからである。

---

[14] [『通俗編・直語補證・恒言錄・方言藻・邇言綜合索引』京都大學文學部中國語學中國文學研究室、1950年。]

純粋の方言學上の書物としては、やはり幾つかある。やや古いものとしては明の時代に李實『蜀語』1卷（『函海』[15]所収）という本がある。この人の傳記は全然分からない。何か調べた人があるかどうかも分からない。四川省の遂寧の縣志か何かを調べなければ分からないだろう。序文によれば李實が長洲（呉縣）、今の蘇州のことです、蘇州に住んでいたときに作った。こういうことはよくある。外國にもあると思う。よその土地に行って住んでいる時に、はじめて自分の住んでいた土地のことばは違う、ということに氣がつく。むかし喋っていた時のことを思い出して作った。だいぶ年をとってからの著作である。この人は「字無俗雅、一也」と言っている。だから、これはこの前申したように雅俗ということに拘泥している間は方言──これは俗語だから──を取り上げるというような態度は出てこない。しかしこの人の方言と思っているものが實は「皆有典據」と言っている點では、やはり中國の昔からあった考えから脱し切れていない。しかし「字無俗雅」という考えによってはじめてこういう本を書くことが可能になった。蜀というからみな四川省の方言なのだろうと思う。何百かあるが、これを見ると、ひょっと氣が付くことは李實は蜀のことばとして舉げているが、現在の北京語でも使われている例が少なくない。例は幾らでもあるが、例えば「謂看曰瞧」「親家（自分の子どもの配偶者の親）去聲」「謂多曰夠」また「猫、清濁兩呼」、この場合は聲調のこともあるが、實際は陰陽平のことで、これは北京語でもそうであろうと思いますネ。mの子音で始まる語は原則として陽平であるが、よく使うことば、例えば媽などは陰平になることもある。煩わしくなるので例を舉げないが、この他に「日中曰晌」（音賞）、こういう蜀のことばであると言いながら、他の地方でも使っていることば、揚雄の通語、それに氣が付かなかったというのは李實が蘇州に居たということにもよるのだろうが、四川省のことばと北京語との間に共通のことばがあると

---

[15] 四川に關する、とくに四川人の著述を集めたもの。

いうことは別に珍しいことではない。方言ではいつでも隣り合った方言を交換し合うということは、ヨーロッパの言語學者によってよく知られている。中國語でも例外ではあり得ない。

清朝になるとこういう本がある。

  胡文英『呉下方言考』12 卷（1783 年序）

  范寅『越諺』3 卷（1882 年）

  孫錦標『南通方言疏證』（1911 年序）

最後の本は見ることが出來なかったので、名前を擧げても仕方がない。胡文英の本も以前に一寸見ただけで詳しいことは言えないが、大體のことを申しますと、この本は平上去入に分けている。その點では非常に組織立って一種の字引の體裁を備えている。呉といっても清朝の蘇州府だろうと思います。今の呉縣より一寸廣い。そこを中心とする地方の方言に使われることばを表わすべき文字を考證した本である。無駄な努力というといけないが、我々から見ると、どんな字を書いてもいいじゃないかという氣がするが、中國では出來るだけ來歷のある字を使いたい。そこでこういう風な書物が出來た。この書物の序文にこういうことがある。

  習見以爲無文者有文、無義者有義（宛字であると思っているの
   が實はそうでない）、且使古來四部之藏、皆爲吾呉咳唾之所
   及、而吾呉街談里諺、盡爲風華典雅之音…

つまり蘇州語を表わすべき正しい文字を探すことが出來たということ、作者を持ち上げた言い方であるが、同時に中國人の文字に對する考えがどこまでもついてまわるということが分かる。序文を書いた人は錢人麟、どういう人であるか知らないが、序文の中で宋以後のことばがあまり取り入れられていないことはたいへん殘念だなどと書いているが、その通りである。儒者という者はどうしても經書を解釋すればそれでよいという考えが抜けないので、……一番初めに『說文』

中國語方言學史　　　　　　　　　　　　　　　　　123

を擧げて、これこれのこういうことばは『說文』でこの字を使っているということを言っている。『說文』を引っぱり出さなければ氣が濟まない。例を擧げると、

> 夃（音沽）、說文「秦人市買多得爲夃」、案多得、都得也、總得也、吳中謂木石類總計而盡買之爲夃、夃猶估也、箍也、估計其物而盡箍買不遺也、又吳中謂孤法爲「一得夃」、北方謂總在其內曰「一夃腦兒」（卷三）

そういうような本なんです、要するに。そういう風な字を用いれば非常に典雅なものになる。

　范寅『越諺』3卷。范寅は前にも言ったように變人であったようである。いろんな逸話のある人である。この人の傳記は餘りよく分からないが、この『越諺』という本の、民國元年でありましたかに、この本の版木があったんです。どこにあったか忘れたが、20年を過ぎてから北平の來薰閣が新たに刷り始めた。その時に周作人が跋のようなものを書いた。その中に少しこの人の逸話のようなものを書いている。この人は越、つまり會稽、今で言えば紹興、清朝の末になると一體こういう人があるのだが、古來の偏見からよほど解放された人で、この本の附錄に「論雅俗字」という雅俗の字を論じた1節があるが、字にはもともと雅もなければ俗もないということを非常に强調している。例えば古は結繩以治ということがあったが、そういう時代があったのを、書契が出來てそれを變える。さらに花押をつける。このことは范寅が考證しているのによると、『魏書』や『北齊書』、唐彥謙詩などに見えているそうである。文書には必ず書き判をする。書き判だけでは足りなくなって箕斗というものを加える。箕斗というのは日本でむかし爪印と申したものである。そのことはやはり『大清律例』にある。つまりそういう風に新たな時代が興れば、新たな表現が興るのは當然のことである。今の士人が雅と俗とを分けて、昔の人が使ったのは雅

で、新たに興ったものは俗だというのは間違いだ。例えば桌、椅という2字、こういうものの名前は唐宋時代に始まる。ところがこれについて明の方以智――これは『通雅』という本に見えているのだと思う――という人が、前の人の說を引いて、椅の字は元來植物としての名である（木名）、卓というのは、桌は棹＝櫂、やはり桌の字の代わりに卓、椅の代わりに倚、どちらも木を使わずにこういう字を書くべきだ、と。だが卓の字を書けば、卓立という時の意味と紛らわしくなるし、倚の字を書けば偏倚の時と紛らわしくなる。だからやはり桌をつくえという意味に使うのが好いのだ。明末かに出來た字引『正字通』ではそうなっているそうである。のみならず椅の字は唐の陸龜蒙、宋の程子や張氏の語錄、或いは『朱子家禮』、そういう本の中に既に見えているそうである。これをしも斥けて俗字とするのは間違いではなかろうか。同じような例がもう1つあって、凳（しょうぎ）の字は、こういう形では、『傳燈錄』に出てくるのが最初であろう。しかし學者によれば木偏の字（橙）があって『晉書』「王獻之傳」に出ているそうである。古い本だからそう書くのが正しいという人もあるが、だいだいと間違うからやはり凳と書くのがよい。

　それから昔なかったものが新しく出來て、それとともに新しい字が出來るのは致し方がない。その例として嘉慶25年に癍痧症という病氣が流行り始めた。これは古方（古い醫學、漢方の書物）には全然出てこない。これは今の猩紅熱だそうだが、その時の醫者が新たに作った字である。しかしこの字が出來てからずっと使って誰も怪しまないのは、『康煕字典』というものは、たぶん1710年ですか、これより1世紀も前に出來た本なので、この字がないのは當然である。しかしこの病氣がある以上は、その字を廢することは出來ない。そういうように今の世に生まれて、古の世に返そうとすれば、後で出來た何萬という字を廢して伏羲氏がはじめて畫ったという八卦の1畫に返ってはじめて雅の極致であろうが、それ以後の何千年かの宇宙の間の事物、ある

いは聖人賢人の說いた道は何によって傳えられるか。我々から見れば當然だが、これだけでも淸朝の學者の中では實に珍しいものである。

　この書物の後ろに附いている周作人の跋（民 21 年、1932）によると、この人は非常な奇人である。例えば舟を櫓でこぐ代わりに何か輪をつけて、それで進むという工夫をしたそうである。今の外輪船を發明した。周作人も子どもの時、范寅の發明した船に乗ったことがあるそうである。『越諺』を作る時も近所の子どもを集めて歌を唱わせて、1 つ唱うとあめ（糖）をやった、と。周作人は范先生（同郷の先輩だから）は新思想を持っていた人で、時代と土地との、つまり環境の制約のために充分にそれを伸ばすことが出來なかった。それで世の中の人も知らずに怪物と見なした。それは恰も明の時代の徐長文と同じである。逸話を遺した點でも同じだ。奇人の傳を傳えようというのは、私の偏見によると近世にならないと起こらないと思う。日本でも『本朝畸人傳』というような本はそうである。

　范寅もある意味では非常に自由な思想を持っていた人で、こういうような人にしてはじめてこのような本が書けたのである。上・中・下の 3 卷に分かれていて、第 1 卷つまり上卷が語言と書いてあるが、實はここに集めてあるのは全部諺、紹興という土地に行われているものに限る。その諺をいろいろ分類して載せてある。他の土地に行われているものも、古い書物に見えているものもあるが、この土地に限るものもある。第 2 卷の中卷は全體の標題に名物とある。物の名、事柄もあるが、つまり天部、地部からはじまって風俗に至る 24 類に分かって、この地方でもって何を何というか、漢字にしてしまうと北京語などと同じものがある。例えば月亮、それから冬のことを冷天、北京では言わないと思う。蘇州や上海では使うだろう。つまり字にしてしまえば同じものが多い。蘇州語、上海語とは共通のものが多いと思う。例えば時序のところでいえば、夜快（傍晚）、下晝（晝過ぎ、下半天とは一寸違う）などがそうである。

それからこの本はやはりその字が何という書物に使われているか書いてある場合がある。全部がそうではないが、自分が氣が付いたのは書いている。この前申した『通俗編』なども利用してある。例えば、尊稱のところ、員外、金持ちの人を呼ぶ場合、これは『通俗編』に『通鑑』を引いてある、と。それから郞中（醫生と注してある）、江南の地方はだいたいそうである。これは少し古くなったことばかも知れないが、北京語の大夫、これは『日知錄』に出てくると。つまりその字が何に出てくるか書き添えてある場合がある。それからして下卷ですナ。下卷は音義という。例えばこれはまあいろんなことを載せてあるんですけれども、例えば大の字は6つの讀み方がある。例えば大學という時、大人という時、それから大哥、大家‥‥。その字の使い所によって音が違う。まあそういうことですネ。そういうことばかりではないが。それから特別の讀み方、字音各別とあって、これはです、この土地の俗語の中で特別の發音を、私に分かるだけを2つ3つ擧げると、人銀、讀書音ではふつうゼンというように讀む。ことばの中では一個人という、その「ニン」という音を表わす。同じように日業とあるのは、日本という時はゼペン、つまり讀書音、しかし何かのことばの中では前日子（ニエッ）（北京では前天に當たる）のような、そのことを言っている。去棄、üにならずiとなる。去は特別で、蘇州だけでなく方々に特別な讀み方がある字である。よく使う字だからそうなのだろうが。死西上聲、北京語のxiでなくsi。例えば死脫、上海語なんかに好來西と、西という字を書くが、元來死の字に違いない。ものの激しいこと、例えば好煞（殺）を、大變よいという時に使うように。そのことはこれに書いてないが。
　とにかくこの本は記載（description）の範圍を紹興府（清朝では會稽、山陰の2縣）に限った。それから文字の雅俗に拘泥しない。そういう點にもこの著者の客觀的であり、言い換えれば科學的でもある態度が見える。惜しむらくは音を表わすのに漢字を使うほかなかったの

で、自分の本はすべて土音によって讀んでもらいたい、官音（官話の音）で讀まないように呉々も間違わないようにと注意している。出來るだけ方言の實相を傳えることに努力している。その他に、この本としてはつけたりであるが、例えば縮脚語ということがある。縮脚の語というのは、言い換えれば歇後語、つまりこれはたいてい成語を稱するのである。黎山老母というのは物語りに出てくる名だが、黎山老を以て母の代わりにする。こういう言い方は六朝時代からある。『論語』の「友于兄弟」を利用して、兄弟を友于で表わすことはご承知の通りである。これは言葉の遊戯で一歩進むと隠語になる。今、行話とか黒話とかいう。三個禮拜六點鐘――醋[16]、そういう手の込んだ行話、隠語だが（これは勿論『越諺』の中に出てくるのではないが）、そういう隠語はあるということを言うだけで載せない、と。そういうことはこの人の言う暗號で、何足取哉とあるが、とにかくそういうものがあるということを注意した人はあまり無いと思う。こういうことは中國の士大夫にとっては必要なかったろう。ことばの變遷にとっては重要なことがある。ヨーロッパでも言語學者でそういうことを研究する人があるというのは、やはり必要があるからである。清朝の方言の研究でいちばん面白いのは、この『越諺』であるが、我々に紹興のことばが分からないので何のことか分からない點が多く、詳しく話せないのが残念である。

　清朝の時代の方言の記録としては、この他にそういうものがあるということだけは話しておかねばならぬものがある。それは地方志、略して方志の中に出てくる方言の記事である。方志というのは澤山あって、明の時代から各縣ごとに縣志（鎭志）があり、州、府、省になると○○通志と呼ばれる。地方志の數は中國の方志の目録があるが、朱士嘉の作った『中國地方志綜録』（民24）という本があって、たしか

---

[16]　[「昔」字を分析すると「廿一日」になり、またむかしは午後六時を酉時と言ったので、合わせると「醋」字になる。]

5000種類もあるということである。縣志の類、ちょっと開けてみても少しずつはその地方の方言に關する記事があるものである。とくにこれは清朝のものに多いと思うが、中にはむろんいわゆる中國語の中に入らないもの、もっと大きな意味ではシナ語族に入るであろうが、苗とか玀玀など中國語に屬しない tribe のことばまで言語の部に記載されていることもある。そして假に方言という1つの部門が特別に立てられていなくても、風俗志とか地理志とか、そういう中によく方言に關する記述がある。例えば、明の時代、蘇州だけの話であるが、『姑蘇志』60巻[17]（正德元年、1506）の第13巻「風俗」のところに、ごく少しではあるが方言のことがある。項目にして10幾つしかないが、これに比べれば清朝になって光緒年間に出來た『蘇州府志』（1883）では巻3のやはり「風俗」というところに方言が、先ず第1に乾隆志という乾隆年間に出來た府志があるが、この中から80幾つかの項目を引いてあるし、『呉門補乗』（1803）から40幾つ引いてある。光緒志の編者が付け加えたものが27、明の時代に比べてたいへん増えていることが分かる。これはいろんな地方についても言えると思う。蘇州は本が澤山あるし、古くから人の注意を引いたのであろうと思うが、范寅という人と違って、偶然氣づいたことを一寸載せておくというだけだから、大した役には立たないと思う。しかし、それでも私の氣づいたことを言うと、白相 basiaŋ あそぶ或いはいたずらをする、それが『姑蘇志』を見ると薄相という字が書いてある。同じような音だったと思う。それから北京語の了が哉 tsɛ、これがやはり『姑蘇志』に見えるので、明の初め16世紀には使っていたことは確かだということが分かる。だからこういう本があるということを知っておいても惡くないと思う。

---

[17] 宋の時代から『呉郡志』があるが、たぶんこの中には方言の記述がなかったと思うので、これは略す。

第4章　國學派の方言研究

　揚雄の『方言』以後、漢代から漢以後、清朝を通じて dialect を記載した書物は幾つも擧げることが出來るが、最大の缺點は全體としての中國語に對する考慮がまったく缺けていることである。ヨーロッパでもそういうことが言えるそうであるが、それだけでは言語史の材料としてもやはり不完全であり、それからはごく部分的な結果しか引き出すことが出來ない。

　中國で中國の方言の全體に關する大きな廣い展望というか見通しをすることが出來たのは章炳麟 太炎（1868-1936）という人に始まると言ってもよい。この人も非常に變わった學者ではある。そして章炳麟は特にいわゆる小學、文字學者として、清朝の300年間に進歩したそういう大きな基礎の上に立って、その學問を獨特のやり方で更に發展させた人であることはご承知の通りである。非常に難解な本で、よく理解したとは言えないが、これらの人たちのいわゆる古音の研究は弟子の黃侃 季剛（1886-1935）とともに、清朝の音韻學の到達した最高點となっている。章炳麟という學者の特長は、ただ音韻の變化をそれだけとして研究するに止まらないで、言語全體の變化ということを非常に獨特のやり方で研究した、そういうことが特色なんです。その代表的な本が『文始』という本。實に難解な本で私もよく讀んだ譯ではないし、この本のことを話すのが目的ではないが、この書物の要點は何であるかというと、清朝の音韻學で戴震と孔廣森とによって發見された、例の陰陽對轉、1つの漢字のシラブルを聲母と韻母とに分けるならば、韻母の方に關する1つの學説といえば可笑しいが、まあ學説なんです。つまりこの場合の陰陽というのは、母音で終わるシラブルのことを陰聲といい、鼻音の子音（consonant）で終わるものを陽聲という。今のことばで言えば、syllable の最後の鼻音が落ちて、純粋な母音だけになるという、何でもないことであるが、清朝では注意する人

がなかった。陰聲のものと陽聲のものとは、その間に踰ゆべからざる垣があるように思われていたのが、ある場合には通じ合うということが分かるようになった。それではどれ位通じ合うものかという研究がだんだん行われるようになって、章炳麟は23部に分けるが、主要母音を共通にするものは通じ合い對轉する。對轉ということは却って誤解を招くが、『文始』という書物によると、こういう圖が描いてある。

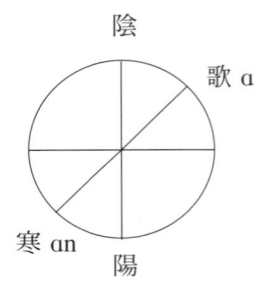

```
        陰
    歌 a
   ／│＼
  ／ │ ＼
 ─── ─── ───
  ＼ │ ／
   ＼│／
    寒 an
        陽
```

そういう關係にあるものを對轉という。そういう一種の事實、法則があるが、その法則が韻母についてはある。

　それから聲母については、章炳麟も例の等韻の學問、日本でいえば韻鏡の學問だが、そこで言われる三十六字母の中で、古音では併合されるものがあるということを言った。例えば舌音の、端透定泥來｜知徹澄娘日、は古音では端透定泥來、主として前の4つだが、それと合併される場合がある。それから齒音の中に2種類あって、字母の數にすれば10あるが、やはり一緒である。照穿牀審禪｜精清從心邪。唇音でも同じである。幫滂並明｜非敷奉微。このことは韻においては206韻が23部になると同じように、聲母の方ではもっと數が少なくなり、總計すると21になる。章炳麟の考え方では減韻ということだけではないので、1つの段同志でもお互いに變化し合う。それから縦が1つの類なのであるが、それが變化し合うこともある。深喉音（上1段）と淺喉音（下1段）の間、舌音と齒音との間でも變化し合うことがある。そういう幾つかの說を立てて、それがつまり古紐の說であるが、そう

いう風にして、今のことばの音(『切韻』以後)、すなわち今音では全然違うように見える音でも古い時代に遡ると同じ音である。つまり同じ語源から出ているということが分かったので、そこからこういうことばを使っているのだが、これは多分新しいことばだと思う。1つの語根から多数の單語が派生した、その派生の系統、それを研究したのが『文始』という本なのである。章炳麟の『新方言』も『文始』の1つの副産物のようなものである。この次には『新方言』のことをお話ししようと思う。

『新方言』の初めに自序があって、こういう風に書いてある。

維周召共和二千七百四十九年歳在著雝涒灘[18]、章炳麟曰

これはいかにも革命家らしいので、清朝の正朔を奉じなかったことを示す。章炳麟の文集を見ると、1906 年と 1907 年に、友人であった劉師培(光漢)[19]と黄侃、この 2 人に與えたそれぞれ別の手紙の中でも、こういう書物を作ろうとしていることを言っている。死ぬ前々年だったか、蘇州で會ったときに、どうして『新方言』というような本を書いたかと聞いたところ、日本に亡命していた時、留學生たちのことばを聞いて考えたのだという話であった。自序の中で、錢大昕『恆言録』や、翟灝、杭世駿という人たちの書物の批評をして、この杭世駿という人や程際盛の書物ですナ、これはただ字書を抜き書きしただけであって、疏通證明することが出來なかった、かつ不麗於今語(今のことばと關係を辿ることが出來なかったと、この場合はそういう意味でありましょう)であるとし、それから錢大昕の書物は、この人はもともと古今方言不相遠ということを知っておりながら、『恆言録』という本を作るときには、ただ沾獨取史傳爲徵、亡由知聲韻文字之本柢(その本だけではあることばの持っている音聲ならびに文字の形の根本がどんなもので

---

[18]すなわち戊申、光緒 34 年、1908 年。
[19]有名な古文學者、經學者としても大したものであった。ともに革命家でみな日本に亡命した。

あるかということを知るに由ないようにした）。翟灝の本も少しく訓詁に及んでいるけれども、唐宋以後の傳奇雜書に基づいておって、「於古訓藐然亡麗」（つながらない）、この場合廣く言えば古代語ということになろうが、その組織もたいへん混亂している、と。そういう風に色々批評して、清朝の學者のものは駄目だ、と言っている。方言というものを研究するには、「考方言者在求其難通之語、筆札常文所不能悉、因以察其聲音條貫、上稽爾雅方言說文諸書、敿然如析符之復合、斯爲貴也。」こういうことは實はやはり清朝の學者でも試みがなかったわけではなく、「戴君作轉語二十章」と言う。戴震のこの本は、書物そのものは亡んで傳わらないが、序文だけ殘っていて、その序文により、別のことばで言い換えれば、人間の言語は如何に變化しても「有自然之節限」、制約と言いますか、制約がある。だから「五方之音、少兒學語、未清者、其展轉譌溷、必爲如其位」、間違いに間違い方の法則がある。その法則をなにした本なんであるが、書物そのものは亡んで傳わらない。これも完成しなかったのではないか。章炳麟は戴東原の『轉語』でやろうとしたことを完成したようなものである。この本はやはり『爾雅』の形式に倣っていて釋詞、釋言、釋親屬、釋形體、釋宮、釋器、釋天、釋地、釋植物、釋動物、音表、こういう 11 卷から出來ている。こういう分類の仕方はほとんど『爾雅』ですナ。

1 例を擧げると、例えば釋詞のところに、

> 故猶此也（墨子天志、莊子齊物論）、今湖北語猶謂此爲故、音轉如過[20]、言此處則曰故里、或書作箇裏非也

もう少し後の方を見ると、このようにある。

> 江南運河而東至於浙江、謂此爲故、音如格

章炳麟の生まれたところが餘杭といって杭州に近い所なので、自分

---

[20] もともと故という音だった。それが轉じて過という音（guò）になった、そういう意味だろうと思う。

の生まれた所もそうだと言うのでしょう。『湖北方言調査報告』(中央研究院)によると、這裏のことをko-或いはka-、そういう系統のことばを使っている地方は3ヶ所しかない(通山、崇陽、通城)。這箇をko-, ke- という所もやはり3ヶ所しかない(咸寧、崇陽、通城)。『新方言』によれば湖北ではほとんど全部のように見えるが、今使っているのはごく限られた土地である。今はこの報告を信ずる他ない。

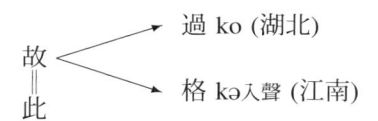

```
          ┌──▶ 過 ko (湖北)
故
=
此
          └──▶ 格 kə入聲 (江南)
```

そういう例を1つ2つ挙げると、

爾雅「時寔是也」…淮西蘄州謂此曰時箇、音如特、淮南揚州指物示人、則呼曰時、音如待、江南松江太倉謂此曰是箇、音如遞、或曰寔箇、音如敵、古無舌上音、齒音亦多變作舌頭、時讀如待、是讀如提、寔讀如敵、今僅存矣

『報告』を見ると、tə個(もしくはnə個)と呼ぶそうである。舌上音というのは、この前申した知徹澄娘で代表される音。一方、舌頭音は端透定泥、齒音は照穿牀審禪である。今の北京語で言えば、舌上音は捲舌音であるが、Karlgren流に言えば、中古音では區別があった。『說文』の諧聲あるいは形聲を見ればわかるが、時——待、是——提、寔——敵、これを表にすると次のようになる。

```
        時  ┐    ┌──▶ 特(蘇州)
(此=)  寔  ├──  ├──▶ 待(揚州)
        是  ┘    └──▶ 遞 or 敵(松江、太倉)
```

これはどちらも非常に面白い考えだと思う。こういう例が澤山ある。中には少しコジツケのように思われる所もあるが、どういう風に變化

するかという法則を立てた點で確かに畫期的なものである。但し、これは言わなくても好いことだけれども、やはり自序の中で言っているように、今の世の中の人はヨーロッパのことばを習う際には語根を尋ねて、これをギリシャやラテンに遡る。ところが自分たちの國語においては推見本始ということをしない。「此尚不足齒、於冠帶之倫、何有於問學乎」と申しておりますように、やはりヨーロッパのやり方を學んだということを白狀しているようなもので、假に戴東原の本が殘っていたとしても、それだけでこういう本ができたかどうかは疑問である。

　ついでであるから章炳麟が現代語の方言の區畫について述べた文章を紹介したいと思う。今の國語學者（黎錦熙、王力など）と比較してもらうためにプリントにしてもらった（後掲の附録を參照）。林語堂の『語言學論叢』の中にやはり章炳麟の說を引いている。私は林語堂の引いたその本、『章太炎文抄』（石印）を見たのだが、それではこれよりも1種類多い。ここでは多分10種類だと思うが。

　章炳麟の『檢論』の「方言」の項では、中國の標準語を決めるのにどこを標準にしたらよいか論じてある。非常に特別な說で、ついでに紹介しておくと、要するに昔の夏、それは「漢之左右謂之夏楚」で、それが中國の文化の、早く言えば中心、發源の處である。だからもし標準語を決めようとするなら、「夫十士[21]用文字而欲通其口語、當正以巴蜀楚漢[22]之聲」という。この文章の終いには跋があって「亡清庚子辛丑1900-1901之間爲之」とあり、義和團事件の起こった1900-1901年に出來たことが分かる。『檢論』そのものは民國になって出版されたのだが、この文章を書いてから10年經って武漢で革命が起きた。それは豫期しなかったことだが、武漢あたりのことばを標準語にすることは實現できなかった。章炳麟の僻說であって、なかなか行われにく

---

[21]中國の全土。
[22]四川省、それから湖北あたりはだいたい似ているので。

いことだろうと思うが、そういうことを言った人があるということを一寸。

それからこれは諸君ご覽になったことがあると思うが、劉師培の『中國文學教科書』第1册「小學」の、文字學のごくあらましを述べたものであるが、この中にもだいたい中國の方言を10種類に分けることを述べてある（第19課字音總論）。細かく言えば出入りがあるけれども、章炳麟の說と大差ない。

章炳麟の『新方言』はたいへん多くの影響を與えた。この人について學んだ學者たちが中國の學界で大きな勢力をもっていたとともに、その說くところも大きな影響をもった。自分の方言の研究を著した人も幾人かある。民國以來に出た雜誌によく載っている。そのうちいちばん纏まった本ではないかと思うのは、羅翽雲『客方言』12卷（民17）である。實際に出た年はよく分からないが、17年の序文がある。この本は、この客というのは例の客家、ヨーロッパでHakkaというもの、廣東の南の方、梅縣という處。客家というのはことばが特殊であるというより、使っている人が特殊である。廣東が本據で多くの出稼ぎ人を出したので、海外にたくさんいるし、廣西、福建、それから四川の南の方にもいるというが、本地人からまるで異民族のような扱いを受けている。だから客家、よそもの、strangerという。つねに本地人との間に爭いをおこして（械鬪）、それほど土地の人と馴染まない。したがって土地のことばを使わない。前から使っていることばをそのまま使っている。どこからやって來たのか問題になっているが、同じ村の中でも客家の人々は自分たちのことばを使う。そういうことは他の土地では滅多にないことと思う。客家の總數は人によってまちまちだが、あるいは300萬といい、あるいは1500萬という。とにかく何百萬という人々がこの方言をしゃべっている。淸朝の初めのことは知らないが、末頃には何人かの名士を出した。例えば黃遵憲（公度）は詩人として有名で、日本にとっては初めての日本通と言ってもよい人で

外交官。これが客家の出身。つまりそれまでは文化人をそんなに出していなかったのだが、そういう人を出してから、自分たちが漢民族でないと言われることを恥として、自分たちのことばが實は古い中國のことばから出ているのだということを考證する本がだんだん出てくるようになった。それらは版にはならなかったようだが、章炳麟の『新方言』の後ろに附録として附いている『嶺外三州語』というのは客家語の研究である。それは客家の學者の研究を利用しただけである。60幾つかに分けている羅翽雲の本はだいたい『爾雅』の分類による。章炳麟とも一寸違うが、だいたい同じである。例えば釋親屬（3）の中で「呼父曰阿爸、亦曰阿爹…」とある。そのことは別段特別なことはないが、ただそこに章炳麟の『新方言』を引いて、こういう注意をしている。

　　新方言曰、惠潮嘉應之客籍謂父曰爻、音如宿、或書作叔非也[23]…案…由婦人迷信星命家言、故疏而遠之、爲此假稱[24]

單語の變遷は色々な原因によって變わるので、ただ音韻法則のみによって、これはこれに變わると斷言することは危險である。すべての單語はそれ自身の歷史を持つと、これはドイツの言語學者のことばだが、そういう風に單語の歷史はその１つ１つについてその事情を考えなければならない場合が多い。章炳麟の書物も非常に獨創的な本だが、ヨーロッパで言えば音韻法則というものに頼りすぎた點があると思う。ちなみに章炳麟の考え方では上の例は次のようになる。

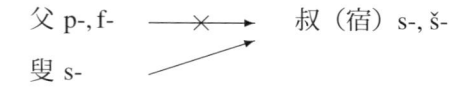

　　父 p-, f-　⟶　叔（宿）s-, š-
　　叜 s-　↗

―――――――――――
　[23] 章炳麟の言い方では語根の叜を šuk のように讀んで、叔の字で表わすのは間違いだ。
　[24] ほんとは父なのだが、わざとおじさんと呼ぶのだ。だから章炳麟の説は間違っているのだ、と主張している。

第5章　歐米人の中國語方言研究

　研究家は非常に澤山あり、書物も非常に澤山ある。ここでは特に中國の學者に影響を與えたものに限って、大體をお話ししたいと思う。ヨーロッパの殊に中國語に關する研究の目録は Cordier, *Bibliotheca Sinica* それから東洋文庫の書目が參考になる。方言ばかりではないが、ヨーロッパ人が中國に來て、特に中國のことばに關する記述を遺したのは 17 世紀の昔に遡る。明の萬曆年間、多少學問のある人ではカトリックの宣教師たちである。それ以前に Marco Polo なども來たが、中國語を組織的に研究したのではないので、やはり 17 世紀の初めになると思う。マテオ・リッチ（利瑪竇）も漢字の脇にローマ字をつけた書物を書いた。全文は今は散佚してないようであるが、同じものかどうか分からないが見本のようなものが今でも遺っている。マテオ・リッチは、1583 年に中國に來て、1610 年に死んだ。マテオ・リッチはそういう本を遺したというだけだが、重要なのはそれより少し後輩だが、1610 年に來て 1628 年まで中國にいた Nicholas Trigault（金尼閣）である。この人は『西儒耳目資』という本を中國で作って漢文で書いた（天啓 6 年）。この本はとくにローマ字というものを使って中國語の音韻を分析して見せた最初のものである。一種の字引なのだが、多數の漢字にローマ字で音をつけた、音で引けるような、また逆に畫引きでも音を引けるようになっている。『西儒耳目資』という名にはヨーロッパ人も引けるという意味も入っていたと思うが、版にされたのは中國なので、中國人もローマ字を使えば、字の音を簡單に示すことが出來るということを示したのだろうと思う。ローマ字で表わした音が、實際にはどこの地方の方言であったかということは、本の中には何も書いてなかったと思うが、この本を研究した羅常培「耶蘇會士在音韻學上的貢獻」[25]は、ローマ字の system を今日の phonetic sign を

---

25 『歷史語言研究所集刊』第 1 本第 3 分（1928 年）267-338 頁。

使って、どういう音かを考證したものであるが、明の普通音あるいは官話の音であるとする。だいたいそうであろう、そうに違いないが、5聲あって北京語とは違う。だいたい南京の音に近い[26]。17世紀頃の、早く言えば標準語の實際の音價を知るには重要な材料である。しかし私の今ここに取り上げたのは、今日から見て音韻史の材料になるということだけでなく、この本が當時の學者に影響を與えたという點である。例えば方以智の『通雅』という本（1639年以前刊）の中には既にTrigaultの本が引用されている。それから明末から清朝にかけての人であるが、楊選杞（?～1660）という人の『聲類同然集』にも、『西儒耳目資』という書物を見て音韻にも一定の理があることを悟ったと書いている。言い忘れたが、『西儒耳目資』には母音と子音との關係を同心圓を使って示した圖があるが、『聲韻同然集』にもそれに類似した表が附いている。ローマ字は附いていない。ローマ字を理解できなかったのだと思うが、この本も最近に見つかった本で、誰もこの人について言った人はいなかった。羅常培が確か同じ『集刊』で跋を書いている[27]。

　更に重要な人に劉獻廷 繼莊（1648-1675）がある。この人は中國ではずっと有名であって、大興の人、若いときから等韻（日本で言えば『韻鏡』など、音韻を圖にして研究する學問）を研究したが、それだけでなく天竺の陀羅尼、華嚴字母（『華嚴經』の中に出てくる字母）、それから泰西臘頂語ラテン、小西天梵書[28]及び天方アラビア[29]、女直[30]に至るまで、そういう風にいろんなことばを研究した人なんだそうです。色んなことばを習ったということは、そういう色んな人と交わったということだろ

[26] 東京の永島（榮一郎）氏にも研究があるが、おそらく發表になっていないと思う。
[27] ［羅常培「楊選杞聲韻同然集殘稿跋」『歷史語言研究所集刊』第1本第3分（1928年）。］
[28] おそらく西藏語だろうと思う。
[29] 中國では回回教徒がいて、コーランを必ずアラビア語で讀まなければならないそうなので、そういう人について學んだのだろうと思う。
[30] 滿州語。清朝の國語。

中國語方言學史　　　　　　　　　　　　　　　　　　　139

　うと思う。傳にはよく分からないことが多く、全祖望なども傳を書いているが、忌んで言わないところがあるようなので、こういう異教徒と交わったということだろうと思う。中國人としては非常に珍しいことである。この人は純粋な儒者ではないと言ってもよい位である。色んな語學をやったので、音韻學の書物を著した（ということになっております）。その『新韻譜』（康熙30年、1692）は、實際の書物が完成したかどうか分からない。『綱要』というものを書いたと、今日、この人の著書として殘っている唯一の書物『廣陽雜記』、隨筆のようなものだが、その中に書いている。『廣陽雜記』に書いてあるのによると、まず鼻音に -n, -ŋ の2つがあり、喉音が -ɑ, -ə, -i, -u と -ɛ, ər, -ï, -y の2種類に分かれている。喉音の第1類にさっきの鼻音をつけると更に4つづつ増える。そういう風にして組み合わせると、喉音の數だけで17できる。それに更に鼻音を10、合わせて27、それから哀 ai, 燻 ao などの combination が5つ、合わせて32。だいたい今の北京語と合うのであるが、それが韻父、今の韻母である。それに對してこの人の言っている韻母というのが、實は聲母であるが、それについては全く分からない。こういうことは『廣陽雜記』や、羅常培が『國語週刊』の32〜34期に載せたの[31]を見ると、だいたい分かる。「韻譜」というのは一種の表なのであって、自分の作った表をもって、その中に各地方の音（土音）を書き込んでいる。この表をあらかじめ各郡（府）の數ほど作っておいて、逢人便印證、その地方出身の人に逢えば音を聞いて書き込む。そういうことが出來るような表を作って、この方法を自分の門人子弟に授けて、そして各地ごとに譜を作れば、3、4年のうちに九州、中國全體の音を殘らず明らかにすることが出來るであろう、と。
　今のことばで言えば方言調査の方法を考えついたものであって、その當時の中國としては破天荒なことである。中國の音韻學の歷史の上

---

[31]〔心恬（羅常培）「劉繼莊的音韻學」『國語週刊』32〜34期（1932年4月30日、5月7日、5月14日）。〕

でも、非常に異彩を放っているんであるが、惜しいことに『新韻譜』という書物も傳わらないし、彼の計畫した方言調査も結局彼の頭の中だけで終わったらしいことは遺憾なことである。劉獻廷はたぶん 1648 年に生まれたと考えられるので、この年を中國の方言調査という國語運動の記念の年としたいと言った學者もあるが、とにかく劉獻廷という人は變人というか、特色のある學者であった。喉音ということばが既にそうだが、『西儒耳目資』を讀んだに違いないということが隅々まで感ぜられる。ヨーロッパの學者の研究が中國の學者に影響を及ぼした 1 つの例である。

　ヨーロッパ人の中國語の方言の研究というほど深く調べたものではないが、我々が中國語の方言の調子を習おうとする時、教科書として使うのに便利な本はキリスト教のバイブルであるが、どの位の種類があるか知らない。カトリックとプロテスタントと違うと思うが、カトリックのは見たことがない。私の持っているのは、イギリスの方は聖書公會といい、アメリカの方は美華聖經會という。2 つの會が協同して出した目録がある。私の見たのは 1935 年の『聖經公會目録』である。それから天理の外專であったか、方言の聖書がどれくらい種類があるか調べている人があるそうで、どれ位あるか數だけ言うと、

　　1. 官話（國語）　2. 文理（文語）　3. 廣東語
　　4. 客話 Hakka　 (5. 五經富[32] R)　6. 福州語 R
　　7. 興化語[33] R　8. 廈門語　9. 汕頭語 R
　　10. 寧波語 R　11. 台州語[34] R　12. 上海語
　　13. 蘇州語[35]

R と書いたのは漢字でなくローマ字だけで書いてあるもの。私の持っ

---

[32] Hakka 語のその又 1 つの dialect。
[33] 福建省莆田縣。
[34] 浙江省の南の方。
[35] 聖經公會の目録にはない。

ている聖書の種類はそれだけである。他にあるかも知れないが、新約・舊約一緒になっているものも、舊約だけのものもある。苗族とか、シャム族とか、中國語以外の tribal dialect、そういうものが私の見たものだけでも 10 種類以上ある。だいたい雲南とか貴州とかといった地方のもので、付け足りだが、西藏語の聖書もある。蒙古語のも、滿州語のもある。方言を學ぶのにいちばん好い教科書であるという譯ではないが、印刷されたものとしては唯一のテクストである場合がある。

ヨーロッパ人の宣教師その他の中國語學者の中で、特に擧げるべきものは 2 人あって、1 人は J.Edkins。これは宣教師であるが、もう 1 人は P.G. von Möllendorff その 2 人である。Edkins の傳記も『東洋歷史大辭典』の中に出ていると思う。Möllendorff は確かに出ている。詳しいことはそれについて見られたい。

Edkins は中國語學について造詣の深かった人で、Karlgren の言うように、中國語の歷史を始めた人である。この人の書いたものは餘りよく纏まってはいない。主なものは、例えばこういう本。*A Grammar of the Chinese colloquial language, commonly called the Mandarin dialect*, 1864, 2nd ed. Edkins のこの本にもう一種、上海語の文法もある[36]。内容が少し違うが、大體同じようなことが書いてある。今、京都にはないと思うが、官話の文法の方は日本でも比較的ほうぼうにある。

Möllendorff はいろいろ寧波語の handbook のようなものを書いている人だが、稅官吏で寧波に長くいた人である。この人には On the Foreign Languages spoken in China and the Classification of the Chinese Dialects という題で、*C.M.H.* の第 1 回の版だが、その中の 1 章にそういうものを書いている[37]。その中に中國語の方言の分類が出ているので、その大體を言っておこう。當時の外國人が中國語の方言をどの位

---

[36] [Joseph Edkins, *A Grammar of colloquial Chinese as exhibited in the Shanghai dialect*, Shanghai, 1853; 2nd ed. 1868.]

[37] [*The China Mission Hand-book*, 1st issue, American Presbyterian Mission Press, 1896, Part I, pp.46-58.]

に分けていたかが分かる。

 I. Old Chinese 文語[38]
 II. Canton dialects 廣東
  (1) Cantonese 1500 萬
  (2) Hakka 500 萬
 III. 閩方言
  (3) 漳州語 1000 萬
  (4) 潮州語（Swatow）500 萬
  (5) 福州語 500 萬
 IV. 呉方言
  (6) 温州語 100 萬
  (7) 寧波語（紹興、台州）2500 萬
  (8) 蘇州及上海（徽州[39]）1800 萬
 V. 官話
  (9) 北方、中部、西方（揚州）3 億
   total　38400 萬

この表は、この前引いた Cordier の *Bibliotheca Sinica* に大體は載っている。1900 年パリの萬國博覽會に、陶淵明のある詩を 16 の地方の方言で發音した錄音盤が出品されたが、それに添えて提出されたものである。そのことは *Bibliotheca Sinica* には col.1727 に出ている。その他、Möllendorff の *C.M.H.* に出たもののほとんど全文の中國語による翻譯がむかし北京大學から出た『歌謠週刊』の 89 號に載っている[40]。

　この他、ヨーロッパ人の出した色々な字引の中にも記述があるが、古いところは概ね Edkins がもとになっているようである。それから私

---

[38] これを方言というのはおかしいが、そうなっている。
[39] 章炳麟もそのことを特別に注意している。
[40] ［馬倫篤夫「現行中國之異族語及中國方言之分類」（毛坤譯）『歌謠週刊』第 89 號、民國 14 年 5 月 3 日刊、2-6 頁。］

は見ることは出来なかったが、例の Giles, *Chinese-English Dictionary* の Introduction のところに Parker (E.H.) が Philological Essay というものを書いていて[41]、Karlgren も引用しているそうだが、私はそれを見ることが出来なかった。

19 世紀から今世紀の初めにかけての、色々な人の、簡単に言えば方言の研究については、Karlgren の本の中にその批判がある。つまり *Etudes sur la phonologie chinoise*, 1915 の introduction のところにある。ただ Karlgren の言っていることで注意すべきことがあるので一寸言っておくと、こういう人たちのやったことは歴史的な出發點が缺けているが、現在のシナ語の研究の大きな obstacle であると言って、Möllendorff が方言の分類をやる時、出發點において互いの了解が容易であるかどうかによって分類したことを非難している。Edkins にしても Möllendorff にしても、2 人とも言語學者として專門家と言えない人なので、方言同志の了解が容易かどうかで決めたことは非常に好くない。その批判は當たっているが、Karlgren の方言の研究に當たってとるべき方法は、彼によれば、Ancient Chinese（中古漢語）である。それはつまり『切韻』(『廣韻』によって代表されている）の反切の system の體系であるが、そういうその中古の漢語から現代のあらゆる方言が出ている、というのである。

Karlgren は今詳しく紹介する暇はないんですけれども、ごく簡単に紹介しておくとこうである。これまでの人がなしたように、隨意にある方言の 1 つの音的成分をとり、更に他の方言の他の element をとって何の根據も擧げずに古語を構成してみたり、又は現代の諸々の方言の 1 つを古い言語の直接の代表者と見なしたりすることは、言うまでもなく許すべからざるやり方、手順である。人がこのような古語

---

[41] [Herbert A. Giles, *A Chinese-English Dictionary*, 1st edition, 1892, London: Bernard Quaritch / Shanghai, Hong Kong, Yokohama, & Singapore: Kelly and Walsh, Ltd., pp. xiv-xlvi. ちなみに Parker の Philological Essay は 1912 年の第 2 版では削除されている。]

(langue ancienne)、勝手に作った古語をもって現代の諸々の方言の出發點とする時に、この方法の誤りは更に重大なことになる。1つの音（phonème）の再構成（reconstruction）[42]が許されるためには、先ずその（構成された結果の）音が、その言語の歴史についての古い材料にぴったり合うこと、それから次には音が1つや2つの方言でなく、中國の諸々の方言の全體を解き明かすものでなければならない。すなわちどの方言に對してもphonétiqueの見地から許容し得るような音韻變化の歴程（série）を確證しなくてはならない。これはこの本のいちばん初めに書いてある（*Etudes*, p.6）。

ここに言っているように、方言の全體が説明されるような言語、それを再構成すると、つまりancien chinois中古語になるわけだが、それが現代の方言の共同の祖先というようなものになる。このことはKarlgrenの最初の著述である『中國音韻學研究』に言っているだけでなく、*Philology and Ancient China* (Oslo, 1926)の中でもこのことを繰り返している。もしもKarlgrenの言うことを信じるならば、隋のころ、7世紀の初めであるが、600年頃の時代の北支那一帶に廣く行われていた一種の共通語があったということを假定しなければならないのである。それでは何故すべての方言がその時代の言語を祖先としなければならないかについては疑いが生じるが、Karlgrenはこう言う。ごく僅かの例外を除くと一切の方言は直接『切韻』の言語に由來する。自分の研究したどの方言もすべて『切韻』が表わしている中國語から直接に發展した——漢譯のことばを使うと——縮影をなす[43]。

しかし現代の方言の中には隋以前の古い時代の言語が痕跡を遺していない。遺していないのは何故かというと、これは政治上の情勢による。と言って、ここでフランスのPelliotの或る説を引いているが、Pelliotによると、遼とか金とか、その他のいろんな異民族が中國に侵

---

[42]漢譯では擬測と言っているが、誤解を起こすと思う。
[43]漢譯では528頁、原本ならp.692。

中國語方言學史   145

入して、北支那の地方に混亂が起こる。しかしその後もっと中央部の中國人によって、言語の上で一種のresinisation文字通りに譯せば再中國化、中國語恢復と言ってもよいが、そういう現象を起こしている。Pelliotのそういうことばを引いて、こう言っている。古代にあった方言が、一旦異民族の侵入によって消滅してしまって、そこへ中央部のあることばが廣まった。だからそれが凡ての方言の祖先になる。そういう説である[44]。そういう譯でKarlgrenは、つまり『切韻』のことばをまず先に再構成しなければならないと言っているのである。だからKarlgrenは大體33の地方の方言を研究したのであるが[45]、それは以下の通りである。

北京 ○	四川南部
山西	漢口
歸化城 ○	南京 ○
大同 ○	揚州
太原 ○	吳語
文水 ○	上海 ○
太谷 ○	溫州 ○
興縣 ○	寧波 ○
平陽 ○	閩語
鳳台 ○	福州 ○
甘肅	廈門
蘭州 ○	汕頭
平涼 ○	粵語
州 ○	廣州 ○
陝西	客家
西安 ○	域外方言

---

[44] 漢譯、528頁。
[45] 漢譯の方には原本にはない地圖がついていて、一目瞭然である。

三水 ○	高麗漢音
桑家鎭 ○	日本漢音 ○
河南	安南漢音 ○
開封 ○	
懷慶 ○	
固始 ○	

古い清朝の時代の地名が使ってある。○印を附けたものは、Karlgren が實際に聞いて調査した地方である。

　Karlgren のこの『中國音韻學研究』という本は、一方ではこういう各地の方言と、『切韻』（『廣韻』）の反切と、等韻圖、實際には『康熙字典』の後ろに附いている『切音指南』であるが、そういうものによって中古漢語を再構した。その時に現代の方言がどうなっているか、たえず參考しているのであるが、そういう再構した古い言語が、現代の方言ではどのように變化しているか、そういうことを明らかにした本である。最初に introduction があって、聲母、韻母が說明してある。それが歷史的研究で、この本の主な部分になる。その前に、現代の中國語に出てくる凡ての音についての非常に詳しい描寫（description）がある。その基礎になっているものは、Sweden の音聲學者である Lundel (J.A.)、Noreen (A.) の見解に從っている。そして最後に「方言字典」、實際には方音だが、それが附いていて、この研究に用いられた、Karlgren が調査した方言の材料の主なるものが、この「字典」に載せられている。但しこれでは少し簡單になっていて、33 の方言が全部は入っていないで、26 が出ているだけである。

　こういう風な Karlgren 流に言えば、古い言語を再構成しようという試みは、彼以前すでに何人かのヨーロッパの學者によって試みられていたのであるが、Karlgren の直前には、例の Schaank の論文[46]があり、

---

[46] *T'oung Pao*, VIII, IX.

色々な學者に利用されていた。そういう人たちはその時に方言をあまり利用していないが、Karlgrenはそういう多數の方言を調査し、しかも音聲學的に非常に嚴密に記載することが出來たと言うことが、この本の非常な長所をなしている。

　H.Masperoが安南語の音聲史の研究というものを、ハノイの學校の雜誌に載せたのを除いては、Karlgren以前にはなかった方言研究を、音聲學的に確實な方法によってやったのは、Karlgrenに始まると言ってよい。この本の功績は非常に大きいが、今から言うと、少なくとも方言の研究という點からいうと非常に重大な缺陷を持っている。それはKarlgrenが、凡ての方言が共通の祖先である隋の時代の言語から出ていると言った、その假說に對する實證的な根據がない、ということが1つ。このことはある學者が批判したようにPelliotによって提出されたresinisation（というのも1つの假說である）の說を1つの支柱にしているKarlgrenの學說全體が、もしもPelliotの說が正當でなかったとした場合には、崩れてしまう譯である。それが1つである。

　それからもう1つは實證的な歷史上の問題とは少し違うが、こういう風にある1つの言語から凡ての方言に發展する際に、方言のそれぞれによって變化の仕方が違うわけだが、それらを通じてもとのことば、切韻音で一定の條件の下になった音韻は、その方言では必ず一定のある音に變化するというような、やはり1つの假定がある。つまり音韻變化の規則性というようなものが、Karlgrenの研究の基礎になっている。それは言い換えれば、音韻法則（sound law）に例外なしという考え方なのである。aならaの方言には、aの方言の音韻法則がある。bの方言でもしかり。そういうわけである。一言で言えば、そういう考えがあるわけである。しかしそういう考え方は實は19世紀の言語學の考え方であって、今から言えば古典的なものである。しかしヨーロッパでは既に20世紀の初めに、そういう非常に機械的な學說に對して、それを批判し、ある點ではそれを覆した、新しい學問が興った

のであるが、Karlgren は遺憾ながらそういう新しい學問を知らなかったのであろう。その新しい學問というのは、この前お話しした言語地理學（linguistic geography）というものである。言語地理學の方法は、出來ればこの次に簡單にお話ししたいと思うが、その方法を中國語にも應用するということが、最近、一番初めはヨーロッパの宣教師だが、中國人でもその方法をやろうとする氣運が見えてきたので、この次にそれを話したいと思う。

Monumenta Serica[47]の第 8 卷（1943）に以下の 2 つの論文が出ている。

> Willem A. Grootaers, *La géographie linguistique en Chine.*
> （中國における言語地理學）
> Paul Serruys, *Philologie et linguistique dans les études sinologiques.*
> （支那學の研究における文獻學と言語學）

初めの方は、この人はたぶんベルギー人だろうと思うが、直接彼を知っている私の友人によれば、グルータスと讀む。後の方については紹介を略す。Grootaers は、この人のお父さんが言語學者であって、言語地理學の著書がある。カトリックの信者ではあるが、ただの坊さんでなくて、完全な言語學者であると思う。この論文は、私の見たのは第 1 部だけで、前半だけしか讀んでないが、この第 1 部は言語地理學の方法と、そういう題である。こういう論文を書いた主な理由は、言語地理學が中國に知られていないからそれを紹介するということにあるようである。

　初めの方に言っているように、Karlgren が中國に來たのは 1909 年であり、言語地理學で最初に成功したのはフランスだが、フランスの言語地圖が Gilliéron によって出版されたのは 1910 年である。Gilliéron の本の翻譯はまだ日本にないが、彼の弟子で言語地理學の方法を非常に分

---

　[47]漢名を『華裔學誌』というが、内容は全部ヨーロッパ語で書いてある。北平の輔仁大學で出た雜誌。

かり易く書いたドーザという人の本があって、翻譯が富山房から出ている[48]。グルータス氏の言っていることは、一言でいえば、Karlgren の言うような音韻法則というものは成り立たない。Néo-grammairien (Junggrammatiker)、少壯文法派と譯しますか、グルータスのことばを使えば、naturalist の後繼者である。彼等によれば、音韻法則（sound law）というものは、第1に機械的な發音器官によって決定される法則であって、自然科學の法則に似たものである。第2には、その法則は同一の狀況（circumstance）に置かれた凡ての音に例外なしに適用される法則である。それがその學派の基本的な觀念であるが、その後この言語地理學の方法によって決定的な進步が行われた。それは一方では音韻變化は音韻的な factor と同樣に、心理的な要素が加わっているものであるということ。そしてあることばの音、色々なことばの色々な單語の音、それからその意義（significance）も、その同音語（homonymie）や、民間語源說と譯しますか、étymologie populaire、それからその他色々社會的な關係、及び人文地理學的なそういう關係の影響によって甚だしく變化するものである。その後の2つのことが言語地理學によって知られた言語學の分野であるということである。それを調査するにはどうしたら好いかというと、詳しくお話しすることは出來ないし、ドーザの『言語地理學』を見るとよく分かるが、一口に言うとこういうことである。ある相當廣い地域をとって、その中で適當な距離をもった地點を幾つか定める。それは數が多い方が好いのだが——例えばフランスはその全體に 600 を決めた——ジリエロンのやったのでは、その1つが平均して大體 57000 人の人口を代表することになる。これはやや網の目が粗すぎるという說があるが、そうして決めたある地點ごとに、はじめから質問票を作っておいて[49]、それを調査する全部の地點に亘ってどこでもそのことを調べる。なるべく土着の人を1

---

[48] ドーザ『言語地理學』松原秀治譯、1938 年。
[49] フランスでは質問の内容が 2000 位。

人つかまえる。そしてそれを出來るだけ嚴密な音聲學的な標記をしておく。そしてこれが出來上がったところで、調査の記錄を地圖の上に書く。1 語づつについて、どの地點ではどう發音されているか書き込む。そうすると約 2000 枚の地圖が出來るわけである。それから後は言語學者がその地圖を解釋するわけだが、地圖に出てくることは、ある大體決まった 1 つの date における、その國語のあらゆる方言の非常に正確な寫しが得られるわけである。そういうやり方はそれまでに成功したことがなかった。ジリエロンが初めてだが、その結果分かったことは非常に多い。その中の 1 つ 2 つを話すと、嚴密に言うと方言の區域というものには境界線がないということが分かった。つまりそれは言い換えれば、1 つ 1 つの單語について言えば、ある系統のものとある系統のものが對立する。だいたい幾つかの傾向に分けることが出來る。確かに境界線が引ける。ところがこれを他の單語について見ると、その場合は、やはり幾つかのことばの系統が對立して、その場合に引かれた境界線が前のものと一致しないことが普通である。單語及び音韻的な相違についても同じである。決して一致しない。嚴密に言うと、方言の區別の境界線は 1 本の線としては存在しない。それは何を意味するかと言えば、各々の單語はそれぞれの歷史を持つということである。原文はドイツ語だそうであるが、Every word has its own history (Jaberg[50])、それが言語地理學の motto となったことばである。言語學上、非常に重要な發見であり、革命的であると言われるが、言語地理學上の重要な發見は一口で言えばそういうことである。言語の reality に最も即した方法であると言われている。

　そこで振り返って Karlgren のやり方を見ると、非常に不都合なことがある。Karlgren は 30 幾つかの方言を實際に調査したが、その調査の仕方は『中國音韻學研究』原本を見ても何も書いてないが、ただ翻譯の序文に Karlgren の手紙を引用して、決してある人に字を讀ませた

---

[50] スイスの言語地圖を作ったドイツ人。

のではなくて、何を何というかという風に尋ねた、と。例えば帆という字を聞くときにも、ひょっとすると聞かれた人がその字を知らないかもしれない。それから日本でいえば百姓讀みだが、讀白字してしまうかも知れないから、いちばん好いことは風の力で船を動かす布で作った那個東西は何と言うか、と。それに對して答えとして、もしも船篷という返事が得られた場合には、更にその他に何というか、繰り返して聞いて、最後に質問者が期待していた帆の字の發音（と思われるもの）が得られるまで續ける。これがもし本當ならば、これは非常に現實的なやり方なのであるが、しかしその實はやはりこの場合、帆の字の讀み方を初めから期待していることは、文字を讀ませることに他ならない。そういうやり方ではいけない。實際はそういうやり方ではいけない。實際は字に關する質問に過ぎないのである。そういうわけでKarlgrenのやり方には色々な缺點があるが、そういう風に批判して、言語地理學の實際の技術的なやり方が詳しく書いてあるが、それを話す暇はない。

　グルータスという人は實際大同（山西）にいた人であって、そこで自分の住んでいる近邊で言語地理學の調査を1年ほどかかってやった。第2部はおそらくその成果が載っている筈だが、見ることが出來なかったので言えない。

　とにかくその結果によれば、Karlgrenの言ったPelliotのresinisationを以て自分の説の支えにしようとした、そういう事實は認めることは出來ない。これは1943年に出た本である。それならば中國ではどうか。つぎに革命以後の中國の言語學者の研究について話す豫定であったが、それは詳しくお話できない。非常に簡單になる。戰爭までのことは、最近出た『中國語雜誌』の大原君の論文[51]などでよく分かるので、なるべく重複しないようにする。

---

51 ［大原信一「民國以後の中國音韻學」『中國語雜誌』第4卷第4號～第6號（1949年9月～11月）。］

第6章　民國以後の中國における方言研究

　この前言った章炳麟の説なども、いわば全くヨーロッパの學問をしなかった人の説だが、ヨーロッパの學問が中國に入ってから（大體において革命以後）、中國の言語學者もそういう新しい方法によって中國語の研究をし、中國語を研究すれば當然中國語の方言に目を着けなければならないようになる。最近の國語運動、それについては黎錦熙の『國語運動史稿』を見れば大體のことは分かる筈だが、例えばこの、先ず中華民國の國語運動というものは、清朝の亡びる直前の頃から實は起こっている。この時代には王照という人があって、『官話合聲字母』というもの、日本の假名からヒントを得た注音符號の始まりのようなものを考えた。この人は袁世凱の援助を得て、この字母は一時非常に行われたことがあったが、政治上彈壓を受けてから表向きには行われなくなり、その身代わりになったのが勞乃宣の簡字である。勞乃宣のsystemはほとんど全く王照と同じであるが、この人は相當中國の音韻學を研究した人であって、そういう點からして中國語の方言というものを割によく知っていて、國語を統一すると言ってもただ1つのことばを全國に一時に行わせることは出來ない。そこで先ず官話（北方、中部）、江浙、閩粤、全體を4つに分けて、第1の官話の地方では北京語を標準語にする。第2の中部地方では南京、江蘇浙江では蘇州語を、福建廣東地方では廣州のことばを標準語にする。そういう風に先ず4つの標準語を作って、各地域ごとにその標準語を學ばせる。そこで簡字も北京語以外に、それらのことばを表わせるようにして、modifyして、簡字譜、そういう表を作った。これはつまり一種の國語運動なのであるが、その統一する上に地域によって異なった標準語を立てる――ある意味では非常に現實に即したやり方だが――方言に對する強い關心を示していると思う。そもそも國語を立てるということが方言が多いということである。

黎錦熙も國語運動家の1人として、『國語教學法』（民23、1924）を書いている。これは國語の教育法だが、その中にも中國語の方言の分け方を述べたところがあるので、これも日本ではよく知られていることだが、一寸紹介をしておく。この前のプリントの最後のところにある。12に分けるが、更に大きく全體を4つに分ける。

  甲． 北方官話 1-3（河北、河南、河西）
  乙． 南方官話 4-7（江淮、江漢、江湖、金沙[52]）
  丙． 蘇浙語   8,9（太湖、浙源）
  丁． 海濱語   10-12（甌海、閩海、粵海）

ごく便宜的な分け方で、大雑把な見當をつけるに過ぎない。4つに分けることは勞乃宣の考え方をそのまま受け繼いだだけであるが、こういう風に分けることは國語運動の方では引き續き行われていることで、國音統一會で全國語言區域分布圖を作る計畫があったが、その場合にもこういう風に4つに分けた。全國の縣にカードを配って書いて貰うことにしたが、213しか書いて貰わなかった。國語運動は結局、注音符號と國音羅馬字を宣傳するにとどまり、唯一の成果は『國音常用字彙』の編纂で、研究は終わってしまった。

 中國語の研究に大きな役割を果したのは、次には北京大學である。新しい言語學的な方法によって方言調査が始まったのは、この北京大學においてである。方言調査會というものが出來たのであるが（民13）、この時の、たぶん錢玄同や林語堂、劉復（半農）そういう人たちですね。北京大學で國語學を教えていたのは錢玄同など章炳麟の門下が多かったが、劉復はパリで實驗音聲學[53]を治めた人なので、その方の研究がある。その『四聲實驗錄』は、色々な地方の四聲を實驗し、實際どんな音の高さにあるか調べたものである。それの出たのが民國

---

[52] 普通このことを西南官話と呼んでいる。
[53] 物理學的な方法によってやる音響學的實驗。

13 年。それから 1 年遲れて『漢語字聲實驗錄』が出た[54]。フランス語の本で、これも學校にあると思う。四聲においては劉復の力で明らかになったことが非常に多い。劉復の力でフランスの實驗音聲學の方法というものが中國に入った。それ以後、北京大學ではこういう方言の研究が相當盛んである。劉半農は自分の歸國した時（民 15）、抱負を述べて、各地の方言を調査して方言辭典を作りたい。それがうまく行ったら、更にフランスのジリエロンら言語地理學のやり方に倣って方言地圖を作りたい。もしも中國の音韻學が方言というものに向かって研究を進めないで、ただ古い書物の山の中にもぐり込むだけであったなら、おそらくどんなに力を入れても滿足な結果は得られないと思う、と言うようなことを述べている。そういう實驗室を大學に作り、200 種以上の方言の音の記錄を作ったということである[55]。

河北省ではもう全然入聲というものはないと思われていたが、劉復の調査によって、汲縣という所では入聲が 1 類をなしていると、そういうことである。大體において北京大學の方言學は劉復が指導者であったが、1934 年の夏に北京から綏遠に行く平綏線の沿線の各地の方言の實測をやろうとして、北京から蒙古に行ったのであるが、百靈廟で、ある風土病に罹り急いで北京に歸ったが、とうとう死んでしまった（44 歲）。そういう方言の調査に行って、そのために死んだので、學徒としては崇高な死に方だと思うが、北京大學の方言調査はこの邊で一段落で、それ以後あまり盛んでない。

第 3 が言うまでもなく中央研究院歷史語言研究所（アカデミア・シニカ）。日本のアカデミアと違い、一種の大きな研究所である。人文科學の方では心理學とならんで歷史語言研究所があるが、これは民國 17 年（1928）に出來た。最初は廣東で出來たが、明くる年には北平に移り、そこに暫くあった

---

[54] [Fu Liu, *Étude expérimentale sur les tons du chinois* (漢語字聲實驗錄), 2 vols., Société d'édition "Les Belles lettres" (Collection de l'Institut de phonétique et des archives de la parole, fasc. 1), 1925.]

[55] 發表されたものは 1 つもない。

が一時上海に移り、それから南京に行った。南京に相當立派な研究所が建っていた。ここではその名の如く、歷史と言語學と兩方の研究をやるのであるが、歷史の方でここでやった最重要な業績は安陽の發掘である。言語學の方でも初めから方言の調査をやった。その主任は趙元任である。Harvard大學の出身で、物理學から音聲學を治めた、非常に趣味の廣い人である。劉復と似ているが、趙元任の違うところはKarlgrenの說を全面的に受け容れたということである。そこで趙元任及びそのgroupeの人たちの方言調査はいつでもKarlgrenと同じ切韻音を出發點とする。趙元任の門下の人たちによって、Karlgrenが決めた中古音の修正はしているが、principleにおいては大體承認していることが特徵である。だからその態度は趙元任の方言研究の最初に發表した報告である『現代吳語的研究』[56]、確か再版が出た筈だが、この本を見てもよく分かると思う。この本の主なものはKarlgrenの方法によって江蘇、浙江地方の、いわゆる吳語の、江浙33縣の方言を調査したものである。この時、大體2ヶ月半位をかけた[57]。これはKarlgrenの方法によっているので、ことばの單語の調査も附いているが附け足りであって、吳音の方が主になっている。しかしこれも中國人によるある地域の方言の調査としては畫期的なものであって、この地方の音韻の言語學的なdescriptionというものはこの本に始まる。

　趙元任の調査の方法は、2、3年前であったか、倉石先生がreprintされた『方言調査表格』[58]によるのである。聲調がどういうものか見たことがない。この『調査表格』というものには、比較的常用される漢字3567字を、各々206韻、37段にならべてあるものである。なぜ37になるかというと、36字母のうち輕脣音と重脣音とを同じ段にならべるから、例えば幫非を1段にする。そうすると4つ減るから36-4、

---

[56]民17、北京淸華大學。
[57]實際には1ヶ月半位で調査したそうである。
[58]1930年に例字表、1934年に聲調がでたが、倉石先生が版にされたのは前者だけである。

ところが照穿牀審という4つの字母は二等と三等とあるから、これを2つに分けると、又4つ増えるので36になる。ところが影母に對する喩母が三等と四等とあるから、これをまた2つにすると37になる。大體Karlgrenの說で、配列の順序も大體そうである。そこに音を書き込む。常用字の各地の讀み方というものになるわけである。

　こういうやり方で出たものは、この他にも幾つかの廣告が出ているが、それを舉げることを略す。いわゆる支那事變の前、あの頃までに中央研究院でどれだけの調査が出來たか、ごくあらましを言うと、中央研究院としてやったのは、さっきの『現代吳語的研究』は中央研究院の出來る前なので除くが、次のようになる。

　　　第1次（民17、18年度）　兩廣22縣[59]［趙元任］
　　　第2次（民22）　陝南［白滌洲[60]］
　　　第3次（民23）　徽州［羅常培］

この3つでは幾つかの代表的なことばのやや詳しい記錄に重きを置いたので、調査に使った例字表は相當大きなものになる。從って調査した地方は、土地の數は比較的少なかった。例えば陝南、これは42縣である。

　　　第4次（民24春）　江西
　　　第5次（民24秋）　湖南
　　　第6次（民25春）　湖北

いま私が分かっているのは第6回までである。第4次以後は全國の方言を調査するという大きなプランであって、數年の間に少數の人々によって、全國の方言に對して概略の、あらましの調査をすると、そして且つ全國の、こういうことばを使っているが音檔、つまり音のレコードをとっておく。そういうplanを立てた。そこで重要なことは、

---

[59] 東–汕頭、西–南寧、北–樂昌、南–中山。
[60] 劉復の弟子。民25に死んだので報告は出ていない。四聲が發表されただけ。

その調査する地方、地點の數は、方言地圖を描くに必要な數である。それからそれぞれの地點で調べる材料はあまり多くないこと、つまり何年かの間にこの計畫を完成できる程度の分量であること、それが必要である。そういう風な計畫、これまではそういうようなことはあまり問題になっていなかった。

　この中で江西とか湖南、これは報告が出來ているかどうか分からない。少なくとも印刷になったものは見ることが出來ない。我々の見ることが出來るのは、第6次の『湖北方言調査報告』、この3つの省の中ではこの湖北省がいちばんやり易い。というのはだいたい官話の一種類でまとめやすかったからであろう。整理し始めた時は既に事變が始まっていたので、27年の序があって、實際に出たのは37年上海である。

　そういう風に、これまでの調査のやり方と大分違っている。少なくともあるごく小さな區域、例えば江西の臨川というような地方、それからこれとは全然別だが、少し前の廈門語の報告、どちらも羅常培のやったものだが、それと比べても調査の方法が大分違う。調査用字表を見ると、これは678字しかない。1937年に出たものと比べるとほとんど$\frac{1}{5}$以下で、1字1字の表が主體になっている。それと聲調を調べるための表もある。それから少し長い文章、これも大した意味もないと思うが、1例として總理遺囑、そういう風な、何百字ありましたか、あまり長くない文章です。も1つそれとは別の文章、それと1ヶ所ずつに調査したものについては、各地點ごとに全部レコード、錄音を採っている。その中に方言の會話や、ある場合には故事、だいたいはお話であるが、傳說のようなもの、それを採っている[61]。湖北省の場合には全部で64縣調べた。これは湖北省全體が71縣だから、ほとんど全部、7縣だけが未調査であるのを除けばほとんど全省になる。しかし讀んでみると全部を歩いた譯でなく、武昌にある高中の中から

---

[61]故事はない地方もある。

だいたい2人ずつ各縣の出身者を選んで、學生のことばを記録した。これは缺點で、つまり學生のことばしか記録してないということになる。趙元任のほかだいたい門下で合わせて4人で記録を採った。第1卷は1地點ごと、1縣ごとの記録を整理して作った報告である。その報告の主な部分はやはりその土地の發音の分類と、それを與古音比較、實はこの古音というのはKarlgrenの説いた、いわゆる中古音、切韻音のこと、それとの比較表である。それから同音字表（600〜700、多くても700〜800）同音のものを集めて表にしたもの。聲母と韻母とに分けて、四聲を加えて表にしたもの。それから後に音韻特點。それらが主なものである。あとは會話などが記録してあるが、大したものはない。第2卷は總合材料、それから湖北省の特點とその概説、そういうものがある。そうして最後に方言地圖が附いている。

　この方言地圖が、縣の數に合わせたわけではないだろうが64枚ある。とにかく方言地圖が附いた報告はこれが最初なので、一寸話しておきたいと思う。それによると、このうちの大部分（54枚）はやはり音韻論の、音韻學的な色々な差異を地圖に表わしたものである。例えば、その一番初めの例を言えば、第1圖はf-, hu-分混という標題が附いていて、つまり輕脣音であるが、字の例を擧げると、飛、灰、北京音では完全な區別があるが、この地方（だけではないが）では、これを區別しない所がある。湖北のある地方では、兩方ともf-の發音をしてしまう。或いは反對にどちらもxu-の音に發音する。その中でも各地點によってさまざまであるが、横の線が引いてある奴はだいたいf-とhu-とを區別してある地方である。そういう類のものである。例外的な例では、例えば第44圖では入聲調値、つまり湖北省全體について、入聲の實際の音價を示したものであるが、この場合には白くなっている所は入聲のない所である。1つの地點について聲調が幾種類あるか、これは別の圖がある。

　圖を描く技術はこれはまた難しいものであるが、これは大分骨を

中國語方言學史　　　　　　　　　　　　　　　　　　　159

折っているようである。例えば第 55 圖 "他" であるが、北京語及びその他の系統の "他" の字を使っている所が大部分だが、邊境の地方とかでは、例えば tɕ'i（其）、k'e、k'a 或いは i（伊）、こういう風な、これは色んな現象をこういう風な地圖にして線を引っ張ってみる。そうすると色んな境界線は大部分は一致しない。64 圖を全部一緒にして地圖にしてみると、線が束になることもあるが、全然別の方向を指してしまうことがある。併しその大體の傾向を見ると、それぞれの間に、湖北省全體が大體 4 つ位に分かれる。これはまあ大體認めてもよいのではないかと思う。

　最後にこの區域の分け方の概說があるが、それによると第 1 區は大體 32 個の縣が含まれる。この湖北省のやや西寄りの全省の $\frac{2}{3}$ の面積を占める。この地方の特徵は要するに西南官話の一種だということになる。次に廣いのが 2 で、19 の縣、全省の $\frac{1}{4}$ 位の廣さ、第 1 區と色んな點で違ったところがあるが、例えばことばで言えば、第 1 區では站（たつ）をこの地方では站と企と兩方使っている。企というのは、日本語でも企(つまだ)つというのは爪立ちということ、『詩經』にあるから餘程古いことばで、それが殘っている。それから例えば何々するなということを第 1 區では不要というが、第 2 區のある地方では莫ということばを使っている。少なくとも唐宋時代にはそういう禁止の意味に使っているから、やはり餘程古い。報告の著者の言うように、もしも典型的な楚語というものがあるとすれば、第 2 區のことばである。昔は 2 つの第 2 區が續いていたに違いない。そこに官話が來て切斷された。言語地理學では地質學のことばを使って地層であるという。武漢三鎭のように半島のように突出している都會でいちばん早く外來のことばに染まりやすい。第 3 區は特別な地區で、その中でも色々違いがある。例えば入聲[62]があることなど。また例えばさっき言った "他" が

---

[62] -t > -r となることがあるのは分かっていたが、ここには -l（入聲）がある。これは朝鮮にはあるが、中國にはないと思われていた。

伊、其になるとか、立つというのに企しか使わないなどを擧げることができる。これは實は江西省の方言につながるものである。第4區はわずか5縣に過ぎないが、第2區とやや似たところがある。しかし大體においては南境の湖南の方言に最も近い。これが分區概說のごくあらましである。

　中國語の方言の調査というものが、先ずKarlgrenの音韻學の學說を基礎として始まった。これが中央研究院で度々各地の調査を繰り返す中にだんだん進步して、劉復が最初パリから歸ってきたとき希望した方言地圖を描くところまで來たということは、非常な發展であると思う。他の省の、すでに調査された省の報告はまだ見ることが出來ないが、こういう風な方法で全國が調査されれば、單に各地の方言の實相が明らかになるだけでなくて、おそらく中國の言語の歷史、中國語史の全體を全く新たに書くことが出來るようになるだろうと思う。そういう方言の調査が出來上がった後でも、各時代の資料の價値がそれでなくなるというわけではないので、各時代の色々殘された資料の解釋に新しい光を投じるということになる。先程言った劉復の、中國語の研究は方言の研究に始まらなければならないと言ったことが、そのように段々實現されてきたのである。その他、研究とは別に拉丁化というようなものがあるが、私の持っている材料がたいへん古いので省略したいと思う。まとまらなかったが、以上で中國方言研究の講義を終わりたいと思う。

附錄
前漢方言十四系（據林語堂之『語言學論叢』）
(一) 秦晉爲一系
(二) 梁及楚之西部爲一系
(三) 趙魏自河以北爲一系
(四) 宋衛及魏之一部爲一系
(五) 鄭韓周自爲一系
(六) 齊魯爲一系而魯亦近第四系
(七) 燕代爲一系
(八) 燕代北鄙朝鮮洌水爲一系
(九) 東齊海岱之間淮泗（亦名青徐）爲一系（雜入夷語）
(十) 陳汝潁江淮（楚）爲一系（荊楚亦可另分爲一系）
(十一) 南楚自爲一系（雜入蠻語）
(十二) 吳揚越爲一系而揚尤近淮楚
(十三) 西秦爲一系（雜入羌語）
(十四) 秦晉北鄙爲一系（雜入狄語）

中國五大方音（據王力著『中國音韻學』）
(一) 官話音系　包括河北、山西、陝西、甘肅、山東、河南、湖北、湖南、四川、雲南、貴州、安徽，又江蘇北部、江西北部、廣西北部。
(二) 吳音系　包括江蘇之蘇州、常州、無錫、常熟、崑山、上海、松江、宜興、溧陽、金壇、丹陽、江陰等處，及浙江之寧波、嘉興、湖州、杭州、諸暨、金華、衢州、溫州等處。
(三) 閩音系　包括福建之大部份，及潮州、汕頭、瓊州等處。其在國外最佔勢力的地方是馬來半島、新嘉坡、蘇門答臘、臺灣、菲力濱等處。
(四) 粵語系　包括廣東之大部份，及廣西之南部。其在國外最佔勢力的地方是美洲（尤其是舊金山）。
(五) 客家話　包括廣東之梅縣、大埔、惠陽、興寧等處，福建之汀州，江西之南部；又滲入廣東高欽廉一帶及廣西南部。其在國外最佔勢力的地方是南洋荷屬東印度（尤其是邦加）。

[章炳麟論今世方言分類]
凡今語言，略分九種。河之朔，曁乎北塞，東傅海，直隸山西、南得彰德、衛輝、懷慶爲一種，紐切不具、亢而鮮入、唐虞及虞之遺音也。陝西爲一種，明徹

正平，甘肅宵之，不與關東同，惟開封以西却止。（陸法言曰：「秦隴則去聲爲入，梁益則入聲似去」，至今猶然，此即陝西與關東諸部無入者之異也。）汝寧南陽，今日河南，故荊豫錯壞也，及江之中，湖北湖南江西爲一種，武昌漢陽尤嘽緩，當宛平二言。福建廣東各爲一種，漳泉惠潮又相軵也，不足論。開封而東，山東曹沇沂至江淮間，大略似朔方，而具四聲，爲一種。江南蘇州、松江、太倉、常州、浙江湖州、嘉興、杭州、寧波、紹興爲一種，賓海下濕，而內多渠溳溏沼，故聲濡弱。東南之地，獨徽州、寧國處高原，爲一種，厥附屬者，浙江衢州、金華、嚴州，江西廣信、饒州也。浙江溫、處、台附屬於福建而從福寧，福建之汀附屬於江西而從贛，然山國陵阜多自隔絕，雖鄉邑不能無異語，大略似也。四川上下與楚接，而雲南貴州廣西三部最爲僻左，然音皆大類湖北，爲一種，滇黔則沐英以兵力略定，脅從中聲，故其餘波播於廣西，湖南之沅州亦與貴州同音。江寧在江南，杭州在浙江，其督撫治所，音與他府縣稍異，用晉宋譽徙都，然弗能大變也。

（『章氏叢書』「檢論」卷五，頁五至六。）

[黎錦熙分中國方音爲十二系]

直隸、山西、東三省、山東、河南北部，爲河北系。
河南中部、山西南部、江蘇、安徽、淮北一帶，爲河南系。
陝西、甘肅、新疆，爲河西系。
江蘇北部與江西西部之南京、鎭江，安徽中部之安慶、蕪湖，江西之九江，爲江淮系。
河南南部、湖北，爲江漢系。
湖南東部、湖北東南角、江西之南部，爲江湖系。
四川、雲南、貴州、廣西北部、湖南西部，爲金沙系。
蘇、松、常，與浙江之杭、嘉、湖，爲太湖系。
浙東金、衢、嚴，及江西東部爲浙源系。
浙江南部近海處爲甌海系。
福建爲閩海系。廣東爲南海系。

（黎錦熙『國語教學法』）

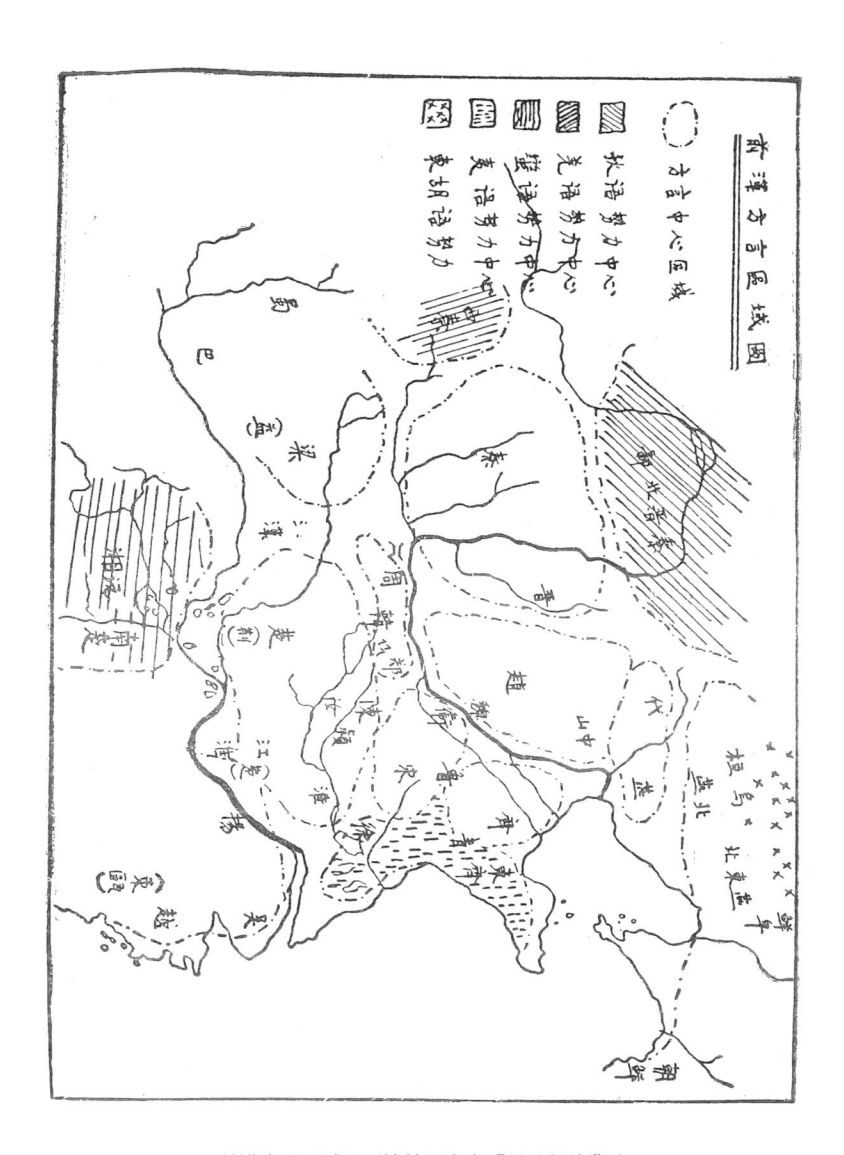

前漢方言區域圖（據林語堂之『語言學論叢』）

語義沿革擧例

1950 年 9 月 20 日～1951 年 2 月 7 日

第 1 章　單語と字の同一性、その限界、變化

　單語とは何か、それを完全に定義することは困難なことだと思いますが、ごく大ざっぱに申しますと、白話はちょっと別として、文語の場合には、1 つの文字つまり 1 つの漢字でありますが、それがだいたい 1 つの單語である場合が多い。同じ 1 つの文字で表わされていても、その發音が 2 種類ある場合には（同じ時の、同じ方言の中での話である）單語としては實際には 2 つあると言ってもいいわけであります。

　發音が違うということは多くの場合、その表わす意義（significance）の違いに伴う。むろん人の癖というものがあって、必ず一方に發音するというような時は別として、同じ人が 2 通りに發音する場合には、大體において意義の違いを伴っているものである。違いは微細なものであることがある。例えば血が本の中で出てくるときは、必ず xuè と發音する。話の中なら、ごく日常的なことを言うときには xiě と言うほうが普通であろうと思う。言い換えるなら、xuè（讀書音）、xiě（白話音）で、どう發音しても同じことである。もし日常的な會話の中で xuè という發音を使うとすれば、何か改まった物々しい、切り口上な感じを與えるであろう。

　ですから表現の價値の上で完全に同じとは言えない。その感じはちょうど、文語と口語は一般に言えることだが、yes、no にあたる是と不是、是のほうは好いのだが、不是のかわりに非ということを會話の中で使お

うとすると、何だか學者めいた感じを與える。それと同じような感じであろうと思う。

　一般に發音を書いてある字引、『國音常用字彙』などで白話の音[1]と讀書の音、語音、讀音と區別してあるのは大體そういう風な違いを持っていると言えるであろうと思う。

　それ以外の場合、四聲が違うという場合がある譯ですね。好 hǎo, hào、數 shǔ, shù, (shuò)、少 shǎo, shào。中國ではむろん別の音である。それにも拘わらず、ただ同じ字で表わされている限り、互いに關係があって、ことばの歴史は考えないにしても、1つのことばとしても考え得るという性質をもっている。

　そういうことばは1つであるか2つであるかという境にある譯である。共時的（synchronique）に見た場合、1つの字が2つ又は2つ以上發音があって、それが意義の差に併行しているが、通時的（diachronique）に見るならば、どうなるか。この講義の目的はそういう歴史的な場合について話したいが、ある1つのことばの意義がだんだん分化して行っていてもそれが同じ文字で表わされている限りは、完全に異なった單語にはなり切ってないとも言える。そして分化した意義の一方を別の文字で表わすようになった時に、はじめて全く新しいことばになったと、そういう譯だと思う。

　文字というものは何時でも口頭の言語よりも遲れて變化するのが普通であるから、口の上での發音の區別はそれ以前にあったかどうかは別として、とにかく新しい書き方が生まれた時に、新しいことばが完全に誕生したと言って差し支えない。そういう風な例として、說と悅がある。漢を含めて漢代以前の本ではたいていヨロコブという意味の時でも『論語』の「不亦說乎」のように說の字を書くのが普通である。古代においては、この字は1つの字が少なくとも説き聞かせると、よろこぶ（たのしいと又ちょっと違う）と、2つの意味を持っていたと考える他はない。

───────────
[1]「語」の字が使ってある（語音）。

語義沿革擧例

yuèというような音が、よろこぶ又よろこばしいという意味に專ら用いられたかどうかということは直接には明らかにすることは出來ないが、しかし悦の字が作られたのは說の字より後なのは確かである。それが作られる以前からたぶん yuèとかエツとかそういう風な系統の音に發音する時には、よろこぶという意味になるという傾向が始まっていたに相違ない。ひとたび悦の字が作られてよろこぶに專ら用いられるようになると、說のほうは說く、說き聞かせる、解き明かすのみに用いられるようになった。そして2つの意味が2つの字に分かれて、ここに單語の分裂ということが起こるという、こういった順序である。英語の of が of と off と 2 つに分かれるのと大體同じようなことである。process は色々あるが、それについて清朝の學者の說明の仕方を紹介しておく。それは「說」字に對する『說文』段注で、「說釋也、从言兌聲、一曰談說」これが本文であるが、段玉裁の解釋ではここに言うところの說釋の 2 字は說懌ということだと、そして悦懌という 2 字は許慎の書物では全然見えない。「許書無悦懌二字」。許慎の時には使われていなかったということである。「說釋者開解之意、故爲喜悦」。開解とは、ひらげる、明らかになるということだと思うが、心がひらけるからよろこばしいということになる。それならばこの 2 つの意味は 1 つに歸する譯ですね。だから「此本無二義二音」。一曰談說の 4 字は、「疑後增此四字、別音爲失爇切」。弋雪切十五部（徐鉉）yuèの方が古く、少し後になって失爇切 shuō が出來たということらしい。段玉裁の說明によればそうなのであるが、「說悦釋懌皆古今字」とある。古今字ということばは漢代の經學者たとえば鄭玄なども使っているが、そして色んな經書の注疏などにもよく出てくる字であるが、段玉裁がいちばん分かりやすいと思いますから、それにつきましては八部余の字のところの段注に書いてあって、「余予古今字、凡言古今字者、主謂同音、而古用彼今用此異字」こう言っている。それから古今ということについて、誼（言部）字の下に云う「古今無定時、周爲古則漢爲今、漢爲古則晉宋爲今、隨時異用者、謂之古今字」。そしてこ

の場合、誼義古今字なので、ですから周の時代には誼と書いたのが、漢代以後では義と書く。この場合では仁義という場合。威儀の儀は漢代ではこの字を書くが、昔はにんべんのない字を使った。そういう風なのも古今字の 1 つの場合である。ついでだが誼が恩誼という時に使うのは、段玉裁によれば「野說也」。一時使わなくなったのがまた復活したのかも知れないが。

またもとに戻って、說の字の音と意義との關係は、段玉裁の考えによれば、

$$說 \begin{cases} 悅 \quad 弋雪切 \\ 說 \quad 失熱切 \quad \rightarrow \quad 說 \quad 舒芮切 \end{cases}$$

そういう譯ですね。はじめの發音が段玉裁によれば弋雪切、今なら yuè とでも讀む音の方が古い。ところが『說文』の他の注釋家が注意しているが、日本の漢字音でゼイと讀むもの、いつか分からないがたぶんこれの方が後だろうと思う。假にカールグレンの說によって音を當てはめてみると、

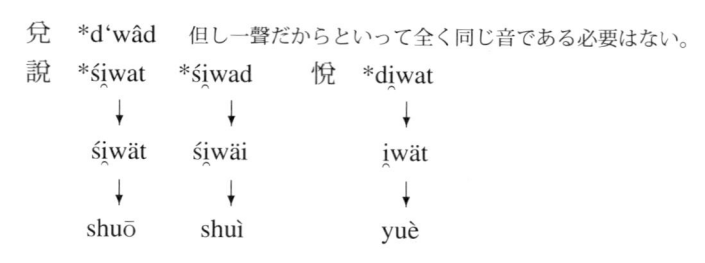

兌　*d'wâd　但し一聲だからといって全く同じ音である必要はない。
說　*śi̯wat　　*śi̯wad　　悅　*di̯wat
　　↓　　　　↓　　　　　　↓
　　śi̯wät　　śi̯wäi　　　　i̯wät
　　↓　　　　↓　　　　　　↓
　　shuō　　 shuì　　　　　yuè

說がどうして兌の音になるか說明がないが、これは私の說だが、最初は說の字は di̯wat と讀まれたのであろう。それから *śi̯wat も *di̯wat も出るわけだから、喻母四等は古くさかのぼれば定母 d'-、實際は Karlgren の考えでは aspiration のついてない d-、まあその方が便利である。それからどうして di̯wat から śi̯wat になるかというと、

　　　di̯- ＞ dś ＞ ź ＞ ś ＞ sh

語義沿革舉例

ではないかと思う。これは聲母、あたまの方だが、後に附いている-t、ゼイは去聲、去聲は『切韻』（西暦600年頃）はそうだったと思うが、も少しさかのぼると『詩經』など入聲の字と押韻しているので、入聲の語尾そのものでなかったとしても、ごく近いものであったに違いない。Karlgrenの説に從うと-d。dの方がdropし易い。

六朝になってからだんだん去聲と入聲とが分かれてくる。三國から始まっていたかも知れない。晉の頃から分かれてきて、梁の沈約の頃には完全に分かれてしまう。それをこの字の場合に當てはめると、セツが變化してゼイになるわけだから、同じことばではあったけれど、場合によって、-tに發音される場合と、-dに發音されるのとあって、-dの方は（『廣韻』によれば）「誘也」の場合である。別のことばだと感ぜられるようになると、字は同じだが別の反切が使われるようになる。それ以後はそれぞれ別々の音韻變化をするようになる。そういう順序だろうと思う。

このあいだの續きで補足しておきますが、だいたい說の方が古くて悅の方が新しいと思われるのであるが、悅の方は『孟子』や『書經』の「武成篇」などに出ているけれども、これは經書であっても新しい字體で書き換えることはよくあることだから悅の方が古いという理由にはおそらくなるまいと思われる。

そのことは『爾雅』の「釋詁」の中にこの字が出てくるが、邵晉涵（清）の『爾雅正義』の中に「孟子本作悅、後世隷體字也」、それがまあ正しいだろうと思う。隷書になってからの字かどうかはっきり言えないが、ただ偶然思いついたのは後漢の荀悅（148–209）という人で、この人の字は仲豫という。後世でもたいてい名と字は關係があって、この場合、豫はヨロコブという意味であろうが、人の名の字體を變えるということは無いことなので、少なくとも後漢の末にはこの字が出來ていたのでないか。三國になるとたくさん出てくる。

こういう例は限りなくある。1つ2つ例を申しますと、

　　　　責　zé　　債　zhài

これについては段玉裁（『說文解字注』）は古今字とは言わず、ただ「古無債字」で、これは俗字だと、「俗作債、則聲形皆異矣」とありまして、これは俗字だというんですね。なぜ俗字かと言いますと、これは說文の篆字では責の字は

　　　　（篆字）求也从貝朿聲

だからこれはもとの通り書けば「朿貝」、こうなる。それがだんだん省略されて責、その省略されたかたちに勝手ににんべんを附けたから俗字だというのでありましょう。段注によると許愼のつけた「求也」というのから「引伸爲誅責、責任」。論理的なつながりはありますけれども、とにかく變化した。それから『周禮』に「稱責」ということばがあるが、それは今の「擧債」という意味だと、これは金を貸すことであります。貸すということと借りるということと、これは1つの動作であって、subject になるものと、object になるものとが違うだけですから、今でも中國語では借（カス、カル）、借貸となることはあるが、だんだん分かれまして、責めるとか責任とかいう場合には側革切 zé、それから zhài の場合には側賣切、『廣韻』ではそういう區別がしてある。反切の上の字が同じだから、だいたい同じ語根から出たということは分かるけれども、前の shuì と shuō と同じように、古代では去入通押であるから、だんだん意味の違いによって使い分けるようになった。

　ついでだが今の北京の音では聲母が違うが、『切韻』の時代では照母二等で同じであった筈である。今の北京語ではこれが2通りになることが多い。債は『史記』に出てくるが、同じ負債の意味は『漢書』では責の字が使ってあるので、漢代にはおそらくにんべんのない古い字體であったのだろう。後に改められたのだろう。まあそういう可能性が多い。おそらく晉になってからであろう。しかし六朝（南北朝）になってもまだ責を使った例があるので、なかなかこういうことは變わりにくいものだ

語義沿革舉例　　　　　　　　　　　　　　　　　　171

ということが分かる。

　よく似た例だが、やはり貝に從う字で、

　　　　賈　　價

これもいま申しましたカスとカリルの場合と同じでありました。カウこともウルことも賈なのですね。『論語』に「求善賈而沽諸」とあり[2]、いま普通の字體では沽になっているが、漢代の石經では賈となっている。沽を使うのは假借で、似よった音の字を使った。カワとかミズとかいう意味だから gū という音に借用しただけである[3]。それから引伸しまして、だんだん變わって行って、これは段玉裁の考えですが、

　　引伸之、凡賣者之所得、買者之所出皆曰賈、俗又別其字作價、
　　別其音入禡、古無是也（段玉裁『說文解字注』貝部）

こう言っております。このにんべんの字をいつからあるのかあまり古い例を知らないが、『漢書』なんかでも賈直（價値）と書き、正史を繰ればこういう例が澤山出てくるが、『北史』卷 51 の中にこういうことが出てくる。

　　　食雞羹何不還他價直

これは『北史』の（時代は北齊でありまして）彭城王傳、はなしは 6 世紀のはなしでありますが、まあその頃書かれた記錄によっているのだろうと思いますが、これは雞の喰い逃げのはなしであります。下の方にはついていないが、上の方にはにんべんがついている。『北齊書』と『北史』とはほとんど同じである。

　以上申しました 2 つの例はどちらもにんべんを加えた例でありますので、ついでに今ふつうに使う你という字について一寸お話しておきたいと思う。この字も古代にはありませんで、ふつうは爾の方を書く。これ

---

[2] 子罕第九「善賈を求めてこれを沽る。」
[3] 『說文』の反切では賈は公戶切（上聲姥韻）、沽は古胡切（平聲模韻）。

も『說文』を見ますと（卷三下孜部）、これは一種の形容詞に使った字である。

　　麗爾猶靡麗也

この字は使った例はよく存じませんが、この麗爾というのは、とにかく形容詞のあとに附く字なので、段注によるとこれは代名詞ナンジにつかうのは假借であると。それからまた段注によりますと、

　　又凡訓如此訓此者皆當作尒

カクノゴトクとかカクとかいう場合は本當は尒と書く。この字も『說文』にあるが、今ではみな爾を使っておる、と。尒は八部に出ております。どちらも今ならĕrです。汝（女）の時にはrǔと讀むが、rǔの字もむろんサンズイの附くのは元來川の名で、假借に違いないのだが、元來代名詞は形で表わせないので假借の字を使うことが多い。ワレという字は別だが、爾と汝との違いについていま觸れる必要はないわけですが、Karlgrenの說があって[4]、大要は『支那學』のずいぶん古い號、第1卷でなかったかと思うが、石濱さんが紹介されたので[5]、讀んでいただけば分かると思いますが、とにかく

	1人稱	2人稱			
Nom. Gen.	吾	女（汝）			
	nguo	ńźiwo > ńia > そのまま保存			
Cas régime	我	爾			
	nga	ńźia > ńźie̥ > ńźi > źi > z̦ > ər			

どうしてそういう風になるかという論證の仕方は略しますけれども、『論語』の中に使ってある我と吾との使い方、漢代になると區別なしに使っているが、『論語』ではまだその痕跡がある。『孟子』では大分少なくなっ

---

[4] "Le proto-chinois, langue flexionelle", *Journal Asiatique*, 1920.
[5] ［石濱純太郎「書評──カルルグレン氏原支那語考」（上・下）『支那學』第1卷第6號、第7號（1921年2月、3月）。］

ているけれども『論語』ではまだある。女という字は少ない。Karlgren は中國人が禮儀上直接おまえと呼びかけることが少ないからだと言っているが、それはどうかよく分からない。中國の學者では今でもたいへん反對する人がある。反對者にどれほどの據り所があるかよく知らないが、とにかくこういう傾向があることは事實ではないかと思う。目的格及びその他の格のほうの字が普通に使われている。汝の時も同じである。ナンジにとか、ナンジをとかいう方が支配的ということになる。ヨーロッパのことばにそういうかたちがあるので、ロマンス語など皆そうだということだが、emphatique のかたちに使うので、それと同じことだろうという。

Karlgren によれば、これはつまり一種の inflexion だから、そして代名詞というものは inflexion をいちばんよく保存するものだから（例えば英語）、代名詞にそれがあるということは、つまり中國語が非常に古い時代に inflexion が全體に行われていたのだろう。そういう證據になるという意味のことを言っている。

必要なのは爾の古い音 ńźia の說明であろう。Karlgren もこの當時には glide として ń と i の間に ź があったように考えていたけれども、後に訂正して ńia > ńźia > ńźi̯e > ńźi > źi > z̹ > ər の變化を考えた。これは dʻiɑ > dźʻiɑ（蛇）と同じである。はじめから ń の音がずっと保存されていたと考えるより他ないことがある。方言の違いではないかと思われる。

$$我 \begin{cases} \text{wo（白）} \\ \text{ə（文）} \end{cases}$$

それと完全なパラレルではないけれども、まあそれのように文語と白話とで發音が少し違っていたのではないかと思う。

$$\begin{cases} 你 \quad \text{ńi（白）} \\ 爾 \quad \text{z̹（文）} \end{cases}$$

白話音の方が由來が古いわけである。變化していないのだから。

讀書音というのは一般に文字にくっついている音、變化しない方の白話音にかえって新しい字體が出來る。そういう例はよくあります、他に。にんべんの附いたこの你もそれである。
　これも今まで申しました色んな例と同じことで、發音の區別の方が字體の區別よりも古いに違いない。ただ文獻的にそれを跡づけることが出來ないだけ。爾と你で表わされるようになるのは、實際は初めは同一のことばの2通りの發音であったと。それが代名詞としての機能（function）はやはり同一ではないのであって、これもさっき申しました讀書音と白話音とに一般的なことであって、ニュアンスの違いがある。白話音は親しいとともに卑しい感じをもつ。字體によって固定した後も、その感じはいつまでもつきまとっている。
　你の字もいつ出來たかはっきり分からない。くわしく研究する必要があるが、この字は『廣韻』上聲六止に「乃里切、秦人呼傍人之稱」とあり、この場合注意すべきことは、秦人とあるから陝西省、少なくとも陝西省の方言と考えられていたらしい。少なくとも『廣韻』もしくは『廣韻』の基づいた資料では。『廣韻』は1008年、『切韻』は601年、『廣韻』はだいたい『切韻』の音韻組織を代表しているものだと考えられているけれども、細部にわたって全部同じだというわけではない。
　唐代のいろんな韻書の寫本が何種類もあるが、それを見ても你の字はないので、『切韻』にあったかどうかは疑問である。これは清朝の學者も注意していることだが、殊に『廣韻』は色んな韻で分けてある、その1つの韻の末に近いところほど後で付け加えた字が多い[6]。你の字も終いの方にあるので、或いは宋の時代に付け加わったものかも知れない。『玉篇』とか『集韻』にもあるけれども、『玉篇』という本が梁の時代そのままでなく、たびたび手を加えられているので、やはりこれも梁の時代の原本にあったかどうか疑問である。今殘っている字書の方からは、どこまで遡れるか分からないが、歷史の方ではもっと古くから使われてい

---

[6] 陳澧『切韻考』。

る。例えばこの夏讀んだものの中では、『北齊書』卷十二太原王傳、この中に「你父打我時、竟不來救」があり、卷五十高阿那肱傳に「阿那瓌終破你國」がある。それからこれは『北齊書』ではありませんが、『隋書』卷二十二「五行志」に「狐截尾、你欲除我、我除你」などの童謠[7]が見えている。これも時代は北齊の武平年間、だいたい 6 世紀である。それから『隋書』李密傳、宇文化及のことばの中に「共你論相殺事、何須作書語邪」（書物に出てくるようなシチ難しいことばを列べるな）とある。ほかにもまだあるかも知れませんが、見落としたかも知れない。歴史が書かれたのは北齊が亡びて間もなくだが、記録はこの字が書かれていたのではないか。宇文化及のことばは『隋書』の中で他の所にも出てくるそうである。宇文化及がこういう書物のそういう難しいことばを使うことを欲しなかったというからには、宇文化及のことばはごく俗語であったということになる。你という字もわざわざ俗語を表わすために書かれてあるのに違いない。ついでですが宇文化及は今の陝西あたりにいたのである。

　これが 5、600 年前後のことだが、それ以後も口語ではむろん nǐ ということばは使われていたに違いないのだが、あまり文獻の中にはかえって出てこなくなりました。おそらくこれ以後正史の中には出てこないだろうと思う。もっと古く遡り得るものでしょうけれども。これもことばとしては 1 つであったものが 2 つに分化した例である。

　この前に音韻の區別がそのことばの意義の差別と伴う場合には字形も變化する、それによって全然別のことばのように見なされる例を擧げたが、しかし語義と音韻の變化とが必ず字形の變化と一致して起こるとは限らない。むしろ音義共に區別がありながら字の形はそのままであって差別が伴わないものの方が、計算してみたわけではないが、數においては或いは多いかも知れない。

　これまで擧げた中でも、例えば說という字は、入聲の他に去聲の、すなわち音税となる發音の變化が起こり、それと入聲の場合とは意義にお

---

[7] 日本でいうわざうた。なにかの前兆になるものだと考えられている。

いて異なるにも拘わらず、この音に對する特別の字形は新たに作られなかった。そういうのも 1 つの例になると思う。そこで多くの字が 1 字で數音あるいは多音もつ場合（polyphonie）と、1 つの字で多義の場合（polysemie）とが起こる。これは象形文字を使うところにはどこにもあるらしいので、cuneiforme（楔形文字）の中には 1 つの文字が 10 もしくは 20 の異なった音を表わすことがあったという[8]。中國では漢字の 1 つの字に 8 とか 9 とかの音があるということは、そう珍しいことではないのである。例えば宋の頃（1039）出來た賈昌朝『群經音辨』7 卷、その中にそういう例が幾つかあるが、例えば、

　　　敦 8 音　　齊 9 音　　辟 10 音

ということがこの本を清朝になって復刻した張士俊の跋に書いてある。一々例を擧げても仕樣がないのですが、例えば

　　敦　dūn（厚）　　tuán（聚貌）　　duì（器物の名）
　　　　duī（獨）　　dùn（一丘、丘の名）　　chóu（覆）
　　　　tǔn（渾一、昔の四凶の一、固有名詞）　　diāo（畫）

これはほんの 1 例なんですけれども、8 つありますかな。この中にはたぶん假借として使われたものもあるでしょうし、一々の何故そうなったのかは分からないのですけれども、そういう字が案外にあるんです。こういう風に 1 つの字に 5 つも 6 つも音があると、一寸これを區別する方法がない。2 か 3 だと普通これは圈發というものを附けて、これは特別な發音だということを注意するという、そういう習慣がある。例えば前に申しましたが、

　　好　上聲の時は何もつけない。去聲の時は　好°
　　惡　入聲　　〃　　　　　　　〃　　　惡°

四聲が同じでも音が違うのはやはり圈發を附けるんです。例えば音樂の

---

[8] Vendryès, *Language*. 藤岡譯を見よ。

語義沿革舉例　　　　　　　　　　　　　　　　　　　177

樂という字、これがいちばん古い、もとの意味だと考えられている。
　🥁 太鼓を木の台に載せたかたちで、だから音樂のこと
だから音嶽のときは何も附けない。音樂は人を樂しませるから引伸して哀樂の樂の時は（音洛）樂｡とする。それからもう1つ yào という音がありますが、好也という時ですか、五教切となる時ですが、これは樂°となる。1例を擧げますとそういうことです。
　これは例えば『論語』などでも「不亦樂乎」という時に樂｡とするのが習慣である。事實上は3つの單語と見なしてもいいものだが、それぞれ違った形を與えるということがなかったので、唐以來、もう少し古い時代からあるのではないかと思うが、唐にはあった。唐ははじめには朱で四隅に點というか丸を附ける。これは點だから點發という。その實例はわが國の寫本にもある。よくヲコト點と間違うが、ヲコト點とはよく區別してほしい。ヲコト點は大きく附けてある。敦煌から出た寫本にも實例があるという。『文選』か何か、それからもう圈發のことだと思うが、唐の張守節『史記正義』のはじめの序例のようなところにやはりこのことが出ている。宋になって版本が多く出來るようになって、丸を附けた實例がある。經書のようなものに多い。『尚書』でいうと岳本五經の復刻があるが、その『尚書』を見ると

　　　在位七十°載（堯典）

これは上聲の音を示したものだが、『詩』の中にもそういうことをしている。丸を附けるようになったのはたぶん印刷の便利のためです。白抜きの書物と大體同じで、昔は朱で書いてあったんですね。江戸時代でそういうことを書いたのは澤山ある。例えば『發音…』というのは大抵そうです。發というのは點發のこと。
　そういう風に1つの字が形は變わらなくても發音が違い、意義の異なるものが澤山ある。しかし又もとに戻るが、こういう風な例がある。それは、いくつもの字の音が似寄っていて、したがって古音はおそらく1

つであり、語源も1つである場合、簡單に申しますと、1つの語源からいくつかの音が分かれ、しかもあまり變化していない。そしてこの場合、字の形もあまり違っていない場合であるが、澤山あって、いくつも例があるが、思い當たったものを擧げると、洪亮吉『漢魏音』の程敦の跋（正確にいえば後敍）の中に出てくることばですけれども、

> 「句」は、一曲というとき、曲がったもののことは何でも gōu という。寒さに凍えて足が曲がる、かじかむという意味で「天寒足跔」というときの qǔ は足偏を加える。「曲竹捕魚、笱（gǒu）」、「羽曲之翑（qǔ）」、「鎌刀之刏（gòu）」、「珣（gòu）、石之似玉者、必其文有句曲者也」[9]、「雉鳴爲雊（gòu）乃鳴時而句其頸也」[10]、「拘止之拘（gòu）從句、謂拘物必兩手句曲也」、「鴝（qú）鵒從句、亦謂鳴聲善於句轉也」

鴝（qú）鵒は鳥だそうですが、クヨク或いは qú yù というのも、鳴き聲が善於句轉、まあ鶯の聲というようなもんですね。よく屈曲する、これもこの人の想像だろうと思う。程という人は實際はへんだのつくりだのをつける必要はない、意味は1つだというのですが、要るか要らないかは別として、ここに擧げた9乃至10の音は似寄ったもしくは同じ音である。

段玉裁によれば古候切、今は gòu と去聲に讀む音、それの方が古音で、九遇切 jù が今音だと言っている。假に段玉裁の說に從うとすれば、どれももとは gòu という1つの語源から出たことになる。ついでですが勾 gòu（句 jù）は、段玉裁によれば後世に起こったことだという。何れにしても、ここに擧げた中で鴝鵒というのは疑問で、あるいは擬音語ではないかと思う。珣も證據はないが、そうかも知れない。クヨクを除けば、かぎのように曲がった、彎曲した、ということから出ていることばばかりである。竹かんむりの笱の字はヤナと言いますが、それも屈曲している

---

[9]「石之似玉者」は『說文』の說解、「必其文有句曲者也」は程という人の憶測である。
[10] 頸を曲げるということは『說文』に出ている。

語義沿革舉例

からgǒuという。雛も擬音語である可能性はある。ここに舉げてないが、そういう擬音語ではないかと思われる例をもう1つ舉げると、

　　　敂（kòu）擊也（三下支部）从攴句聲、讀若扣

扣は『說文』によれば元來馬を引っ張ること、今は關係なく、叩くということ。屈曲しているという意味とはおそらく關係がない。このことは支部の中の攷（考）攻…などと同じようにkで始まる字でして、やはり1種のonomatopoeia擬音語だと思います。こういう風に同音であっても意味の同じものと、そうでないものとがあります。同義というと少し語弊がある。似寄ったものと、全然似通っていないものと2つある。似通っているのはどう變わって行っても何か意義の連關があるが、後の方では全然それが認められない。それが假借である。だからいわゆる形聲ももとに遡れば假借になる。詳しく言えば、形聲の字の中にも2通りある。つまり純粹の借用から來たものと、それから語源を同じくするもの、同源と言いますかね、2つある。さっきの瓊、劬、鉤などは關連があるが、敂などは曲がったということからどうしても打つとか叩くとかいうことは出てこないだろうと思う。これは借用である。同源のもので、もとの字から見れば引伸となり、新しい字から見れば語源だという、reverseな關係。そういう字は非常に澤山ある。今日いわゆる同音異字、そのことがないわけではない。homophoneと申しますけれども、このhomophoneが餘り多いために、古音と今音との距たりが大きくて、昔は同音であっても、今は違った音になっている。そういうものが少なくないために、その2つの原因からして、ことばの意義の上のつながりが見逃され易いのであるが、中國では清朝以來いわゆる古音の學問が盛んになり、この方面は相當進步したと言える。いちばん簡單にやれることは『說文』の中で、『說文』は形によって分けたものですね、音によって集めていない、それを音韻上同じ種類のものをそれぞれ集めて分類することで、それをしたのは例えば

『說文聲類』　　嚴可均（1802）
　　　『說文聲系』　　姚文田（1804）
である。出來た年は 2 年くらいしか違っていない。2 人は友人だったので、作るとき互いに裨益し合ったに違いない。
　　　『說文諧聲譜』[11]　張成孫（1836）
　　　『文緯』[12]　　山梨稻川
『文緯』は『說文諧聲譜』『說文聲類』と大體同じ體裁で、古韻を自分の考えによって整理して、その韻によって分けている。
　　　東部　中　衷忠忡沖…
嚴可均も韻の分け方が意見があって違うが、大體同じようなことである。姚文田の本だけは『說文』の順で、一…、示…となっている。ただこういう風な書物は古音學をやるときには割に役に立つが、それぞれの文字の意味がどのように同じであるか或いは違っているか、それぞれの文字の意味の異同にまでは及んでいないので[13]、意義については『說文』のそれぞれの場所を當たって見る必要がある。そういうことがもっとよく分かるようになっているのは、
　　　『說文通訓定聲』　　朱駿聲
である。原書を見ると、これは『說文』に出てくる字を全部古音によって分け替えてしまっている。易の卦の 64 卦を使っているが、諧聲譜に一々訓詁が附いているような、そういう本なのである。例えば句はこの人の考えでは、

---

[11] 古文家としても有名で、易などの經學者としての業績もある張惠言が作りかけて出來なかったのを子の成孫が完成した。50 卷。『續經解』に入っている。
[12]『山梨稻川集』に影印されている。文化のはじめ頃の作だとすると、嚴や姚と大差ない。非常に骨の折れた、日本の學者としては獨特な書物だが、清朝の古音學をよく調べてないので、そう嚴密ではない。
[13] 稻川のは『說文』の本文がそれぞれ抜き書きしてある。

語義沿革擧例　　　　　　　　　　　　　　　　　　　　　　　　　181

　　　从口丩聲

　丩に從いそうなものだが、この人はどういう譯か分からないが、口という字を語源にして、句という字も出來ると、そう考えたらしい。

　先程擧げた以外にまだ 20 幾つか 1 ヶ所に集めてある。例えば需部第八の中で、口――句……のように。それぞれの字の下に『說文』の本文の全文を引用して、古書に見えているさまざまな用例を擧げ、それから轉注（實は引伸のこと、戴東原などと違う）という項を設けて少し意義の轉化して用いられたもの、それから假借の例も擧げてある。だから『說文』に擧げてある限りの字は語源の意味の上のつながりを見るにはこの本がいちばん良い。Karlgren の *Grammata Serica* も『說文通訓定聲』をもう少し近代的にしたようなものである。

　ただ文字というものは凡ゆる漢字が『說文』の中にある譯ではないから、こういう研究はやはり上古（Karlgren の archaïque）だけに限られるべきものでなく、中古以後にも及ぼさるべきものである。そういう研究はほとんどない。現在利用し得るような本はないが、ただ 1 つ輔仁大學の故沈兼士氏が『廣韻聲系』を計畫して、この本の說明が『輔仁學誌』4–1、5–1 の 2 つに出ている。『廣韻』の中の諧聲の研究、それをそれぞれ寄せ集めた本で、終わりに統計がある。これは大方出來たそうなんでありますが、印刷が困難で、戰爭中印刷になったかどうか分からない[14]。とにかく『廣韻』の中の諧聲を聲符に從って分類したものである。『說文』以來ずいぶん字が增えているから、文字の系統を考える上に役に立つ。字引もしくは字引のようなものになる譯だが、こういう風な狹い意味の文字學的な方法はやはり限界があって、近い時代になるほど却って困難になり、效果も少なくなってくる。近世になって字が增えたという例はこの次お話するつもりだが、だんだん獨立した 1 音節のことばよりも 2 音節以上複合した、そして單語と認められるべきようなものが增え

---

[14]　[『廣韻聲系』は最初、民國 34 年（1945）1 月に北京の輔仁大學から公刊され、戰後もしばしば重印されている。]

て來るので、音韻學的な方法だけでは處理しきれないようになるが、とにかく漢字で記載されてる以上、そういう風にして系統をたずねることは必要なことだと思う。

　１つの字に幾つもの音がある、一字多音という話をしたと思うが、１つの字に２つ以上の音が出來る。これはごく特殊な場合であるが、その１つの例を補っておきたいと思う。黄生『字詁』、この人は明末から清初にかけての安徽の人で、この本は『安徽叢書』に收めてある。文字の移り變わり（それだけではないが）について隨筆的に色々實例が出ている。ちょっと面白い本である。その中に靦という字が出ている。この靦 tiǎn という字は『詩經』に出てくる字なんですが、「有靦面目」（小雅何人斯）、その靦という字について、

　　字書[15]注、與覥同、覥面慙也、又忝亦慚也、今人謂羞澀曰腆
　　䩄、不知語何所本、字書無䩄字、腆訓厚也、亦無慙義、或又
　　作靦覥、則古本爲一字、今析爲二字、呼靦作倗、音益訛

『詩』のこの一句の意味はむしろ人の前に平氣で顔を出すという意味にもなるようだが（『詩』のここのところ、よく分からない）、靦というこの字は『說文』をふくめ字書にはおもぶせという様な意味になっている。恥ずかしさということとつながるのは自然なことである。元來そういう恥ずかしさが顔に現れたのを指すようであるから、黄承吉[16]の加えた按語に、「承吉按、今人所云、即面靦耳」という。こういう１種の複合語は２つの字が緊密に結びついている場合には、字の形も同じ形をとるようになる。例えば前に申した胡蝶、胡は元來形容詞的なものであったかも知れないが、てふてふという具合になると虫へんが附く。これは近世のことだが古い時代でもたびたびある[17]。それと同じことである。上の面の

---

[15] 何を指すのか、とにかく一般の古い字引のことだと思う。『字書』という字引があるが、それを指すのじゃないと思う。
[16] 黄生の族孫。
[17] 例えば『文選』の賦が『漢書』に出てきたのと違うことがある。

語義沿革舉例　　　　　　　　　　　　　　　　　　　　　183

字には見の字をわきにくっ付けて、そういう字が出來た。もっとも靦のようなのは、1種の擬音語とはいえまいが、音に非常な意味があると思う。『國語辭典』を見ると、「腼─、靦覥、緬靦」とある。どちらにしてもこれは複合語の一部分としてである。そこで黄生が言ったように靦についていえば、元來 tiǎn であったものが、miǎn という音も出來て、一字二音になったものである。だからことばの歴史について言えば、miǎn は後から出來た音であるが、實際には始終使われていれば、2つの音があるという他ない。だから『國語辭典』もそうなっている。

　やはり結局は一字二音になるのだが、しかしその元を質すと、これは反對なのであるが、2つ、2つでも3つでもよいが、2つ以上の字が synonym であるために同音になっている例をお話しておく。これも黄生の擧げている1例である。

　　頫　俯

黄生の考えによると、この字とこの字ですね、この字とこの字は同義ではあるが、元來同音ではない。「同義不同音」。そして下の字は fǔ で府の音と同じである。そして上の字は眺 tiào と讀むべきだと黄生は言うのであります。ところが後世の人が2つの意義が同じであるために誤って tiào の字も fǔ と讀むようになった。だから色々な韻書には別々の韻（嘯と麌）に収めているが、しかし tiào の字は兆の聲に從う字なのだからして、fǔ の音になる筈はない。それからもう1つ、全く同じ意味の字で俛、これは元來 miǎn と讀んだ筈なんです。これも同義不同音。しかし今の字書にはやはり2つの韻（銑と麌）に収めているのは誤りである。實際、今はふつうは頫の字も、俛の字も、みな俯と同じように fǔ と讀む。ですからこれは元來は別の字であり別の音であったものが、意味が同じだから、みんな同じ音になった。したがって俛とか頫とかについては2つの音が出來た。そういう譯ですね。

　もっともこれについて『說文』の學者、例えば段玉裁などの言っていま

すところでは、頫の所の説明を見ますとですネ、この字も本來は miǎn と讀むべき字なんであります。というのは『説文』では九篇上頁部にあります、おおがいの附いた字には、俛の字があって或體となっておりますので、これが同じ字でなければならない。段玉裁の考えはそこから來る。『説文』では、

　　　頫、低頭也、从頁逃省…

つまり會意ですから、このどちらも音を表わしているのではない。これは許愼も言っていること、許愼の本文にあることである。したがってどちらも俛が miǎn であるように、miǎn でなければならない。今の『説文』の反切、方矩切 fǔ は俗音だ、と。この2つの字が段玉裁のいうように1つの字の異なった體であるとすれば、俛は形聲だが、頫は會意だから、形成の仕方が違う。どちらが先に出來たかは、いま分からない。段注に引いてある例を見ると、『史記』や『漢書』では、俛の方が使われている場合が多いらしい。しかし前漢の司馬相如「上林賦」ですか、中に上の頫の字形が見えておりますから、兩方とも漢代には使われていたことが明らかである。しかしですネ、いちばん使う字は俛でなしに、にんべんに府を書いた方の字である。この字は「上林賦」の注に、『文選』の李善注に引用された李登『聲類』の中に「頫、古文俯字」とあり、だから三國の魏の時には俯も出來ていたが、『説文』にはまだ無い。どちらにしましても俯の方が字として後から出來た字で、俯（あるいはこのことばが）廣く使われるようになり、頫も俛も意味が同じだから皆 fǔ という音になった。これは段玉裁に從うにしても、黄生に從うにしても同じである。段玉裁は tiào の音については別に何も述べておりません。ですからここの所（頫）は、段玉裁に從うとすれば、

　　　miǎn 俛　＝　頫 miǎn
　　　　　　＼　／
　　　　　　俯 fǔ

俛、頫どちらも俯に引きつけられて、fǔ になってしまった。もしも黃生の說をとれば、頫は tiào であって、元來別の字である。こういうのも 1 種の音韻が變じたものではあるが、普通のいわゆる音韻變化、つまり音だけが變化したものとは少し違う譯です。それにおそらく讀んでる人は意識しないでなったのでしょうが、これは俯とおなじだから fǔ だとなった。元の趙孟頫は Zhào Mèngfǔ と讀む。子昂はその字で、昂は頫と反對になるからつけた。王羲之「蘭亭序」に「俛仰之間」とあるが、これもやはり王羲之はこの時代には fǔ と讀んでいたのだろうと思う。こういう風に同じ意義であるために 2 つの字が同音になった例をもう 1 つ擧げますと、例えば刑罰の刑という字。この刑の字と、それから荆があります。刑罰の刑の字は『說文』では四篇下刀部にありまして、「刑剄也、从刀幵聲」、首をはねるという意味です。首を斬ることです。ところですネ、この字はいつ頃からか、刑罰一般および典刑（型）とか、儀刑とかに使いまして、模範になるもの或いは法則、手本とかいう意味にも使われるようになりました。そうして元來すべての刑罰を意味したのは荆なのでありますが、それと混同されるようになりました。荆の字（點のある荆でもよい）は五篇下井部にありまして、「罰辠(=罪)也、从刀井…井亦聲」。ですからこちらの方が本當は刑罰全體に使うべき字なんです。そして荆の方は、井が jǐng ですから、荆の方が元來 xíng と讀まれた（戶經切）。そして後世では荆の方は忘れられてしまう。一體こういったシノニム、同じ意味のことばというものは互いに排斥し合うことが多い。例えばほとんど同じ意味であれば、どっちを使っても好いのだから、2 つの間に選擇がある、競爭のようなものである。2 つの間に競爭が起こって、刑だけが殘ってしまった。そういうことである。俯の字についても同じことである。俯が他の字を壓倒してしまって、普通にはこれが使われるようになる。まれに頫を使うような人があれば、この字の方が古雅だというような意識をもって使う、というような結果になる。

　ちょっと補足致します。面靦ということばは、宋の洪邁『容齋隨筆』

四筆の卷1のなかに出ておりまして、

　　中心有愧、見諸顔面者、謂之緬靦…雖爲俚言、然其說皆有
　　所本

序文は南宋慶元3年（1197）だから、南宋の終わりにはこのことばがあったことが分かる。糸偏が附いているので、上聲に發音されたことが分かる。

　頫は、この前引用しなかったと思うが、北魏の張揖『古今字詁』、今は亡んだ本だが、それを唐の顔師古『匡謬正俗』に引用した中に、

　　頰府今俯俛也

とある。『古今字詁』の名の如くだいたい古今字を釋した本である。ここのところ少し引き方が不完全ではないかと思われるところもあるが、これについて清の許瀚『古今字詁疏證』（逸字をもとにして考證をつけた本）、版になったのは比較的最近、その中に許瀚の疏證によると、頰、低頭という意味の頰は府と書くこともある（音が同じだから、その字を書くこともある）、そして俛はその或體だと、これは段玉裁と同じ（『說文』に書いてあるからそうなるより他ない）、「俯俗書」と書いてある。そして俛と俯の2つは「皆後起字」、後に起こった字だ、と。原文がこの通りだとすると、上の2字が今のこの2字（俯俛）だと、そう解釋する他はない。『說文』に比べて府の字が餘計、頰の字に使ったとすれば、完全に假借である。王羲之の「蘭亭序」などに使われているから、俯俛が六朝には通行の文字で、それが古には頰と書いた、そのことは確かである。そしておそらく張揖は北魏の太和年間（5世紀）だから、その太和年間にはこの3字（頰俯俛）は同じ pjʷu (>fu) という發音であった。古いものに人偏のついた用例が見つからないうちはちょっと疑問がある。私の想像では音府とあった音が落ちたのではないかと思う、憶測に過ぎないが。

　古くは1字1音であったものが、時が經つにつれて意味に違いが出來、

語義沿革舉例　　　　　　　　　　　　　　　　　　　　187

音の違いが有ればむろんだが、それがなくとも、別個のことばと意識されるようになると分裂を起こす。つまり同一性は破れることになる。それは文字の上では偏やつくりをつけるということによって區別される。例えば、責、賈に人偏をつけて、債とか價とかいう字を作る。それが1つの方法である。但し責の字および賈の字は、それ自身1つの形聲の字である。形聲としてのはたらき方あるいは構成の仕方が人々に理解されなくなった、或いは忘れられたから、債や價が出來たと思われる。忘れられなくとも、そういうことは可能だが。『說文』段注などで俗字というのは、こういうものが多いと思う。文字の構成から言って不合理である。2重の形聲ということは、例えば然は形聲だが、そのことに氣がつかないか、又は意味に分裂を起こした時には、屋上屋を架して燃となる。ともかく偏旁を新しくつけることによって、單語として字と字の上で區別する。

　それからもう1つの場合は、やはりこの前申しましたように、

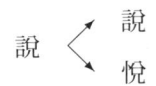

$$ 説 \begin{cases} 説 \\ 悦 \end{cases} $$

一方の偏を取り換える、偏やつくり、そういう字の部分を變更することによって區分する。そういうやり方をやっている。こういう風にして字の數はどんどん増えていったのである。これについて清の孫志祖という人[18]が、この人の『讀書脞錄』、隨筆みたいなものですネ、清朝では顧炎武の『日知錄』以來、考證だけを書いた隨筆があるのだが、その中に古今字という1節がある。經書などの古今字と違って、古今の字、昔と今で字の違い方が違う、當然今の古今字をその中に含むわけですけれども、その中にこういうことを言っている。

　　字°者孳也[19]、古人字少、每多假借、後代形聲相益、踵有增

---
[18] 『文選』に關する書物を書いた。
[19] 『說文』などを見ても、本來の意味は「繁殖する」。四聲の違いはあるが、おそらく同

加、如艸木蟲鳥之偏旁、皆後人所增也

そのことは實は誰でも氣がつくことであるが、少し古くは『經典釋文』「序錄」に、

　　豈必飛禽即須安鳥、水族便應著魚、蟲屬要作虫旁、艸類皆從
　　兩屮、如此之類、實不可依

經書の字體を述べた所なんですが、むやみにこれらのものを附けるのは良くないと言っているのだが、それは六朝時代になって、形聲の方向で新たに作られた新しい字體がむやみに増えつつあった、ということを示すものであります。『說文』は9353字、これは最後に許愼が叙を書きましたその叙のなかに數えてありまして（段玉裁など自分で數えてモ少し多いと言うのだが）、それに重文というものがあって、篆文が親字、これに對して古文とか籀文、或體、そういうものをひっくるめて重文というのだが、それが1163、合わせて1萬と少しになる。そして漢の時代の制度として、9000字以上覺える必要があった。これは『說文』の終いにも書いてあるが、漢の制度ではそうであった。だからこの時代、普通に使う字が先ず9000字あったということになるのだが、それに比べると六朝以後、古書に載せられてある字は増える一方である。例えば顧野王の『玉篇』（梁大同5年、543）。『說文』の出來たのは確か1世紀の末だから400年ほど經った梁の時代の『玉篇』になると、非常に増えている。全體の字數は序文に書いてない。そのままに傳わらず殘卷が日本に傳わっていただけだが、便利なことにだいたい『說文』の割り方を使っているので（順序もほとんど同じ）、糸部を見ると392字と書いてある（『原本玉篇』。假に日本にあったのが原本として）。それが『說文』の方では249、重31、合わせて280ですか、ですから『說文』の時から100字以上増え

じ語源と言いますか、同樣のことばと思われます。文が記號という意味で元來の字を表わすことばである。1つの文からだんだんと増えてくる。繁殖して出來たものを字という。字という字を使うのは、段玉裁も言っているが、あまり古いことでなく秦ころである。後に文字全般を言うようになった。

語義沿革擧例　　　　　　　　　　　　　　　　　　　　　189

ている。$\frac{1}{3}$くらいはもう増えておった。それからこれは唐の時代上元元年（760）、この『玉篇』という本は孫強という人が字を増やしたんですネ。もっとも今あります本、例えば宋版の本はもっと後『廣韻』の出来ました頃、雍熙年間（だと思いますが、984～）、この頃に更に手を入れて字を増やした。いま見る『玉篇』、澤存堂などに翻刻があるが、それ（宋版）を見ると 459 字で、更に 60 字以上増えている。だから例えば今の『康熙字典』、清朝の人で誰か字を數えた人があるんですナ、42174 字あると言うんです。明の時代に出來た『字彙』『正字通』とかどれに比べても多いことになっている。『康熙字典』の時がいちばん多いのではなくて、宋の『集韻』（景祐 4 年、1037）、『玉篇』が増補されたよりももっと後で、字書といっても韻引きであるが、この時に 53525 字と書いてあります。親字について言えば『康熙字典』よりも多い。『集韻』が出來た頃、兄弟のようなものとして『玉篇』を増補したような『類篇』、これも『集韻』を組み替えただけだから、ほとんど同じようなものである。だからいちばん多い數を取れば 5 萬くらいである。1 萬から 5 萬くらいに増えたのは、今申したように形聲、もっとも 5 萬いくらと言っても字引の中にあると言うだけで、全部が使われている譯ではない。今でも實際に使われているのは『國音常用字彙』のようなもので、これが比較的常用されるものだとすれば、1 萬前後、1 萬より少し多いのだが、ですから常用の文字を取って見れば、『說文』の時代と今とそう變わっていない。これはつまり海の波のいちばん高いところといちばん低いところを取ったようなものなので、この 5 萬いくらというのは最大振幅を示すわけである。常用字彙というものを完全に決めることはできないが、民國 20 年代、平民教育と言うことが非常に盛んに言われたことがあるが、一口に言えば文盲を教育するということ、そういう人たちは字を教えるために、どれだけが實際に使われる文字かということを調べた。色々な人が調べたのだが、河北省定縣で非常に大規模な實驗をしていたことがある。115 の教材を使い、その中から大體カードを使って 8000 字くらい、

その中で最もよく出て來る數の多いのは3420字だったという。覺える方から言っても、3千幾らか覺えれば、日常の用は足りる。そういうものだろうと思う。固有名詞というものがあるから、字書にはどうしても1萬ぐらい載せなければならないのだから。

　『說文』の9千幾らがそのまま使われているという譯ではない。それについてさっきの孫志祖という人のことばに戻るが、

　　　然亦有古今兩字、隸趨簡易止用一字者

全部の例を擧げる必要はないと思いますけれども、2、3の例を擧げますと、

　　　今以說文考之、如兩爲斤兩而訓再者別爲㒳

これは『說文』を見ますと、『說文』では七篇下㒳のところで「㒳、再也」とある。ですから2つという時にはこれを書くべきなんです。上に一の附いた兩が「二十四銖爲一兩」、銖というのは今日ほとんど使いませんけれども、兩というのは漢以來ずっとごく最近まで使っています。16兩が1斤になるんでしたか、16兩が1斤になるんですから、日本でいえば160匁の1斤の場合、10匁になる譯ですネ。そういう風に重さの單位に使う兩の方が、兩のこの字なんです。ところが段玉裁も言っているように、後の場合にもこの字が使われるようになって、㒳の方はほとんど使われないようになってしまったのであります。それから

　　　樹爲樹木而訓立者別爲尌

樹は元來樹木の樹の字である。木部「从木尌聲」で、尌の字は壴部、そこに

　　　尌、立也、…讀若駐

今日はこれはshùと讀むわけですネ。樹の字と同じに讀んでいる。立てるという意味にも今日では樹木の樹を使ってある。昔ではそれが2つに

語義沿革舉例　　　　　　　　　　　　　　　　　　　191

分かれていた。もう2つほど擧げますと、

　　津爲水渡而訓气液者別爲盡

津、今こう書きますけれども、こりゃ本當は盡、こう書くんですかナ。この元來の意味は渡し場。で气液ですね、それは正確には盡、これは血部にありまして、そこに「气液也」つまり潤いとかですね、口の中のつばなんかでもシンとか jīn とか言いますね。後世ではさんずいの字を以て兩方を表わすようになった。

　　節爲竹約而訓瑞信者別爲卩

節は竹部にあるが、引伸の義つまり轉義が節約（けんやく）、節義（みさお）となる。しかし例えば符節というようなことばがありますネ。その時には本當は卩の字を書くべきなんですネ（卩部）。それが例えば昔の諸侯の間で使者を出すが、使者の持って行くしるし、元來は玉を使うが、そのしるしが卩である（圀＝印）。使いということに使節ということばがありますが、その他に蘇武が匈奴に捕らえられて、20何年か節を持して、というのは元來卩と書くべきである。旗か何か持っていたのだから。竹の節とは元來、何の關係もない。

　その他いくつも孫志祖は擧げているが、要するに古人は今に比べれば字は少なかったが、その中で廢れたものもある。これは大體同音の字が多いと思う。微細な區別のあったものもあるかも知れないと思うが、『廣韻』以後の反切では同じ反切を附けたものが大部分である。逆に言えば、字音が同じであったから、區別があるにもかかわらず1つの語になって、1つの文字で表わされるようになった。そういう場合はまあ案外多いのであります。清朝の學者の本を見ると、ずいぶん見慣れない字が次々出てくるが、それは後世通用の字を書かないで、『說文』の字をそのまま書くからそういうことになる。清朝の學者は極端に古に復るから、そういう1種のはやりのようなものである。そういう例は枚擧に遑ないほど澤山ある。文字の數が增えても、ことばというものはそう無闇に增える

ものではない、と。そういうことになる。

第2章　語義變化の一般的方向

　單語の意義の變化の方向についてお話ししたいと思う。それについて少し古い本であるが、

　　　　Michel Bréal, *Essai de sémantique* (Paris, 1897)[20]

その中、第2部は如何にしてことばの意義が決定されるかという、その中の1章に、

　　單語それ自身の中にその變化の方向を決定する tendency が
　　存在すると考えることは誤りである。

そういうことを述べまして、

　　いわゆる單語の tendency なるものは、おおむね人間の心構
　　えによって說明される。

こういうことが言ってあります。で、Bréal が擧げたいわゆる tendency なるものに大體4つあるのですが、そのうち先ず2つについて說明したいと思う。

　　　　{ tendency to level (nivellement) 水平になること
　　　　　deterioration (affaiblissement) 衰弱

　ここでお話ししたいのは、この2つであります。こういう傾向は各國語の中に見出されるものであるが、中國語の中にもそれぞれの例を探し出すことは困難ではない。

　tendency to level は元來社會的に高い位置にあるものを指し示す單語が、もっと低い或いはずっと低い種類のものを指すようになることであ

---

[20]英譯：*Semantics, studies in the science of meaning*, London, 1900.

語義沿革擧例　　　　　　　　　　　　　　　　　　　　193

　る。例えば、これはあまりよい例だとは思いませんが、「相公」というのはもともと宰相を指したことばであります。そのことは顧炎武の『日知録』に出ておりまして、なぜ相公と呼ばれるかと言いますと、宰相になって同時に公に封ぜられたからであります。『日知録』の注を書いた人の説によると、相公というのはたぶん魏の曹操にはじまる、と。漢の末、曹操が宰相になって同時に魏公に封ぜられたので相公と言われたことは、王粲の「從軍行」（『文選』第27卷）に「相公征關右」とあって、これがいちばん古いんだそうであります。王粲は他の賦の中でも使っておりますけれども。

　まあそれから宰相に對する敬稱として使われたのであるが、段々そのことばが宰相でないものを指すようになる。その途中のことはいろいろ文獻を調べないと分からないが、宋の時代になると宰相でない一般の身分のある人（士人、衣冠士人）に向かって相公と呼ぶようになった。そうして大相公とか二相公とか、上にその人の順番をつけて、まあ殿樣という位の意味に、或いはもう少し一般的な意味に使われるようになった。ことばの語源から考えると、非常に謂われのないことである[21]。明の時代になると、もっと低下していわゆる秀才（たびたび申しますけれども科擧の最初の資格をとった人の俗稱）に對して相公と稱した。だから日本でいえば大學を卒業した學士ぐらいの人。非常な低下でありますが。まあ中國には狀元宰相ということばがあって、秀才というのは未來の宰相になる可能性のある人には違いないが……だからこれを何千人、何萬人の人々に及ぼすのは甚だ滑稽なことなのでありますが、しかし字引の『辭源』に據りますと、現在各地の方言で子どもを（といっても全然身分のない人の子どもは言わないだろうが）相公と稱する地方もあり、また老人を相公と稱する地方もあって同じくないということである。老人はまだ分かるが、子どもは坊ちゃんぐらいの意味か。しかし追從とかおべっか（中國語で奉承）を喜ぶのは人情だから、當然その資格のない

---

[21] 『通俗編』に引かれる宋人の隨筆『復齋漫錄』。

ものに對して尊稱を加えるのも不思議ではない。あえて單語自身から言うと價値の下落になる。清の乾隆時代の本で、『柳南隨筆』（常熟王應奎）という隨筆があるが、それによると、その頃（1740頃）胥吏（吏胥）を相公と稱するようになっていたらしい。胥吏はふつうの士大夫の中に入るべき筈のない、讀書人でない人のやるべきものであり、こういうものを相公と稱したのも追從であろうが、この隨筆によると、ある人の說というのが引いてあって、明の初めの洪武年間、生員（秀才）になってから5年間經っても試驗に及第しないものは罰して吏とした（罰爲吏）。そういう詔が出ているのだそうです。そうして見ると全部が全部ではないが胥吏はもともと秀才であったから、相公と呼ぶのはいかにもっともなことに聞こえる。もっともそこにもう1つの說が引いてあって、張士誠[22]の時に、走卒廝養まで皆授官爵ということがありまして、そのために蘇州の地方では、その後のずっと、例えば蕎麥屋の手間取りというか、職人ですか、などを博士と稱し、剃工爲待詔、そうしてまた吏人爲相公といい、張士誠がやたらに官職を與えたのに始まるんだと、そういう說もあるんだそうです。これもあまり當てにならないと思う。例えば博士など宋代は茶博士ということばがあって、だから蕎麥屋を博士と言っても不思議はない。そういうのも1種のtendency to levelなのであるが、張士誠のそういうことがあってから、これはまあ蘇州だけだが、胥吏のような卑しい人を相公というようになった、と。價値がたいへん下落している。

　ついでだから話しておくが、清朝の末ごろになると、北京では芝居の役者というか、女形が酒の席に出ることが流行って[23]、そういう役者を相公と言ったことがある。これはですネ、これは『辭源』に出ている說で、他の本に出ているものか一寸探すことが出來なかったが、五代、後晉の宰相であった和凝が若い時に詞を非常に好きで作ったり唱ったり、ま

---

[22]確か明の太祖に平定された、吳の地方に割據して小さな國を立てていた男ですけれども。
[23]江戶時代にもある。男色の流行と關係がある。

語義沿革擧例　　　　　　　　　　　　　　　　　　　　　　195

あ、したんだろうと思います。曲子詞というものがもとの名前だが（うたそのものは曲子）、契丹（後の遼）が中原に攻め込んで來て、開封の都を占領した時に、契丹人らは和凝のことを曲子相公と、たわむれにそう呼んだと。日本でいえばまあ端唄の大臣とでも言うところ。曲子相公をとって童伶（子どもの役者、女形の役者）のことを相公と呼ぶようになったんだという說が『辭源』に載っているのだが、これが事實とすれば、讀書人の學者趣味で、相當學問のある人でないと、そういうシャレのようなものですから分からない。ごく最初は、たわむれに呼んだとすれば、讀書人の間の通語のようなものであって、非常な特殊語、特殊社會の用語であったのだが、それが段々世の中に廣まったのであろう。

　役者というのは元來、奴隷と一緒に扱われる賤民であって、床屋もそうであったと思う。こういう人は確か文官試驗に應ずることが出來ない家であったと思う。それから藝者の家、俳優は、そういう商賣をやめて3代經たなければ試驗に應ずることが出來ない。それに對して、とにかく官吏の中で最高の地位である宰相の稱號を用いることは、語源から考えるとおかしなことであって、音が似ているから像姑と呼ぶべきだと主張する人があったのも、そういうことを顧慮したためであろうと思う。

　何でもそうであるが、敬稱というのはやたらに使われていると、敬稱でなくなる。そういうことがよくあるので、敬稱でなくなったとは言えないが、「老爺」も元來ずっと高い地位の人を指すことばであったのを、段々低い地位の人を指すようになった。『通俗編』を見ると大體のことが分かるが、ずっと古く唐以前には「耶」という字を書いている。これを使った例は『南史』に出ていて（王絢傳）、父親のことを指す、父親の呼び名ですネ。呼び名というのも面倒なもので、第3者に對して言うときには「他是我的父親」とはいうが、直接呼びかけるときには「爸」とかいう。その時代も父親というのと直接呼びかけるのと區別があったろう。そういう直接に呼びかける親密なことばとの區別がある。これに對して母親のほうは「孃」といった。杜甫の「兵車行」に「耶孃妻子走相

送」とある。今でも母親のことを niáng と呼ぶ。それは本當は孃と書くべきである（娘 l-; 孃 n-）。ところがこれが混同されたのは、相當古いことで、宋の初め頃からだったらしい。n と l とを混同するのはよくあることですが。これは一寸脇道に外れましたけれども、それで『南史』の中に耶々ということばが出てくるのだが、あるいは 1 字で父親のことを指したのだったかも知れない。爺々といえば祖父、おじいさんのことになるのは、今日の北京語でもそういうことであるが、それは錢大昕『養新錄』の中に、宋の時代の宣和 7 年、これはちょうど北宋の亡びる前の年です。この年に建てられた石幢[24]、その中にこういう言い方がある。

　　亡耶々王安、娘々劉氏、亡父文清……

父親というのはここにあるから、耶々はおじいさんのことであるに違いない。それから娘々というのはおばあさんのこと。だから宋の時代、12 世紀まで遡るわけである。或いはもっと古くからあったかも知れない。とにかく耶というのは元來親族の、身内のもので言うことばである。その親族の稱呼を親族でないものに轉用する、それがこの老爺の起源である。中國では他人を爺とか老爺とかいうのは、非常に尊敬した言い方で、輕々しく言うべきことばではない。『元史』にも出ているそうだが、もう少し古いものでは『三朝北盟會編』がある。1117 年〜1161 年の 45 年ほどの間の宋と金との外交關係に關する多數の記録を集めた本で、非常に俗語が多い。こういう記録は特別に正確であることが必要だったと見えて、非常に忠實に俗語を書いてある部分がある。『元史』とかこういう本に出てくるのでは、將軍の稱號のようである。明代でも初めは、日本でいえば大臣（九卿、尚書…）級の人に對する呼び方、まあ閣下だとか何とかにあたると思う。知縣などはまだ老爺と稱せられることが出來なかった。すなわちだいたい省全體に政令が行われるような官吏でなければ老爺とは稱しなかった。それ以外ではただ爺、老爺はそれだけ尊敬

---

[24] 陀羅尼のようなものを彫り付けた、細い塔のようなもの。大抵誰かの追善のために建てる。この場合はある人が父親の追善のために建てた。

の度が強いことになる。

　明になると爺というのが非常に廣く用いられるようになって、それと區別するために老爺ということばが特別高い地位の者に對して使われたのであろう。ところが清朝になると知縣[25]でも、老爺もしくは大老爺と稱し、そうして官吏であればだいたい老爺と稱した。そして今日では、老爺とか老爺に對する太々（これも官吏の奥方を指すべき筈である。元來、太夫人から來ているでしょうから）とかいうことばが濫用されている。清朝になると老爺の代わりに大人ということばが使われるようになった（『官場現形記』など）。大人というのもご承知のように元來父親を指すことばである（家大人、先大人）。その點では老爺ということばと似たところがあるが、そして老爺から派生した少爺ということばが身分のある人の息子に對して使われる。これもことばの語源を考えると滑稽を免れない。要するに尊稱がそういう風にむやみに使われた結果である。

　deteriorationはさっきも言った衰弱（affaiblissement）である。そのことばの表わす感じあるいは氣分の強さが次第に弱まることである。1例を擧げると、英語にI am anxious to see you. ということばがある。そういう風にことばの與える感じがだんだん弱まってくる。中國語の例を擧げると、很、俗語だが、俗語の方が意義の變化が起こりやすい。この很という字は、古い書物では狠という字が書いてあるが、『說文』によると頑の音で、犬の鳴き聲である。很の方がやはり正しいのであるが、『說文』によると從順でないこと、「不聽從也」、それから爭うこと、訴訟をすること、あるいは凶惡という意味にもなる。だから一時は凶惡という意味がふつうであったことがあって（今でも兇很という）、現在ふつうに使う很好というような、非常にとか大變とかいう意味は、兇很とかいう激しい意味がだんだん弱まったからにほかならないと思う。一體こういう極端を表わすことばはいくら強くしても度々使われると、その強さを減ずることが多い。これは人間の心理上當然のことである。ドイツ語

[25]縣は行政區畫として中國で最小の單位。知縣はその長官。

でも Bréal の引いている例では、もと sehr = cruelly であって、Er ist sehr leidend（彼は非常に苦しんでいる）からやがて sehr froh（非常に樂しそうだ）が可能になる。これによく似た例はよくあって、中國語では幾つもあるが、例えば「殺」である。動詞・形容詞に附くと、非常な強調を表わすことがある。動詞の下に附くと、愁殺、笑殺、狂殺、醉殺、惱殺など[26]。殺という字だから非常な強調を表わすのだと思う。今日でも笑殺ということばはまだ使うと思うが、李白の使い方はすでに今日の使用法の端緒を開いていると思う。もっとも北京語では死ということばをよく使う（笑死我了）。死ということばは北京語ではまだ相當強調の意味が殘っているように思う。北京語では殺はあまり使わないように思うが、蘇州語では好殺哉などと使う[27]。北京語の很に當たるのは蠻（蠻好）を使うので、文字通り野蠻な、滅茶苦茶、亂暴という意味から來たのであろうと思う。蘇州語で殺を使うのは蠻というのよりは強いのだろうと思う。ついでだが上海語で——來西というのは、私の憶測では死[28]から來ていると思う。おそらく語源は（北京語に譯すれば）來死、そういう著しい強調を表わすことばであったと思う。死が輕聲になって西に變わったのであろう。

　もう1つついでだから益々憶測に近くなるが、やはり上海語で使う交關ということば、これも很という意味に使いますネ。これは私のただの思いつきに過ぎませんが、性命交關とつながりがある。誰が使い始めたか知らないが、そういう非常にきわどいところを指す。だから非常な強調を意味することが可能ですネ。非常な危險を表わすことばですから。この字はあまり私も自信ありませんけれども。單語自體に内在する tendency というようなものではなく、使われているうちにだんだん最初持っていたような重要性を減ずるという方向をとることは人間の心理として當然のことだと思う。

---

[26]すべて李白の詩に出る。
[27]哉は北京語の了にあたる。
[28]蘇州語では si。

語義沿革擧例

ことばの中に tendency を考えるのは間違いだという Bréal の說。4つばかり擧げてあるが、他の2つは適當な例を思いつかないから省略する。

今日はもっと一般的なことで、ことばの意味が特殊化して行くのと、一般化していくのと兩方ある。變化の方向であるが、英譯で、

$$\begin{cases} \text{Restriction of meaning} \\ \text{Expansion of meaning} \end{cases}$$

Bréal の說によると、ことばの表わす意味が變化するのは、極めて當然であって、その理由の1つは、單語（word）と物との間に常に均衡が缺けているからである。

expression は、實際のものに對してことばが、ある場合には廣すぎ、ある場合には狹すぎる。したがってその場合々々によって話し手の意圖は、ことばの意味が或いは制限され或いは擴張される。

先ず最初に制限される方、意味が狹まっていく方から。外國語の例を擧げる必要はないと思うが、序でに紹介しておくと、例えばラテン語で linteolum は罩い布片、一片の布を意味することばであった。それはフランス語に入ってもずっと長い間その意味をもっていたのであるが（linceul）、それがずっと 17 世紀まではラテン語と同じ、一片の布、布片という意味であったが、現在では、日本語では何というか、死人を包む布、死骸に掛ける布という意味に限定されてしまった。

或いは同じような例だが、フランス語 drapeau＜drap にもある。これは元來こどものおむつに使う布のこと、又は屑屋などが集めていくボロきれのことであったのだが、それが軍隊用語、兵隊仲間のことばで特別に旗の布を意味するようになった。今日ではその意味に使うのが普通ですけれども。そういう例は非常に多い。ここに擧げてある例を全部お話しする必要はないと思うが、もう1つの例を擧げると、Modern Greek で馬のことを ’άλογον というのであるが、これは元來はただ beast という意味の、けものという意味のことばであった。それがどうして馬という意味

になったかということについて、それはよく言われるように馬というものが、けものの中でいちばん重要なものであったからでもなく、馬ということばが缺けていたからでもなくて、騎手が自分の乘馬のことを語る時には the animal というのが習慣であったからである。結局、ごく一般的な名稱であっても、ごく特殊なものに始終使われていると、ついにその特殊なものになってしまう。これはよくあることである。限定は常に起こるのだが、その場合實際どれに限定されるかということは各々の職業、地位、或いは生活の樣式によって定まるのである。これは Semantics の最も教えるところの多い 1 つである。

　例えば肉は『說文』（を見なくても明らかだが）、段注によると、鳥獸の肉というごく一般的な名稱で、それが人體の肉にも用いられるようになった、と。段注によればそうである。それはそうだろうと思う。ところが今日では肉と言えばふつう豚肉を指す。豚肉以外のものである場合には動物の種類の名稱を附けるのが普通のようである。料理の名前でも、にわとりならば炒鷄肉絲などと言う。これは特に北方でそうだろうと思う。このことはいつから始まったかはっきり分からないが、これは料理の歷史、食物の歷史を調べると大體は明らかになると思う。とにかくこの場合は猪肉に限定される。字引を見ても、Giles の字引までも、肉 meat, flesh; especially pork となっている。宋の時代から始まっていたのではないかと思うが、臆斷は排する。

　肉に類似したことばとして布がある。われわれ日本人が考えると、いろいろな種類の織物に使われることば、例えば絹布などという使い方が出來て、凡ゆる材料の織った布に使用できる。ところが中國で、現代語でただ布と言えば、木綿の織物を指す。布という字は元來木綿の布を指したものではない。木綿ということばはあまり古くないが、これの少し以前には白氎ということばがあって、これは『南史』などに出ている。『南史』にはまた白氎より古いと思うが、その外に吉貝、古貝などが出ていて、天竺からそういうものを獻じたという記事がある。それは南朝の

宋、劉宋の時代のことであるが、diéというTurkishの系統のどっかから入ったことば、外來語である。吉貝、古貝のどちらが正しいか、いま正確な知識を持っていないが[29]、ヨーロッパの學者によると、これはMalay語のkapas、それから來たんだと言われている。kapasなら或いは古貝の方が正しいのかも知れない。ただし唐宋にかけてはおおむね吉貝の方を使うようである。外來語を使うというのは、本來その土地にあったものでなく、外國から輸入される、或いは輸入されたもの、と大體そういうことが言える。今の木綿 mù miánという字は、木からとれるので木偏がついているが、たぶん14世紀になって木綿が中國の國内で作られ、原料が栽培され、そしてそれを紡いで織物にすることが起こって後のことであろうと考えられる。だから大體南朝以前には遡らない。それ以前の布が何を意味したかというと、麻とか葛ですネ、それを原料として織ったものであります。そういう粗い、ごつごつしたもの、手觸りの粗いものであった。帛が生絲で作った絹織物、それに對して麻、葛など、つる草の纖維から作ったきれが布である。ところが今日でも木綿が極めて廣く用いられているから、布というのが現在ではいつも綿布を指す。そして例えば麻で作った夏着るうすい帷子（かたびら）のようなものを夏布といって、普通の布と區別する。だからこれはむしろ本末轉倒のようなもので、布は元來麻だから限定のことばをつける必要がない筈だが、かえって夏布と限定を加えている。これはむしろ原料の變化だから、Restriction of meaning の例にはよくないかも知れない。もう1つ2つ擧げると、車。『說文』によると「輿輪之總名也」とあって、車輪を持った乘り物の全部に對する名前であった。だから『釋名』[30]に「釋車」という1條がある。そこに、

　　車古者曰車、聲如居、言行所以居人也、今日車聲近舍、車舍
　　也、行者所處若居舍也

---

[29] 宋版では古貝になっているそうである。
[30] 三國の人、劉熙の撰。いろんなことばを音の近い（同音とは限らない）ことばで說明した本である。

これは直接意味の變化に關係ないことだが、ついでだから話しておく。chē と讀むか jū と讀むか、昔から問題になる。その問題に引っかかっておりますので。ちょうどこれに反對する說、chē のほうが古いのだという說が同じ頃にあったが（韋昭）、清朝の學者は多く『釋名』の方を取る。これは餘談だが。とにかく『釋名』によっても、人を乗せて行く車は凡て車である筈である。古代では車というものの最も普通のものは馬車であったらしい。非常に古い時代のことは分からないが、春秋戰國の時代はそうであったと思う。しかしことばとしては牛が引いても馬が引いても車である。秦以前に牛車というものがあるかどうか知らないが、漢以後は牛車が相當用いられた。日本のお公卿さんが牛車に乗るのは、唐の風俗をそのまま輸入したものだろう。唐の詩にもよく出てくる。宋になるとあまり聞かないようである。古代には今申したように馬車が普通であり、車戰というのも馬車による戰爭ということである。清朝まで車として普通のものは馬車であったろうと思うが、今の北京では chē と言えば人力車のことである。すなわち（東）洋車。普通には車と言えば、その 1 字で人力車を指す。北京では普通言わないが、子をつけて、南京語で車子(チェヅ)、上海語で車子(ツォヅ)、何れも人力車のこと。日本でも明治時代にくるまと言えば人力車のことであったのと同じで、人力車が非常に普及して、馬車の地位を奪ったからである。だから清朝の末頃に出來た會話の本、手近なところでは『官話指南』[31]の中で、車と使ってあるのは全部馬車のことである[32]。清朝の末頃まで、これは今でも使われると思うが、小車ということばがあって一輪車のことである[33]。今でも物を運搬するなどには使う。だいたい人が推すことが多い。これは特別に小車というが、その他に車と言えば人力車のことである。もしアメリカのように自動車が普及すれば、中國でも車と言えば自動車のことになるだろう。私の見た、17、8 年前に出た新文學の本の中に車子を自動車の意味に使っ

---

[31] 日本人の作ったものであるが非常に行われ、英譯、佛譯もある。
[32] 驢車もある。また驢馬は騾馬のこともある。
[33] 荷車は大車という。

てあるのを見たが、これは特殊な例で、自動車が普及しなかった如く、ことばも普及しなかった。自動車はふつうは汽車と言っている。

　今擧げた肉、車の場合は何れもごく一般的な名稱が、それが指します事物、この場合物體であるが、實際に指し示す物體が事實上限定されているために、そしてまたその使われる頻度と言いますか、frequency が壓倒的に多いことから、その特殊なものに專ら用いる名前となったものである。そういう風にただ車、肉と言って直ちにどんな場合にも相手にすぐ分かる場合もあるが、そうでなくてやはり一般的な名稱が、ある特殊な職業もしくは地位にある人々の間では必ず一定の限定された意味を持つ。そういうこともよくある。あまり良い例ではなく、ちょっと思いついた例であるが、「金」という字が金屬の總名であることは言うまでもない。つまり一般に metal を指すわけである。ですからこれは五金というようなことばがあって、その中でいちばん貴重なものが黄金であるが、金屬は非常にたくさんの種類を含んでいて、そのどれをも金という字で呼び得る譯である。ところが實際には、日本では今もそうであるが、金と言えば黄金 gold を指す。そして或いは金錢を金という 1 字で表わすことがある。金という 1 字を用いても、銀 silver を指すこともある。これはごく最近まで中國は銀本位の國であるが[34]、だからこういう場合に金と言えば銀である。

　そういうようなのは何れも限定された使い方である。もっと特殊な例を擧げますと、これはあまり良い例ではないが、中國の軍隊用語で「鳴金收軍」というのがある。この場合、金の指すものは鉦 zhēng、これは何物かと申しますと、中國では古くから戰鬪の場合に鼓、たいこを打つのは進軍の合圖で、それに對して戰鬪を停止して、軍隊を一定のところに集結するには鉦で合圖するのが相當永い習慣であった。だから一口に金鼓と言えば、金は打ち鳴らす鉦を指す。古いものは『說文』によると鈴のようなもの、1 種の bell、手で鳴らす振鈴、鈴にはいつも舌がある

---

[34] 宋頃からだんだんそうなる。

が、これには舌のない、そういう風に非常に特殊なかたちをしたbellを指すのである。

　以上は名詞の例が非常に多くなったが、形容詞や副詞にも同じようなものがある。さういう例は一々擧げない。でまあBréalが言っているように、こういう風なことばの意味を知るには歴史historyに據らなければならない。歴史のみが單語にその正しい了解に必要な正確さを與えるものである。與えることが出來る。同じことばでも時代によって、非常に意味が違う。あることばがどういう意味を持っているかは、その時代には何に使われているかを知らなければならない。それを教えるのが歴史である。

　そういう點について中國では1つ1つのことばの歴史を近代まで信頼し得る正確さをもって記述している本はない。やむを得ず、我々は『辭源』とか『辭海』とかを手掛かりにする他はない。殊に近世以降、やや古くは『說文』とか、そういうものの研究があって色々書かれている。近世以後はそういうものがない。これからやらなければならないことである。『通俗編』などはやはり非常に便利な本である。索引が出たからいよいよ便利になったわけであるが、『通俗編』およびその一類の書物、こういう書物はいま普通に使われていることば、編者の時代においてごく普通に使われていることば、それが古書に出てくる用例、だから1種の出典であるが、そういうものを擧げてある本である。それぞれ別にそう詳しい研究ではないので、そこに出てくるのが最も古い、又ははじめて出てきた用例ではない。たまたまその編者が知っていたというに過ぎないことがあるから注意しなければならない。

　なぜ編纂されたかというと、自分たちの使っていることばが實はそういう古い書物に出典のあることばだと、そういうことなんですネ。だからそういう古い書物に出てくるとすると、俗語がかならずしも俗語でないということになるわけで、それがもう1歩進むと、その字の本字というものを穿鑿する興味に移りやすい。そうなると本字が直ちに語源で

語義沿革擧例

あると考えてしまう場合もあると思う。無いと言っては言い過ぎだが、どうも同音或いは似寄った音に過ぎない場合が多いから注意が必要である。こういう字を用いるべきだなどということが隨筆などの中に多く、またその隨筆の中から集めたものが、こうした書物の中に多い。そういう議論に囚われないことが必要である。梅雨の梅が黴であるというのは、日本でも相當行われているらしいが、それが本當かどうか疑問ですネ。宋人などの使った例では、むしろ梅の方を使った用例の方が多い。實際の用例を知ることの方が必要なので、やはり梅の黃色くなる時分の雨ということだろうと思う。詩餘などによく出てくることばだが（梅子黃時雨）、そういうのがこの字の本來の使い方であったと思う。中國人の考證などによくそういうのが出てくるが、それに囚われないことが必要である。

　意義が限定されていく方向と、もう1つ廣がっていく方向 Expansion of meaning ということがある。こういう風にことばの意義が廣まっていくということは、これはこの前のつまり Restriction のちょうど反對の方向でありますが、この反對の方向に向かう2つの運動が同時に存在するということは、不思議なように見えるかも知れませんが、その原因は同じではない。

　Restriction の方は、限定されていく方向は 言語(ラングウィッジ) というものの fundamental conditions 基礎的な條件、最も根本的な條件に屬するのに對して、つまりそれはいわば言語に内在的なものであるが、それに對して expansion は外的な原因を持つ。それは歷史上の事件の結果である。Bréal の考えによれば、ことばの意義は狹まって行くのが當然であって、それに對して廣がって行くのは、何か歷史的な事件の結果だ、と。

　ある1つのものが（ことばでもよいのですが）、それによって名付けられた特殊な性質（characteristics）、特徵は、後ろの方に退いてしまって、或いは全く忘れられてしまうことがある。そうしてその代わりにですネ、その單語が1つのカテゴリーだけを指し示す代わりに、そのことばが凡

てのその種類全體を指すようになる[35]。ヨーロッパ語の例はあまり澤山あげる必要はないと思うが、Bréal の擧げている例は、gain[英] < gain[佛]。これは Gaul 語から來ている。ふるい Gaul のことばでは gagner (gaaignier)、その動詞は家畜に餌をやるということである。或いは草を食わせる、馬とか羊とかに、かいばをやること。そこでこれから出ました gagnage というのは、牧草あるいはその牧草の生えている場所、牧地であります。それからして、これは gaigneur というのは、今は農耕者であるが、この場合、實際は牧畜をやる人のことを言うのだろうと思うが、農夫のことを言う。そこで Gaul のことばで gaïn、それは収穫物と、つまり農業の収穫物を指したのであります。ところが人々の生活がだんだん複雜になるに從って、この gain (gaïn) という字はだんだん意義が擴大して、あらゆる種類の勞働によって得られる product ですネ、生産物を指し示すようになり、更に勞働なしに得られたものをも指すようになった。

　もう 1 つこれに出ている同じような例ですけれども、ラテン語の pecunia ということばは、元來は財産としての家畜と言いますか、家畜のかたちで持っている財産、それを指した。それが最後には凡ての種類の財産を指すようになった。それに似たような例がたくさん擧げてある。これと反對の例があって、ラテン語で元來貨幣を表わしたことばであったものが、Welsh では、それが却って家畜とか勞働させるけもの、馬とか牛とかを指すんですが、そういう風なものを指すようになった。これはつまり經濟狀態の變化によるものである。こういう經濟的な關係のあることばは、例えば中國語でその例を擧げますと、これはよくご存じの貝（『說文』貝部）。貝は元來海の貝を指すのでありますけれども、古い時代には非常に貴重なものであった。貝とそして龜ですネ。それが貴重なものであったから、財産でもあり、また 1 種の貨幣としての役目も果たした。貝殼の實物は確か考古學的な發掘で出てきたものがあり、貨幣でも貝殼のかたちをしたものがある。だから貝に從う字は、ほとんど何

---

[35] カテゴリーというのは、この場合は狭い意味にとった

か財産或いは貨幣に關係ある意味を持っていることもご承知の通りでありますが、その中で一見ちょっと分からないような例を１つ２つ擧げますと、例えば「賢」。これは『說文』ではですネ、多才也とあるんですが、今あるtextにそうなっておりますけれども、段玉裁はこれは財という字であろうという。段玉裁によればですネ、元來ですネ、財産をたくさん持つという意味であったものが、その意義が變化しまして、引伸でありますが、引伸されまして、凡て多いことを賢という。したがって知惠の多い者を賢能というようになった。そしてその引伸義、轉義の方が用いられるようになると、本義が忘れられたというようになる。それは段玉裁の解釋である。こういう本義の比較的近い例として、古い本に出ているのは詩、北山という詩があるが、その中に「我從事獨賢」という句がありますけれども、これは毛傳に賢勞也とありまして、つまり事が多いから勞する、力を出すことが多いと、そういうことを言ったのである。それに似た例がもう１つ引いてありますけれども、それは略します。で、その他に、「負」の字ですネ。負の字も、これは『說文』ではですネ、負恃也とあります。で、字のかたちを从人守貝有所恃也、會意の字であります。すなわちこの貝はいま申しましたように富でありますから、貝を持ってればです、つまり恃むところがある。そこで恃也という意味になる。ところが頼りとするいう意味から變化しまして、そむくという意味になる。そのことは段玉裁によれば、すべて背中に物をになうことを負という。そこで德（恩）をにないながら、それを忘れることを負というようになった、と言うのであります。財産というものを貝という字で表わしてあるわけですネ。やはり貨幣ということに關係がありますが、貝という字の許愼の說明は貝や龜が非常に貴重なものだと言うことが書いてあるが、それに續けて周の時代にはじめて泉というものが作られ、秦の時代に貝が廢れて今の錢が行われるようになった。こう言っております。そのゼニという意味の錢[36]ということばですが、これは錢という

---

[36] 日本語のゼニもこの語から出たのであろう。

字に元來は銚也とあって、クワのことである（後世は鍬と書く）。農作に使う所のクワですネ。その場合にはqiāoと讀むようであります。『詩經』などに出てくる〈臣工〉。このくわという字が錢となったのは、くわの形をした貨幣が鑄造されるようになってから、このくわという意味がだんだん忘れられまして、やがてこのくわの形でないものを錢ということばで呼ぶようになった。農業が始まった時には、くわというものが非常に貴重なものであって、財産として交換されたのであろう。

　錢が行われるようになったのは秦以來だったというのだが、古くは泉であった。その他、刀とか布とかがあるが、次第に今あるような孔あき錢、銅で鑄造した、つまり銅錢が使われるようになった。最初は 🜨 こういう形ですネ。つまりくわの形でありますが、それが次第に ▢ になった。形は變化したけれども、やはり錢という。非常に長く使われて、まあ清朝まで使われた。それが變化しまして、錢が銅錢でなくても凡て鑄造貨幣を指す。例えば清朝ごろはむろん銀本位であったが、清朝の末に出來た銀貨、正式の名前は1圓（圓という名前はたぶん日本で使われたのではないかと思うが）、メキシコ・ダラーというメキシコの銀貨のかたちに倣って作ったものであるが、その銀貨のことも1塊錢と呼ぶ。1圓というのは1兩の $\frac{1}{7}$ ぐらいの大分小さい金で、その $\frac{1}{10}$ が10錢である。これも銀貨だが、1毛錢[37]という。錢という意味が非常に擴大したためであります。

　Bréalの本にちょっと戻りますが、Bréalのやはり今のExpansion of meaningの章の中にこういうことが書いてある。人類が何世紀もかかって獲得した或いは習得したごく一般的な概念（general ideas）も、この意義の擴大なしには、その名を與えられることは出來なかった。例えばその例として擧げているのは、time and space、時間と空間ということである

---

[37] 上海などで使う小洋という銀貨。カントン製が多い。廣東語かどうか知らないが、1毫と書いてある。その下のほうだけを取って1毛錢というようになったと、北京で話してくれた人がいる。なぜ毫という字を使うようになったか調べたことはない。角というのも分からない。

語義沿革舉例 209

が、timeに當たるフランス語はtempsと言いますけれども、これはあの、もともとはですネ、この字はラテン語（だと思いますが）においては元來temperature或いはheatを指すことばであった。temperatureと同じ語源を有する。この熱という意味のことばとしては非常に古くてsanskritまで遡るそうですが、その熱さという意味がだんだん天候という意味になり[38]、最後になって抽象的な持續（duration）という意味の概念になった、ということである。それからspaceになる[39]。space ＜ spatium ＜(grec.) σταδιον。σταδιονは元來競爭場、chariot race、馬車で競爭させる場所であって、それがだんだん擴がって最後に非常に抽象的な空間を指すようになったそうです。

　そういう例はちょっと中國語には探し出すことが出來ないが、動詞（verb）というものは矢張りexpansionの多數の例を提供するものである。ある1つの言語が何かある動作に對して名前を與えますというと、その命名した時に存在した色々な事情（circumstances）、それは直に忘れられてしまうものである。1例ですけれども、例えばplongerということばがありますが、英語のplungeと同じでありますが、これはラテン語ではplumbecareという動詞であって（plomb）、ですからこれは元來、この語根になってるplumbというのは鉛のことです。魚を取る網や釣り絲それに重さをもたせるための鉛、それがplumbでありますが、それを放り込むのがplongerであったに違いないが、そのことは忘れられてしまって、凡て水のなかに落ちて、または投げ込まれる凡てのものは同じ表現を適用するようになる。そういう例がまだ幾つか擧げてあります。

　動詞というものは今のBréalの説明にもあったように、必ず何か具體的な動作として觀念に結びついているものである。そういう例は中國語の中にも非常に多い。例えばこの「裂」という字がありますが、ものを裂くときのliè です。これはまあ『說文』によりますと、裂という字の本

---
[38]フランス語では今でも天候という意味でtempsを使うことがある。
[39]フランス語ではespace。

來の意味は繒餘也とありますから、繒というのは絹のことであるが、絹のきれ或いは衣服、それがボロボロになったものをいうのであります。それが轉化しまして分散とか殘餘とかいう意味になった。でそういう意味には烈という字が使われるが、それは段玉裁によれば假借である。餘烈（なごり）というような、功烈もそういう意味で使われたのではないかと思われますが。『說文』によればそうではありませんですネ。段玉裁とか、その他の人々は動詞としての用例には言及しないようでありますけれども、中國語ではこういう形容詞的なものと動詞的なものとがほとんど同一の範疇に屬することが多い。一方から一方に變わるのはごく普通のことである。とにかく裂帛ということが最初の意義であったに違いない。帛ですネ。絹というものは麻とか藤などで作った織物に比べればずっと引き裂きやすいものであったから、こういうことばが出來たと思う。ただそれだけで止まらず、何でもずたずたに引き裂くことになる。段玉裁その他の『說文』の注釋家は、ひきさくという意味について何も申しておりませんが、ひきさくという意味の方が元だろうと思う。と申しますのは、この字（裂）の、この上の部分つまり聲符になる部分の列という字、これは『說文』では刀部に屬する字であるが、これは分解也という、そういう訓の與えられる字でありまして、ものを切り分けるという、いま使うような行列というのはむしろそれから轉化した意味なんであります。ですから列ということばは、元來ものを切り分ける、分かつという意味がある。裂（衣部）はむしろ列によって表わされるような、こういう風な一般的な意義を衣服或いは帛というようなものの場合に限定して使った、と考えることが出來るかと思う。そうしますとですネ、そういう風に一旦限定されて出來た裂という字が、ふたたび凡てのものを引き裂くことになりましたのは、第2の一般化、擴大、expansionだということになります。もっともこの最初の列、これが从刀の字ですからして、分解といいますように、やはりものを切り分けるということに重點があったと思う。後で申しますように、解もけもの、肉を切り分ける

語義沿革舉例

ということであります。nuanceの違いはあって、その違いはずっと後まで持ち越されているように思われます。ついでだから解という字を説明しますと、これは字の形から分かりますように、牛なんかのそういうけだものの身體を切り分けることである。例の『莊子』の庖丁解牛という有名な說話が、話がありますけれども、その場合のようにですネ、牛なんかの、羊でも何でも好いんでありましょうが、そういうけものの身體を切り分けることである。今でも解剖學の解はもとの意味に即していると思う。その場合は人體を切り分けるが、それから轉じて第2は解結、結び目をほどく、という意味になる。こんぐらかったものを解きほぐすという意味になった。これは『詩』衞風の中に童子佩觿とあるが、觿というのは、經書の注によるとキリのような尖のとがったもので、けものの角で作る[40]。そういう物をときほぐす道具があった。元來、角で作ったのであろう。だから角に從う。ときほぐすということから轉じて、(3) 事物のことわりを分析すること、條理を分析することが解である。それから更に轉じて、(4) そういう風に分析して、或いは分析しなくてもものの條理が分かることを解という（了解）。第2の結び目を解きほぐすことから分岐して、ものがバラバラになること、解散、これはまあ1から轉じたと言ってもいいわけでありますけれども。

　それから裂に戻るが、裂に似た字で、決裂などという「決」の字。これは『說文』を見ますというと、これも行流也とありまして、水を流してやることであります。ある1ヶ所に停滯している水を流してやることをいう。それが假にいちばん元の意味だとしますと、それから第2の意味が、ただ流れるのでなくて河の水が堤防を切って流れること、堤防が切れることを今でも決という（決口）。堤防が崩れて口をひらく。それから轉じてものを斷ち切ること、つまり決斷という意味になる。漢代の決獄などという用い方、訴訟事件などを裁くことでありますけれども、それからまあ決心とか決議とかにもなる。これは水に從う字ですから、

---

[40] 『禮記』によれば象牙。

元來の水に關係があることばに違いなかったが、だんだん一般的になった。そう一應說明することは出來るが、しかし決と似た夬を聲符とする字は幾つもある[41]。例えば「玦」「缺」など。玦は例の帶をぶら下げておく玉のおびものであるが、完全な圓をなさず、1ヶ所切れているからして玦というんだ（如環而玦 ◎）ということが韋昭の說にあるし、缺も器破也とありますから、もともと土器あるいは陶器ですネ、缶に从う字は大體土器とか陶器に關係ある字ばかりでありますが、土器や陶器の類のひびが入るようなことを缺という。その場合『說文』では从缶決省聲、さんずいの決の字の省略したかたちですネ、さんずいだけをとった、それを聲符にする字だと言うのであります。そうだとしますと、この2つの字はおそらく決から來ていることになる[42]。段玉裁とかその他、嚴可均などもそうであるが、決聲でなくて夬聲だろうと言っております。そこで夬という字に遡りますけれども、これはですネ、又部にあるのですが、篆書のかたちは 夬。手で何かを持って、そしてものを斷ち切ること。夬 分決也であります。これは單獨で用いられることはほとんどありませんけれども、『周易』の六十四卦の名前として殘っております。よく知られているように『周易』というのは非常に古いものであって、もとの部分は遲くとも周の初め或いは殷にまで遡る本である。それに使われているから、非常に古いことばなのである。そうだとすると決の字もむしろ夬から派生した、それはまあ初めから分かっていることであるが、夬で表わされているような、ものを斷ち切るということばがあって、夬の方がむしろ一般的な概念であったことを示している。それを水と關係ある事柄に限定して使ったのが決の字である。玦や缺のように切れたもの、壞れたもの、不完全なものを意味するようになったのも、もとを尋ねれば、夬に遡っても差し支えない。夬から派生したものだと言って差し支えない。そうすると決の字も裂の字と同じことであって、やや一般的

---

[41] 夬は guài と讀む。最初の音は同じであったろうと思う。
[42] 玦については確かな證據はない。

語義沿革舉例 213

な概念を表わした夬の字が一度限定されて決の字になる。それが再び決断するというような一般的な方向に擴大していった。その擴大は２度目の擴大ということになる。しかし元來 expansion と restriction とは方向は相反するけれども、兩立しないものではないのであって、ある單語がある時代において意義が擴大する方向に向かっていたとしても、次の時代にその反對の限定の方向に向かわないということは言えない。そのことは Bréal のことばを引用したように、單語はそれぞれ固有の tendency がある譯ではないと、そういった所以であると思います。で、言語というものは通時的(ディアクロニック)に見るならば、特にそれを構成する要素について見ますならば、それは決して一定不變なものでなくて、不安定なものであることのほうがむしろ普通である。例を擧げればきりがありませんけれども。

　ことばの意義が變化する原因の一として Bréal が擧げている metaphor というものについてお話ししたいと思う。この前申しましたような幾つかの原因は徐々に且つ目に見えぬうちに働く。その作用が比較的遲いが、この metaphor は少し誇張して言えば、一瞬にしてことばの意義を變じ、あるいは新しい表現 expressions を生ずる。それは metaphor は２つの事物或いは２つの動作の間にある類似性 similarity を見て取るところに生ずる。その言い方が非常に正確であるか、又はこれは何と譯しますか picturesque である場合、或いはそれが vocabulary の中のギャップ、隙間を埋めるのにちょうど役立つ場合にそれが採用されることになる。しかし metaphor はそれが最初に考え出されたときと同じ狀態に止まるものではない。やがて人の心はその image に慣れっこになり、その成功そのものが色が褪せ、本來からあったことば proper word とほとんど着色の度合いが異ならない表現になってしまう。 metaphor とは元來 rhetoric のことばであって、隱喩と譯す。譯語として好いかどうか分からない。ただ隱喩ということばがかつて中國の rhetoric の書物の中に使われたので、翻譯の歷史を調べたことはないが、おそらくは日本人が修辭學の翻譯に引用したのだと思う。rhetoric の書物というのは南宋の陳騤の、乾道庚寅の序のあ

る『文則』[43]であるが、その中の比喩の仕事という項に 10 ばかり擧げてあって、第 1 が直喩、第 2 が隱喩、直喩に對する隱喩である。この直喩というのは、猶、若、如、似、そういう風な字を使う比喩の方法である。…ノゴトシという、そういう風なことばを使うものである。例えば『孟子』「猶緣木而求魚也。」その他の例は必要ないと思うが、そういう風な…ノゴトシと、そういう風な字が使ってあるから比喩であることが直ちに分かる。英語の rhetoric では simile というそうである[44]。それに對する metaphor は、…ノゴトシという言い方をしないのでありますから、比喩であることが一見眼にはつかないものであります。考えてみればそれが比喩であることが分かりますけれども、例えばこの陳騤が擧げております例では、『禮記』の中の「諸侯不下漁色」、『國語』の「沒平公軍無秕政」があります。比喩になることばを直接にくっ付ける、秕穀之不成者、それでもって惡政に喩えた。そういう風なものを陳騤という人は隱喩の例に擧げている。むしろこうして他のことば、他の單語との新しい、今までになかったような、見られなかったような結びつきによって、そのことばに新しい意義を與えることになる。たった 1 つだけ Bréal の擧げた例を出しておくと、influence ということばがある。これは元來、流れ込むという動詞から出來た字なんでありますから、もとの意味はですネ、古代の占星術といいますか、今の影響と譯すような意味になったのは、星占いの占星術家 astrologers の迷信に基づくものであります。それは最初はやはり星から出てくる、ある fluid ですから、液體が人間やその他のものに對して reaction を、反應を起こすと考えられたためであります。そういう意味のことばとして influence という單語は Boileau, Art poétique (1672) にも、このことばにまだ最初の primitive の、そういう意味で使ってある。ある詩人が誕生するときに、空から與えられる、眼に見えない secret influence を言ってる時は、まだそういう primitive な意味

---

[43] 享保 13 年の和刻本がある。
[44] like などを使う。

語義沿革擧例　　　　　　　　　　　　　　　　　　　　215

である。イタリア語のinfluenzaは今でも多少そういう意味を持っているそうである。influenceということばの元來の意味はそういうんだそうです。これはまあ1種のmetaphorになる譯なので…。

　Bréalはラテン語の例しか擧げておりませんけれども、これはBloomfieldというアメリカの言語學者がありますが、その人の*Language*という本の中にmeaningという章があるんですが、その中に英語の例をたくさん擧げてあるから2、3紹介しておく。そういう風なものは、どこの國にもあることだから。

　headということばが、例えば軍隊のhead（司令官、隊長のことでしょうが）、行列processionのhead、それからある家族のhead、河のhead、これは源という意味、それからa head of cabbageキャベツの頭。headというのは元來は1種の比喩であるが、methaphoricalに使われている。

　同じくmouthは、mouth of bottle、大砲の口、河の口、などと使う。頭とか口とかはどこの國でも使う。日本でも同じような例があると思うが、例えば川口などということばは昔からある[45]。頭なら、頭目、頭領など。

　eyeはeye of a needle　針の孔、中國語では鍼鼻兒。絲を通すとき兩方から通すから鼻っていうんですかネ。牛の鼻に繩を通す、ああいうところから來ているんだと思いますネ（把鼻）。teeth of a saw。これは齒の形に似ているから、誰でもそう考えるのに不思議はない。これは中國語の字引を見ると鋸齒兒とある。こういういいかたは中國語にあるかどうか知らないが、tongue of shoes, neck of bottle, neck of the wood[46], … 机の腕とか、脚とか、背中... 中國語であしということは矢張り脚ということばを使う。こういう言い方があると思うのだが、四脚凳子。それからしてfoot of a mountain山のあし、ふもと。hearts of celery日本語で芯というのは中國語から來ているのだと思う。菜心ということばがあるから。まあそういう言い方はどこの國でもある。だから世界の凡ての言語にお

---
[45]中國にもそれに當たるものはある。
[46]木材をつかむところであろう。

そらくこれと似た例が見いだされると思う。Brédlは、ヨーロッパのことばについて、共通のそういう1種のmethaphoricalな言い回しが非常に多い、それは例えばラテン語のような古典的な言語から受け繼いだもの（直接又は翻譯で）もあるし、或いはもっと古くヨーロッパ語全體の共有財産のようなものもあると言っている。

　人間のからだの部分を、人間以外のいろんな部分の名稱として使うということは、何もヨーロッパに限ったことではあるまいと思う。そういう例で少し古い例を申しますと、例えば今申しました山のあしということですが、これは實際中國語でも山足という言い方があって、これは『爾雅』にもあると思うが、『詩』旱麓の毛傳の中に麓山足也という訓詁がある。これは訓詁であって、つまり說明に使ったのであるから、山足ということばは普通には用いられなかったと言えるかも知れないけれども、これは陸機の詩に夕息西山足とあり、こういうのはそういう經書の訓詁に使われた字を用いたもので、1種の典雅な用い方なのであろう。山足というのは或いはそうであったかも知れない。教養のない人が聞いて分かったかどうか疑問だが、しかしそれに似た例がある。それは雨脚[47]である。杜甫の詩の中に雨脚但如舊、つまり雨がいつまでも降って止まないということ、長雨が降ったということ。これは杜甫が使っているからでもあろうが、唐の詩には非常に多い[48]。これは一寸見ると杜甫のような詩人が勝手に（と言ったら可笑しいかも知れないが）作り出した造語のように見えるが、今の杜甫の注を見ると[49]、『齊民要術』という本を引いて、種麻截雨脚云々ということばを引いている。つまり『齊民要術』という本は、ご承知の通り、書籍を分類すると農家に入る本であって、だいたい農業のやり方を書いた本で、北魏の賈思勰という人が作った。後でよく調べるが、麻を植えるときには雨の中で植えてはいけないということでないかと思う。雨の中で植えると麻が瘦せる。つまりあまり大

[47]日本語の雨の脚は中國語の翻譯かもしれない。一寸はっきりしないが。
[48]『佩文韻府』に擧げてあるだけでも、杜牧、韓偓、羅隱、宋人では梅堯臣、陸游。
[49]『杜詩詳注』卷3。

語義沿革擧例

きくならないということのようである。『齊民要術』は今は讀みにくいが、その當時としては日常的なことばが多く使ってあると思う。詩人のように新しい言い方をしようなどとしなかったことは確かだ。この場合雨脚が何を指すかよく分からないが。

　ついでですが『文選』の中にある張載「雜詩」。この中に森々散雨足という文句がある。これはこの雨が降ってるのを、雨が直線的に見えているのを足といったのは確かで、注釋家もそう言っているが、張載というのは晉太康年間の詩人、太康三張二陸という有名な詩人であるが、これも『齊民要術』などがあるのを見ると、張載が新しく言い出したのか、又は日常的な言い回しであったか分からない。私の考えでは、すでにそういう言い方があったのであろうと思う。metaphorのかたちには違いないが、民間に源を求むべきものだろう。

　日脚も杜甫の詩の中にある例だが、日脚下平地（羌村）[50]。これは太陽が動いているのを脚というのでなくて、矢張り太陽の光線が雲の中から見えていることがありますネ。どうもあれのことらしいです。これは杜甫の注釋家もそういうことを言っていたのがあったと思うが、岑參詩に雲開日脚黄、そういう句があることによって分かると思う。よく油繪などにある風景だが、そして矢張り杜詩の注釋を見ると、日脚という使い方は既に陳後主の詩の中にあるそうです。日脚沈雲外。この日脚というのはごく特殊な使い方で、こういうことを始終はおそらく言うまいと思う。いま日本で言う「ひあし」などというのとは違うんですネ、このことばは。

　それから話は少し飛びますけれども、こういうmetaphoricalな使い方は、今の俗語の中にも無數にあります（先程2、3擧げましたけれども）。そしてその一端を量詞（黎錦熙の文法）、これはまあ日本の人は陪伴詞という奴ですが、その中に2、3の例があるんですが、例えばですネ、あのう、山の場合はですネ、一座山という。もっとも座というのは山以外に

---
[50] 『詳注』卷5。

も一座廟といい、寺、橋、鐘（おきどけい）、そういう場合に使う陪伴詞でありますけれども、そういう時の座というのを使うのは、この場合で言うと、山というのはどっしりと落ち着いているように思う。どっしりとした重々しさ、ちょうど人間が腰を下ろしているような感じで使われたのだろう。廟の場合も同じである。橋などの場合、そういう感じが私などにはよく分からないですけれども、橋というのも中國式の眼鏡橋ですネ。揚子江以南に多いのですが、相當大規模な工事で出來たので、堂々たる感じでそういうものかも知れない。

　それから井戸ですネ。一眼井（四眼井などという言い方がある。大抵井戸側と言いますかネ、それが石で出來ていて、上が狭い感じのもの、もっとも眼というのは色んな場合に使うが）。それからして例えば佛像ですネ。佛像を一尊佛という。これは分かり切ったことだが、大砲も一尊砲という。これは佛像の類推から起こったか、何か佛像を横にしたという感じがあるのではないかと思う。

　口という字も色々な場合に使うが、その中の特別な例を擧げると、一口鐘（つりがね）がある。ついでだが、上海語や蘇州語でマントのことを一口鐘と言っている[51]。北京語では斗蓬、『紅樓夢』などもこのことばを使っている。

　以上は metaphorical な例を擧げたが、こういういわゆる陪伴詞[52]、これは純粹な單位、度量衡の單位、そういう風なものを除くと、王力が天然的單位[53]と言っている種類のものもあるが、それはそのくっつく名詞の印象（impression）から出ているものが多いと思う。ことばを換えて言えば、そういう事物の感覺、人間の感覺に訴える要素、そこから出ている場合が多い。北京で留學していた時に一緒にいたことのある郭明昆

---

　[51] 釣り鐘に似ているから。
　[52] 名前の付け方は實にさまざまで、中國の文法學が成立していないからである。王力は前に單位詞といい、日本の文法家は助數詞という。李顚塵（『實用中國語文法』文求堂、昭19 年）は助數名詞。
　[53] 事物に固有のという意味であろう。

語義沿革舉例 219

　君（臺灣）はこの性質からして、いわゆる陪伴詞に形體詞という名前を與えようという案を出したことがあるが、獨立した品詞と見なす必要はなく、又名稱はどうでもよいが、とにかく感覺的な性質と不可分であることは注意すべきである。

　そういう風なものも metaphor の 1 種と言えば言えるようなものであるが、そういう metaphor というものは、それを好んで使用する者はむろん詩人（poet）でありますけれども、Bloomfield が言っておりますように、機知（wit）と詩人とは隣り同士のようなもので、ですから詩人にせよ或いは名もない民衆の 1 人にせよ、その一寸した偶然の思いつきがですネ、ことばの新しい意義を付け加える。semantic innovation と言いますけれども、それがことばの新しい意義を付け加えるということは珍しくないことであります。ただそれが、その innovation が popular になるかならないかという違いである。しかもこのいわゆる poetic metaphor 詩人の、或いは詩の metaphor と言われるものも、その大部分は、大半は、日常のことば ordinary speech の用法の成長したものと見なすことが出來るものであります。

　こういう言い方がある。これは誰が言ったか知りませんけれども。

　　"Language is a book of faded metaphor."

これは Bloomfield によれば事實とはアベコベであって、

　　"Poetry is a blazoned book of language."

實は poetry なるもの、詩の方がむしろ言語というものの輝きを増した書物である、と。まあ言語學者の立場から言えばそういうことになるかと思う。これは事實の兩面でありますけれども。詩人というものが國民の、特別に選ばれた者であるとするならば、poetry は言語というものの輝きを増した書物であろう。

第 3 章　風流

　Bréal の紹介をするのは目的でなかったから、一旦打ち切って、今日から、これは非常に突飛なことばだが、風流ということばの意味の變遷について少しお話したいと思う。風流ということばについては國文學及び國語學では非常に詳しく研究されているようである。例えば遠藤さんの「風流攷」[54]や、東北大の岡崎教授の昭和 22 年に出た本[55]のはじめにも「風流の原義」という 1 章があって、中國でこれがどういう意味を持っていたか、相當詳しい研究がある。だから要點について洩れているところはないが、意味がどう變遷したか、これは文學思想史などと關係するが、ことばの意味がどう變遷するかという例として取り上げる。

　我々が遡り得る最初の意味は言うまでもなく、風流というこの 2 字が結びついて出來た。そういう意味で 1 つの compound であるが、その結びつき方について、私が讀んだ國語學や國文學の先生の言われている所では、風と流、この 2 つの字が對等の關係で結びついているように考えられたのではないかと思う。簡單に言うと、風の流（翻譯すればですネ）、そういう風にして出來たことばだと思う。最初の出來方はですネ。例えば『孟子』に出てくる、これをひっくり返した流風ということばがある。これも流と風ではないと思うが、もっと明瞭な例は『文選』洛神賦（曹植）の中に髣髴兮若輕雲之蔽月、飄颻兮若流風之廻雪、そういう文句があります。その場合、流風というのは前と對句になっていて、それから分かるように、輕雲を輕やかな雲と譯するならば、直譯すれば流れる風が雪をめぐらすということに違いない。それから風流雲散一別如雨（王粲、贈蔡子篤詩）、それも直譯すれば、風が流れる、或いは風の如く流れ雲の如く散ず、である。流風というのに對し、これと似た用法では、例えば流光、流鶯、それらは同じような似た例である。そういうことから推して、風流の流は風が吹き過ぎてゆく、風の運動を指すことばであっ

---

[54] 『國語國文』10 卷 4 號（昭 15 年）。[遠藤嘉基]
[55] [岡崎義惠『風流の思想』東京：岩波書店、1947 年]

語義沿革舉例

たろうと思う。その場合風というのが、いわば中心を占めていて、それに對する流は、日本語では動詞あるいは形容詞だが、とにかく從屬的な地位にあると思われるので、風という字から話を始めたい。

　風は言うまでもなく自然現象だが、そうでなく人間について言われる場合に、例えば

　　1. 風俗

ということばがあるが、風と俗という場合は、その場合の俗はちょうど物が風に從うように、知らないうちに感化を受けると、或いは受けたものが俗だと、そういう解釋があるように、いわば受動的であって、それに對する風の方は能動的である。active である。これは『論語』の例の、君子之德風、小人之德草、草上之風必偃（顏淵）、そういうことばがあるのによっても分かるのであるが、つまりこの場合の風は感化を與えるものであって、從って風化とか風教というようなことばが起こる所以であります。君主あるいは政治をとるもの、爲政者の態度が、その周圍からして人民、いわゆる下民に次第に廣まって行って、知らず知らずの間に道德的な影響を及ぼす。儒家の專有物になるような、そういう思想である。その場合には政治的な關係があるが、それから離れた個人についても風という字が使われることがある。それが第2の意義であって、例えば『孟子』の中に

　　2. 故聞伯夷之風者、頑夫廉、懦夫有立志（萬章下）

云々とあって、この場合にも個人が他に及ぼす感化力という觀念は附隨しているけれども、それはもはや政治からは離れたものである。ですから風節とか風義などと言いますときには、その人のですネ、道德的な高さが他人から仰ぎ慕われると。他人から仰ぎ慕われるような道德的な高さを指す。そのような道德的な高邁さに限らず、一般にある個人の人柄から受ける感じが、風標とか風格であり、更に具體的にその人の顏かたち、或いはすがた、そういう容姿に即して言えば風姿、風采、風度[56]に

---

[56] 風采態度だという説明がある。

なり、その人の物言いぶりといいますか、ものの言い方などについて言う場合には、風味、風趣などという。もっと廣く文學などについて言えばstyleということになる。第1の場合では、その中心になる人物よりも、その周圍に與える影響の方に重點があると思うが、第2の場合では、その影響される周圍よりはその中心になる人物、個人の方に重點があると思う。ですから前者の場合では、假に風俗という場合で言うと、上之所化爲風、下之所化爲俗（『辭源』、そういう説明が成立つとすれば、やはり上下の關係ではあるが、相互の關係というものが一のものとして把握される譯である。だから結局何か、紂之去武丁未久也、其故家遺俗、流風善政、猶有存者（公孫丑上）、そういう場合のやはり政治の仕方というような意味を持っている。それに對して相互關係というものが重要であるのに對して、第2の場合では、個人は風俗の源であるかも知れませんが、しかしその個人だけが大きく浮き上がっているのであります。以上は風という字が人間に使われる場合のある種の意義についてお話をしたんですが、そこで當面の問題である風流ということばについてもやはり今申したような2つの面がある。それはいわば道徳的或いは社會的な方向と、個人的な方向であります。

　で、『漢書』の中にですネ、こういうことばがあるんですが、昔の秦の土地、秦の地方の人々が非常に好戰的である、或いは爭いを好むというようなことを述べまして、…其風聲氣俗、自古而然、今之歌謠慷慨、風流猶存耳（趙充國辛慶忌傳贊）、これはよく引かれるんですけれども。『孟子』の流風というのと大差ないことになるが、この、こういう風な名殘、遺風というのは、やはり道徳的、社會的な方向、前者に屬するものである。『漢書』の中には、前に仙臺の學生に調べて貰ったことがあるが、その時にはたぶん風流ということばは、直接續いた例はこれだけだったと思う。だからこれは一寸餘談だが、漢代ではそんなに使われなかったことばだと私は思う。『後漢書』で、『佩文韻府』などに引かれているのでよく知られている例は、これは遠藤さんも引かれているが、士

語義沿革擧例　　　　　　　　　　　　　　　　　　　　　　223

女沾教化、黔首仰風流（王暢傳）である。この他、『後漢書』にはもう少し使われていると思うが、よく調べていない。教化と對になっているのからも分かるように、名殘、遺澤というような意味である。

　もう１つ付け加えると『淮南子』の中に、本經篇でありますが、風流俗敗というのがある。もっともこの場合名殘ではないですネ。風流が衰えたことを嘆いている。非常に特殊な使い方で、後世にもないし、漢代にも同じような使い方をしているのを知らない。どっちにしても道德的な方向から言ったものである。以上は個人的でない方であるが、個人の人格を指した例では、これもよく引かれます例を申しますと、王獻之少年有盛名‥‥高邁不覊、風流爲一時之冠（『晉書』本傳）がある。この場合には文脈からして明らかに王獻之その人の高邁不覊の風格を指すことは間違いない。以上で風流というのに少なくとも２つの意義があることが明らかになったが、しかし風流ということばを更に轉じることがある。その第３の意味は、これは今申しました個人の風格のもっと特殊な場合でありまして、それは『辭源』の説明をアレしますとですネ、

　3. 不拘守禮法、自爲一派、以表異於衆也

そういう人を風流と呼んだのであるが、このような使い方は、簡單に申しますと、六朝になって始めて現れたと思う。少なくとも漢代にはまだなかった。そこで私が以前に『世說新語』の中から拾いました例は、13でしたか 14 でしたか、ある。14 ですか。14 あります。まあ私の見落としがあるかも知れませんが、で、14 の中でごく僅かの例外を除くと、ほとんどこの意義に用いてあると思う。『世說』は後漢から三國を經て晉に至る逸話を集めた本であるが、その實例を全部擧げることは出來ない。必要があればプリントにしてもいいが、その中から１例を擧げると

　　孝武[57]問王爽、卿何如卿兄、王答曰、風流秀出、臣不如恭[58]、

---
[57]晉の皇帝、簡文帝の子。
[58]王恭、王爽の兄。

忠孝亦何可以假人（方正[59]）

　そこで風流と忠孝とが恰も對立するかのように使われていることによって、それが非常に特殊な意味を持つということが分かると思う。先程引いた『後漢書』の場合のように、風流はむろん忠孝の美德と矛盾しないものであった筈ですが、そういう風な道德からはずれたものが風流なのである。それもこの１つの例だけからいうと非常に危險でありますが、この『世說』という書物の中に、風流名士、或いは名士風流、そういうことばが度々出てきますが、この風流に續けて言われる名士とはどういうものであったかと申しますと、これも『世說』の中にですネ、引用されておりますところによると、袁宏『名士傳』という本があるんでありますが、そこに名士と呼ばれておるのは、例えば何晏、王弼などを正始[60]名士と呼び、それから例の阮籍以下の７人を竹林名士という風に呼んでおります。つまりそういう人たちが名士なんです。これもご承知の通りでありますが、歷史によりますと何晏らは例の淸談ということが得意であった人々であり、老莊の虛無の說を祖述して、六經、經書の如きは聖人糟粕であるということを言った人たちでありまして、由是天下士大夫爭慕效之、遂成風流、不可復制焉（『通鑑』魏紀、嘉平元年）とあります。ここに言っておりますところの風流は、これはたぶん『三國志』の原文であると思うが、むしろ風尙とか風氣とか、むしろ１種の流行というのに近いのである。しかしそれが先程言ったように風流名士とか名士風流とかつなぐのは、おそらく晉になってからだと思うが、何晏たちのように浮世離れした淸談をやり、經書というものを輕蔑し、それまでの道德的思想に對する反逆をおおっぴらに言う、そういう風なことがです、それが風流と考えられたらしいのであります。でこの何晏らは、大膽な思想を述べ、或いは筆に書いたかも知れないが、それが次の時代の竹林七賢になるともっと行動的になった。例えば阮籍などは母親が死んだとき、

---

[59] 三卷本で申しますと中之上。
[60] 三國魏の年號、240～249。

碁を打っていたり、喪に服しているとき、弔問の客があっても哭しない、宴會に行っても平氣で酒や肉を食した。そういう逸話が非常に多い。例の有名な話で、隣の酒屋のおかみが綺麗であった。友だちと一緒にその酒屋に行き、酒を飲んでその傍らに寢て、その夫の疑いを買った。また近所の家の娘が美人で若く死んだ。全然つきあいがなかったのに、死ぬとわざわざ悔やみに行った。そういう人である。嫂（あによめ）が里歸りに行くとき、阮籍はわざわざ別れを言う。『禮記』に嫂叔不通問ということがあるのに、その時に禮豈爲我輩設也と言ったという。このことばはよく阮籍の考えを表わしている。阮籍で代表させたが、そういう風な行爲、それが曠達とか或いは六朝の人のことばを用いると通倪（脫）とかいうことばで呼ばれるのであります。漢という時代は儒教的な禮儀が非常にやかましい時である。その時代において、ある個人の品格において尊ぶべきものがあったとすれば、それは儒家の道德觀念に從って考えられたのは當然であるが、從って風流も儒家的な考えをもっていた譯である。後漢は老莊が底流を流れた時代であって、例えば後漢の末になると馬融という經學者として有名な人がやはり老子の注を書いた[61]。それ以後急速に老莊の書物が流行するようになり、書物だけの力ではないが、竹林七賢のような人を出すようになった。彼等は一見普通の人情に反すると思われるようなことも平氣でした。それは儒教的な禮儀とかその他に對する意識的な反抗であるが、そういう人たちが名士であり[62]、そういう人々が世間から尊敬された結果として、風流もまたそういう人々の品格を表わすようになった。ですからこの場合の風流というのは、内容の曠達あるいは通倪であるが、しかし、そういうことばとシノニム、同義語ではないのであって、そういう風な行いをする人が一般の人々から尊ばれるべきものとして風流と呼ばれるわけなんです。今日のお話はそれだけに

---

[61] これは今傳わらない。
[62] 名士は元來一定の内容を持たない。これ以來名士というと何かそういう響きを持つようになる。

致します。

第4章　雅俗

　この前、風流ということばに3つの意味があると申しましたが、その第3番目の意味、いわゆる風流の名士とか名士の風流とか言われる場合の風流、それと多少關係があると思うので、多少脇道になるが雅俗ということについてお話をしたい。雅ということについて、私自身別に新しい考えがあるわけではないが、清朝の學者でこういう説を述べている人がある。それは劉台拱という人でありますけれども、この雅という字は夏という字ともともと發音が同じであったと。その證據として引いておりますのは『荀子』でありますけれども、『荀子』のですね、例えば「榮辱篇」では、越人安越、楚人安楚、君子安雅、とありますのを、その同じような意味のことば、「儒效篇」には居楚而楚、居越而越、居夏而夏、そういうことを言っているので、雅と夏とはおそらく同じであろうと。雅という字は元來、鴉、烏の類、そういう鳥を指す。これは音が夏という字と同じであったために、その代わりに用いられる。1種の假借ですネ。で、まあ、そういうことからして、例の『詩經』の風雅頌の、いわゆる雅というのもそれである。つまり夏というのは今のことばで言えば中國であるが、王の都のある場所が中國である。中國ということばの元の意味はそうであるという[63]。その中國の地方の音樂を夏、音通によって雅という。それが夏の假借として用いられた雅の字のもとの意味なのであるが、夏の方は中國でありまして、政治の中心であるのみならず、文化の中心、文化の源であるから、四方の國々の模範になる。そこで雅というのが、雅者正也、そういう訓が生ずるようになったのである。音樂において、この夏の、すなわち中國の音樂が最もすぐれて優美であり、その模範とするのに相應しいものであったように、言語においても雅言

---

[63] 『詩經』の毛傳などではそうだ。

というものが生じた。雅言とは『論語』の「述而篇」に見えるが、それが標準語だというのも清朝の學者の説である。色々なwordsの解釋を集めた書物が『爾雅』と名づけられるのも、この書物が主として經書の語彙（vocabulary）であることが、もっとも正しい標準になるべき言語であると考えられたために、そういう名がつけられたものであろうと思う。もっとも『爾雅』という名前は、あまりはっきりしたことは分からないように思う。『爾雅』という書物はいつ出來たかはっきりしないが、そう古い書物ではないと思う。だから雅がそうした意味に使われるのはやはり音樂、大雅、小雅に使われるのが最初、とにかく音樂に關することばとして最初は出來たのである。この『詩經』の大小雅は、その唱い方がおそらく諸國の民謠と違っていて、いわゆる夏聲を用いたからだろうと思われる。その時の雅というのが音樂だけであったか、それはそのことばまで含んでいたかはっきり分からない。

　とにかく雅というのは音樂に關していることは確かであるから、これも『論語』にある鄭聲に對する雅樂、極度に人の官能を刺激しないのが雅だということになる。反對に言えばそういうことになる。既に『論語』の中にも雅言ということばがあるが、音樂から次第に言語文章についても雅という形容が加えられるようになった。例の漢の武帝の詔の中にある文章爾雅というのがそれである。そういう風にして文雅ということばも出來た。これはですネ、遙集乎文雅之囿[64]という言い方がある。この場合の文雅というのは古典的なもの、美しさを指すことは、その前後を讀めば分かります。それからしてこれも有名な文章でありますが、班固の『漢書』公孫弘傳論贊ですネ。これは有名な文章で、武帝の時代の文人の名を列擧したところがあるが、その中に儒雅則公孫弘董仲舒兒寬と、こういうところがあります。そこに擧げられた公孫弘以下の3人はすべて儒者であって、儒者として登庸され國の政治に與かるようになった人である。この場合の雅は儒者的な性格を持つ。漢の時代までの使い方の

---

[64] 『文選』、揚雄「劇秦美新」。

方の變遷はごく大ざっぱにはそういうことである。
　俗については『東方學報』に吉川先生の「俗の歷史」がある[65]。俗もあまり古いものには出てこない。したがって語源はよく分からないのであるが、例えば『漢書地理志』の中に随君上之情欲、故謂之俗ということばがあるが、つまり君主のですネ、上(かみ)たるもののです、欲望といいますか（少し當たらないが）、まあ欲望に從って變化する人民の習慣、風俗というものを、その場合には言っているが、注意すべきは意識的に韻を踏んでいるのではないであろうが、俗、欲、どちらも谷を聲符にする字で、おそらく語源も同一であろうと思う。同一の語源だと言ったところで、共通のものが何であるかよく分からない。で、後は想像になるが、つまり人々の欲望のあつまりのようなものが俗だということになるわけですネ。この前申しましたように、風俗の俗と風とは互いに關係があり、また對立している。風が君主の上からする教化だとすると、それによって民衆のいわゆる習俗というものが自然にできる。そういう風に考えられたのである。だから移風易俗[66]ということばがあって、惡い風俗を改めるのが君主のいわば義務である。ということは、ほっとけば風俗というのは惡くなるものだということになる。君主に對する小人は、いわゆる養いがたきものであるように、例えば『孟子』の中にある世俗とか流俗とかはどちらも惡い意味である。『論語』の中には俗という字はないのではないか。そういうことからしてあまり古い字でないように思う。この流俗ということばは風俗がだんだん崩れ、水が低い方へ流れるように、凡ての人がそうなってしまう。そういうのが流俗だという、これは朱子の解釋であって、古注には分かり切ったことと考えられていたと見えて、別に注釋がない。先王の道が衰えた、そういう習慣に從っているのが流俗である。この前引用しましたかどうか『淮南子』「本經篇」の中に風流俗敗ということばがある。私の知る限り、風流と續けられた一

---

[65] 『東方學報』第 12 册第 4 分册、昭和 17 年。［吉川幸次郎］
[66] 『禮記』「樂記」および『孝經』。

番古い例であるが、この場合も風化が衰えて、惡い風俗になったことを言っている。そういう風にして、とにかく俗というのが一番低いものになる。これもやはり『荀子』の、さきほど引きました「儒效篇」の中に、儒というものを色々分けまして、一番上が大儒、ついで雅儒、俗儒、俗人となる。全然學問がないものが俗人。これは問題にならないが、學問があっても『墨子』のように世俗の考えに異ならぬものが俗儒、…天下を統一することの出來るものが大儒であると。雅と俗とが何らかの意味で對立するものとして書かれているのは『荀子』のここのところが一番古いのではないかと思う。もっとも色んな本をよく讀んだ譯でないので、『荀子』とほぼ同時代になる譯ですけれども「李斯上書」[67]、その中にも随俗雅化とある。雅化という意味はよく分からないが、何にしても李斯と荀子とは同時代である。それからして漢の末になりまして、王充の『論衡』という書物の「四諱」というものの中に、田嬰俗父也、田文雅子也ということばがあります。父の方がですネ、つまり世俗の考えに從っていた。で、子どもの方を褒めているんですけれども、趙翼という者がありまして、この人の『陔餘叢考』、色んなことが書いてある本でありますが、その中で、王充のここが雅と俗が對立したはじめだと書いてある。まあはっきり對立させたのはこれがはじめかも知れない。とにかく俗は價値の低いもので、それに對する價値の高いものが雅である、という點は凡て同じだと思う。ただ儒家は教化によってそれを向上させる可能性があるだけのことであるが、まあそういう風にして雅と俗とは一應對立する。そういう風にして對立している譯だが、これが六朝になるというと、雅というのが單に藝術の美しさだけでなしに、人の風格について用いられるようになった。それならばそれが先ほど申しましたような、例えば公孫弘贊にあるような儒雅、そういうものを指すかというとそうでもない。その場合の雅の内容は、それがこの前に申しましたところの風流、それに非常に近いものである。もっと正確に言うと、雅であ

---

[67] 『史記』に引かれていたと思う。

るところの人々のやり方の極端なものが風流であるということになる。そういうことを明白に表わす使い方は、この前に申しました『世說』の中の風流というのだけを抜き出したのをプリントにしてもらったから、それを見てもらいたいが、例えば「言語篇」、その中に周伯仁という人が有風流才氣云々とある。それについてある人が、この周伯仁のような人が出たから空氣を一新することが出來るだろう、というような意味のことを言っている。風流と雅とが六朝では互いに關連して意識されていたことが分かるだろうと思う。

　ところでこの前申しましたような風流名士の行爲は、世の中の人々の行いの標準から全く離れていて、つまり普通の禮法、道德、そういう風な觀念から甚だしく逸脫してしっまっている。そういう風な名士に對立しているものが俗である。そういう風な意味の俗というのは儒學的な考えよりも、むしろ道家の考え、老子や莊子の考え方である。例えば舜のような聖人でも、莊子のような人の目から見れば俗人であった[68]。つまり道家の人々から見れば、儒家の思想（と限ることはないかも知れないが）によって、普通の考え方によって秩序づけられている社會、その全體が俗なんである。そして儒家の考えでは聖人というものを一番上に上げる。或いは儒家から見て、知識のない民衆だけが俗人だが、道家の方では聖人を含めて凡てが俗人となる。

　ともかくこの前申しましたような名士の世界觀は道家的であって、彼等に對立する俗は道家的な意味の俗である。例えば阮籍が王戎を俗物だという有名な逸話があるが、この王戎は竹林七賢の一人に數えられる人であって、阮籍の仲間のように見えるが、そういう人でも阮籍から見れば俗物である。禮法を固く守り民衆から脫却できないものは凡て俗であるということになる。だから阮籍が禮を守らぬといって攻擊した何曾などのことは文俗之士という風に呼んでいる。文と俗とがここで結びついているということは非常に興味がある。というのは文化主義に對する反抗

---

[68] たとえば「讓王篇」。

だからである。しかしそういう話をするのが目的ではないから述べない。
　これも有名な逸話だが、阮籍の母親が死んだ時、悔やみに行った裴楷という人があって、有名な人であるが、中國は今でもそうで、そういう際は出來るだけ悲しみを表わす習慣になっているが、阮籍はそういうことに非常に無頓着で、少しもそういう際に守るべき禮儀を守らなかった。裴楷は禮儀通りに弔問を終え、それから他の人に向かい阮籍は方外之人であるから禮儀を尊ばない。自分たちは俗中之人であるから、以儀軌自居だと言ったという話がある。そういう裴楷のような1種の名士でも自ら俗人であることを認めている。孟子とか荀子から言えば、非常に低級な、無知な民衆を指す、この俗という名稱を以て自ら呼ぶということは、この時代における2つのいわば相容れない世界があるということが分かると思う。ですから雅と俗とは對立するもので、それが風流ということばで呼ばれるような或る思想が俗と對立するようになると、雅と風流とが同じものになる。そういう順序だろうと思う。もともと同じでない、ひどくかけ離れたものだと思うが、それが同一のものになる。それは意義の變化というよりも、その背後にある思想の變化であるが、一口に言うと、いかに知識があり教養があっても、その人が人間の本性（というのは餘り好くないが）、そのことを道家の考え方ではそういうのを自然というが、それを自覺しなければ俗なのである。人間の本性つまり自然を自覺するためには一度凡ての習慣或いは因習から解放されることが必要である。久在樊籠裏、復得返自然（陶淵明）の詩もそういう意味だろうと思うが、そういう自然に返ることが人間の自由を取り戻すことになる。一面だけから扱ったようになるが、風流というのは、そういう人間の本来の自由さを獲得した狀態、そう言ってよいと思う。そういう自由をまだ得ないのが俗であると。まあそういう風な意味を持つと思うんですが。そういうことからして、そこで風流ということばが更にもう1つ意味が轉化することになります。それが第4の意味でありますけれども、それはこの次にして。

ある意味では自由不羈の精神という意味を持っているが、それは實際には貴族に限るのであって、庶民には直接縁のないことばである。これは六朝の社會がそうなので、そうなるのは已むを得なかった。だから風流名士と言っても實際には貴族であった。
　ところがそういう意味を持つ風流ということばが更に一轉して、まあ一口に言えば頽廢的な、デカダンス、或いは官能的な美しさを持つようになる。だからこれは風流ということばについて言えば、第4の意味になる。それが一番よく分かるのは、陳の徐陵『玉臺新詠』の中に使われている用例である。これはすでに岡崎さんの『風流の思想』の中に2つ3つ引かれているが、岡崎さんのに載っていない例をここに擧げましょう。

　　佳麗盡關情、風流最有名（卷七、梁簡文帝）
　　莫憚褰裳不相求、漢皐遊女習風流（卷九、蕭子顯）

それからもう1つですネ、これはまあ岡崎さんにも引いてありますけれども、

　　秀媚開雙眼、風流著語聲（卷十、劉泓）

その一番よく分かるのはやはり最後の例だろうと思います。そこに秀媚ということばは、意味は秀媚に雙眼を開くということなんでしょう。風流がですネ、ことばの聲にも現れている。それで分かるように1種のなまめかしさというような、そういう意味なんであります。そういう意味であることは、徐陵の序文の中に婉約風流ということばがあるのでも分かる。婉約というのは優艷というか、なよなよとした女の風情を表わすことばであるから、そういうようなのが風流である。岡崎さんも、若干の感覺的魅力、時に性的蠱惑力を含んでいる場合があるようだと言っているが、その通りである。實際、私が『玉臺新詠』の中で見た例では、序文を除いて5つくらい例があるが、みな梁の時代の詩人に限る。それ以前にそういうように使った例はないように思う。『玉臺新詠』以外では、簡文帝の文章の中ですが、

語義沿革舉例

　　雙鬢向光、風流已絶（答新渝侯和詩書）

これも光が雙鬢にあたっているところはその風流なることが絶妙である、比べものがないという。そういう意味でただの美しさというよりなまめかしさを持っている。

　ところでどうして第3の意味からここまで變化したか、ちょうどその間に來ると思われる、次のような例があります。これはすでに『佩文韻府』に引かれている例であるが、

　　作解散髻、斜挿幘簪、朝野慕之、相與放效、儉常謂人曰、江左風流宰相、唯有謝安、蓋自比也。（『南齊書』卷二十三「王儉傳」）

『通鑑』によりますとですネ、『通鑑』では齊永明三年のところに書いてある。もっとも丁度その年であるかどうかは知りませんけれども、で、この人は宰相でありましたけれども、やはり學者であって、國子祭酒というものもやった。で、學生と言いますか、書生を試驗しました時に、その時に作解散髻、そして簪を斜めに挿す。その姿を、今で言えばイキだと言うんですが、そう思って皆そのかたちをまねした。そうしてこの王儉という人は、南朝の宰相の中で風流といわれる者は謝安だけだと人に言った。その、そこにあります解散髻というのはどういうかたちであったか知りませんけれども、バラバラになった、ほとびかかったようすを言うのだろうと思う。簪を斜めに挿すのも同じで、キチンとしない、何かしどけないようなものであろうと思う。今でも帽子を横っちょにかぶるように、端正でない、謹直でない、そういうところに風流な點があるのだと思う。この前申しましたように、魏晉の時代の風流は一面反抗的で、禮儀、習慣を故意に無視する態度があったが、それから一歩を進めると、わざわざかたちを崩したところに新奇な美しさを認めるようになった。それは頽廢的な美というものと紙一重だろうと思う。帽子を横っちょにかぶる話も實際にある。北周の獨孤信の傳記の中に、或るとき獵に出て、

日暮れに歸ってくる時、帽子が横っちょになっていた。明くる日になると吏民が皆まねして帽子を横っちょにかぶっていたという。そこには風流ということばはないが。

そういうことはまた文學全體にも關係あることだが、梁の簡文帝自身がその子どもに與えて戒めた手紙の中に、これは鈴木先生の『支那詩論史』でしたか、その中に引いてありますけれども、立身先須謹重、文章且須放蕩（與當陽公志書）。それから元帝にも、情靈搖蕩（『金樓子』）の語がある。文というのはそういうものだ、と。

で、梁の時代に鍾嶸のですネ、『詩品』の中にも風流媚趣というような言い方があります。さっきの簡文帝の文のあとに付け加えるべきなんですけれども。六朝の時代に風流という字が使われた例は、南朝になると非常に多いだろうと思う。風流ということばは第４の意味からそういうなまめかしさということから、唐の時代になると更に好色というような意味にもなる。その例は『遊仙窟』などの中にある。風流才子というようなことばがあるが、元稹の「鶯鶯傳」の中に楊巨源の詩として載せてあるものにも、風流才子多春思という例がある。これは第４の意味の餘波というべきものである。それ以後には意味の變化はもう取り立てて言うべきものはないと思う。非常に脱俗的ということ、そうでなければ第４の意味もしくはそれに類するような官能的なもの、そのどちらかが多いと思う。ただこれは中國の文章語といいますか、リテラリー・ラングゥッジと言いますか、文學用語の特質として、意味が變化していっても、昔の用例にあるような使い方はやはり唐代以後にもある。それが文語というものの性質である。しかし大體としては今言ったような２つの意味に用いられることが多いと思う。

このように風流ということばが最初に持っていた、儒家的、道徳的な意味から見ると、まるで正反對のような意味に變化しているのは、ことばの變化の仕方から言えば、驚くべき變化であったかも知れないが、この場合それが六朝という時代の特別な思想的（或いは文學的にも）の激

語義沿革舉例　　　　　　　　　　　　　　　　　　　235

しい變動がその裏にある。ことばの意義も、それによって非常に大きな影響を被っていることを認めなければならないと思う。これはほんの1例に過ぎないが、思想的な變化がことばの意義の變化を與えた1例である。今日の話はそれだけにしますけれども。

第5章　聯綿字

　凡そ2字の熟語のようなものの話をしたついでに、いわゆる聯綿字というものについて少し話をしたい。聯綿字という名前は、これを始めて使ったのは宋の張有『復古編』という本が最初だそうであります。この本は詳しい話をする必要はないんですけれども、大觀四年（1110）の序がありますからして、その年に出來た本です。餘計なことですけれども、この張有という人は詩餘の方で有名な張先という人の孫で、湖州というところの人であります。書を書くのが得意だったので、世の中で用いられている字の字體の誤りを正すために作られたものであるが、親字といいますか、見出しになる字は篆書で書いてある。篆書を書く人の間で珍重された本らしい。上下2卷で、はじめの方は1字1字をやはりこの平上去入の四聲に分けて集めてある。今こういう字を使うのは誤りで、こういう字を書かなければならない、ということが書いてあるので、それだけでは別に特別の本ではないが、唐の顔元孫の『干祿字書』という本があって、これもやはり字體を正した1種の字書で、それに類したものである。ただ顔元孫の『干祿字書』は楷書で書いてあって、こういう風な字を書くべきだと示してある。正字と俗字ということを一々書いた本であるが、そういう點で同じ種類の本であるが、ただ聯綿字という字體を立てている。そこには餘りたくさん舉げてないですけれども

　　劈歴（普擊切　郎擊切）
　　　別作霹靂非

滂霈（普郎切　普蓋切）
　　別作霶霈非

は一番先のほうの例をあげた。1つ1つの字の説明はもう少しあるが不必要だから略す。こういう流儀で何十字か挙げてある。聯綿字という1類で、ですネ、反切を見ると分かるように、䨬の字も歷のところも下の反切が同じだから疊韻の字である。滂霈の方は、どちらも反切の上の字が同じだから雙聲の字であることは言うまでもないことなんで、大體は雙聲の字か或いは疊韻の字が多い。ただここに挙げてある字には一見して雙聲或いは疊韻の字であることが分からないものもある。その1例を挙げますと、

廖霩（流蕭切　苦郭切）

普通には雨かんむりを付けない。广（マダレ）を付けたり付けなかったりする。反切を見ても分からない。古い時代に遡れば、或いは kl- というconsonant を假定すれば、雙聲であるかも知れない。張有という人は雙聲とも疊韻とも認めなかったのではないかと思うが。それからこういうのもある。

空侯[69]（樂器也、苦紅切　乎溝切）
　　作箜篌非
目宿（莫六切　息逐切）
　　作苜蓿非

こういうのは空侯も或いは目宿も、どちらもご承知のように外來語でありまして、どちらも中央アジアの方から中國に傳わったものの名前ですネ。ものの名前というのは、ものが輸入された時、同時に輸入されるのが通例ですけれども[70]、この場合、偶然、目宿の方は疊韻であるけれども、關係のないことで、これは2以上のsyllableのことばを音だけ中國

---
　[69]日本ではクゴという。正倉院にあるのが唯一の實物である。
　[70]例えばカボチャ ← カムボジャ。

語に寫したものである。空侯の方はいま調べることが出來なかったが、目宿の方は例の張騫がはじめて西域に行った時に（鑿空）、その時にブドウとこの目宿とを中國に傳えたということが知られているものであるから、漢の時代に、漢のはじめにこの植物がはじめて傳えられた。その時に、これは何語であったか忘れたが、どちらにしても中央アジアに居た民族のことばであるが、それが音譯された。ブドウという字はギリシャ語の $\beta\hat{\omega}\tau\rho\upsilon\varsigma$ と同じ系統のことばだろうと言う。ギリシャ語が直接傳わったのではないと思う。何語から入ったかまだよく分からないのだと思うが、餘談になるが、張騫が中國にもたらしたという傳說のある植物は非常に多い。本草にもそういうことが書いてあるが間違いで、何でも張騫に結びつけるが、目宿だけは『漢書』に出ているから確かである。そのことを Laufer の *Sino-Iranica* という本の中にその考證がある。イランからシナに入った色んなもの、だいたい植物が多いが、そのことを考證したものである。逆にシナからイランに行ったものも *Irano-Sinica* というのが一寸あとに附いている。戰爭前だが北京で影印したので、古本屋などではよくある本である。

　要するに張有が一緒にした聯綿字という1類は、雙聲疊韻の字が大部分で、雙聲疊韻でなくても、2つを離ればなれにしては意味を失うもの、言い換えればいつも一緒にしておかなければ完全でない種類の單語である。だから張有の書物の中にはこういう例はないと思うが、後の學者は『詩經』で言うと夭夭とか關關とか同じ字を2つ連ねて使うものもやはり聯綿字の中に一緒にするものもある。聯綿字ということばを使ったのは張有が最初だが、張有以後にこのことばを使っている人がある。それからごく最近では王國維『聯綿字譜』3卷がある。王國維氏はほんの1年か2年の間だが北京大學の講師をしていた時に、日本で言えば大學院の學生という人たちから研究題目にどんなのがよいか訊ねられた時、その學生たちに與えた手紙の中に4つばかり題目を擧げている。その中に古文學中之聯綿字之研究という1つの題目があって、そこにも聯綿字と

いうものは合二字而成一語、其實猶一字也、という説明がしてあります。これは大體いま申しました『復古編』の名稱をそのまま使ったものだと思われる。今の手紙というのは全集には多分そのまま入っていないのではないかと思うが、北京大學の『國學季刊』1卷3號に見える。ついでですけれども、直接關係のないことだけれども、今申しました大學院の學生の研究題目の、これは大學院じゃない學生です、そこに詩書中成語之研究というものがある。そこで成語と申しておりますのは、やはり2字を別々にすると意味を成さないような單語を言うが、それは雙聲疊韻とは違うので、この成語と聯綿字というのは、少なくとも王國維氏は別のものとして考えていたように思う。私も以下に聯綿字というのはそういう意味の成語を含まないのであります。むろん成語は雙聲疊韻である場合もあろうが、それは問題外。

　張有以後、いわゆる聯綿字を研究しました人には、比較的よく知られておりますのは明の朱謀㙔『駢雅』7卷がある。この人は朱という苗字で分かるが、明の皇族になる人であります。この人の傳記については『駢雅』という本のはじめをご覽になると詳しくありますから、別に説明する必要はない。もっぱら、大體において聯綿字であるが、それを集めた本である。實はこれ以前に、例えば『爾雅』（漢代に出來たと思うんですが）『廣雅』（北魏）の釋訓という篇の中には、こういう聯綿字が幾つか載せてあります。もっとも釋訓以外のところにも載せてあるが、釋訓のところに澤山ある。しかし朱謀㙔のように澤山集めたのは、この本が最初だと思う。體裁は『爾雅』と同じで、釋詁、釋訓、釋名稱、釋天、釋地、釋草、釋木、…、釋獸。『爾雅』よりもすこし數が少なくて、完全には一致しないが、だいたい『爾雅』の體裁に倣っている。『爾雅』は1字1字の字もあって、その方が多いのであるが、この方は大小のようなものは入っていない。つまり1字1字にしては意味をなさないような、そういうことばが大部分である。その序文によりますと、聯二爲一、駢異而同、析之則秦越（縁もゆかりもない）、合之則肝膽とある。つまり2つ

を連ねて1つにするとは、この場合、字を言うんですが…。そういう風な書物、要するにそういう聯綿字に關する書物が昔からない。1字1字ならですネ、この人、難しいことばを使うのが好きな人でありますけれども、「頡籀家書」[71]以來の字書がある。1字1字の訓詁については蒼頡あるいは史籀以來の字書があるが、聯綿字についてそういう風な書物がないのは遺憾である。そこで自分はこういう書物を作ったということが序文に書いてある。その序文が萬暦丁亥（15年）、1587年だと思いますが、前の本から400年以上後でありますが、そういう『駢雅』という本を作った。この本には注釋が全然ない。『爾雅』と同じで、何々は何々也と書く。例を引くのはちょっと不適當でありますけれども、いちばん始めのところを申しますとですネ、

　　　蓁綏、恆慨……扈扈、實實、廣大也

19のことば（38字）が擧げてあって、そういう風な、みな廣大という意味であると。『爾雅』と全く同じでありまして、はじめという字が擧げてありましたかネ。とにかくそういう體裁の本であります。その次に高いという意味の字でありますが、高いとか深いとか、……そういう風に釋せられる字を順々にならべたものであります。この本は清朝になりましてから魏茂林という人がありまして、この人が『駢雅訓篡』という本を作りまして、それに詳しい注をつけた。この1つ1つのことばは何という本に見えているか、例えば今擧げた例で言いますと、はじめの2つは『方言』、最後の2つは『禮記』と『詩經』（魯頌でありましたかな）ですネ。というようなことを一々詳しく注をした。この本は始めましたのは道光年間、1845年ですか、その後石印本が出まして、これはよくある本です。これも餘談になるが、こういう風な書物がなぜ出たかを、いわゆる文字學、小學の立場でなしに考えると、いわゆる駢文を作るためのものだろうと思う。これが利用されるとするならば、おそらく駢文を

---

[71] 『蒼頡篇』と『史籀篇』。

作るには役に立つだろうと思う。駢文というのはこういう雙聲疊韻の字を使うことが非常に多いからである。ヨーロッパにありますネ。意味を分類して…、それと同じことではないかと思う。それは明の中頃に例の前七子とか後七子とかいう復古派というのが非常に盛んになって、文は秦漢、詩は盛唐というようなことを唱えた人々が勢力を得て、唐以後のものを讀まないことを誇りのように思う時代があって、古めかしい駢文のようなものを作ることが盛んになってから出來た本だと思う。清朝になって出來た『駢字類編』[72]は『駢雅』に多少刺激されて出來たところがあるかも知れない。ですから私の想像が間違っていなければ、我々が今日申す文字學の本というよりも、文學を作る人のために出來たものである。注がないのもそのためではないかと思う。文を作るのが目的なら注がなくとも差し支えないわけです。

　ところで明の時代というのは文學は盛んであっても文字學は盛んでなかったが、清朝になって文字學が盛んになってから、聯綿字を全然違った見地から取り上げるようになった。そのいちばん有名でよく知られているのは王念孫でありますが、王念孫には、これはよくご承知のことと思いますが、『讀書雜志』という本があります。その中の「漢書第十六」というところでありますが[73]、そこに連語という１節がありまして、そこに

　　　凡連語之字、皆上下同義不可分訓、說者望文生義（その場で當
　　　てずっぽうないい加減な解釋をつけるものですから）、往々穿鑿而失其
　　　本旨

そう言って、そこに澤山の例が擧げてあるのですが、20以上の例が擧がっていますが、例えば成る可く易しい字の例を１つ２つ擧げます。

　　　…勞倈、則曰勞者恤其勤勞、倈者以恩招倈

---
[72] 聯綿字だけではないけれども。康熙年間に出來た。
[73] 全體から申しますと卷の四の十六。

語義沿革舉例　　　　　　　　　　　　　　　　　　　　241

　それは間違いだと言うのであります。細かいところは引かないが、この勞倈というのは雙聲の字である。勞倈雙聲字、來[74]亦勞也、字本作勑。これは說文家のいう本字で、ある意味の時にはこの字を書かなければならない。それ以外の字を書くのは假借だという。これは特に清朝の小學家における通念のようなものである。ただ實際に古い經書を見ても、この字は使ってないので、そこに問題が起こる。倈とか來、通用字としてはそうである。通用というのは假借とは少し違うように思うが。そして勞倈という字はこの2字でもって、勞倈二字、有訓爲勤勉[75]者、有訓爲恩勤[76]者、という。そういう一々の例が引いてあるが略す。たとえば『孟子』の勞之倈之。これは獎勵するという意味だと。憐れむという意味は『詩經』毛傳の序などにある、と。いろんな例を擧げてある。いずれにせよ勞倈を2つに分けるのは間違いだと、そこに特別に斷っている。これは『漢書』の解釋に關するいろんな問題を書いてあるので、特別に『漢書』の例がたくさん擧げてあるが、そして顏師古の注が非常に解釋を誤っているところを指摘してある。これはたった1つの例に過ぎないが、連語という1節にたくさん擧げてありまして、そうしてですネ、最後に

　　…凡若此者、皆取同義之字、而彊爲區別、求之愈深、失之愈遠、所謂大道以多岐亡羊者也

と、まあそう言ってるんでありますが、これはですネ、つまり明代あるいは明以前の學者が、ただ聯綿字あるいはその他の名稱を與えて1類にしたものに對して、それを決して分けて論じてはならないということを非常に強く主張したものであります。
　この次に時間がありましたら、この中からもっと例を擧げて說明したいと思うが、王念孫がここに擧げた例は、雙聲疊韻に屬する字は實はあ

---
[74] 人偏にすべきところだが、私の見た本には人偏がない。もっともなくともその意味になる。
[75] はげます。農業を獎勵するというような時の獎勵。
[76] 情けをかける。

まり多くない。ただ 2 字が非常に密接不可分にくっ付いているだけあって、その意味では王國維の成語に近いかと思うが、しかしむろん雙聲疊韻の字もあります。そうして王念孫は更に『廣雅疏證』の卷 6 釋訓上で、

  躊躇[77]、猶豫也

のところ、これはどちらも雙聲になる。この場合は雙聲の字を雙聲の字で訓じてある。そこの王念孫の「疏證」の終わりのところに

  …夫雙聲之字、本因聲以見義[78]、不求諸聲而求諸字、固宜其說之多鑿[79]也

そういう風な戒めをしている。これはもちろん雙聲疊韻の、つまり聯綿字の一般の性質であるが、それを注意しなければ解釋を誤ることがあると、繰り返して言っている譯であります。で、ですネ、いま王念孫が強調しているように、簡單に言えば聯綿字というものは、音が大事なのであって、音が同じなら、または音が似ておれば、字そのものは色々なかたちをとる。だから字そのものに囚われてはいけない。これは王念孫に限らず、清朝の人々が明らかにしたのは 1 つの功績であるが、だから聯綿字というのは普通の文字のような取り扱いが出來ない譯ですネ。したがって、この聯綿字というものは、意義の變化についても、これまで申しましたような色んなことばと少し異なった變化のやり方をする譯です。このことにつきまして、今日は時間がないのでこの次にお話しします。

 苜蓿、箜篌に關する研究について補足しておく。

 苜蓿は、Lauferによればイラン語だろうという。却って中國語の苜蓿ということばから逆に推定する他ないという音らしい。たぶんこれは假定に過ぎないであろうが、*buk-suk、*bux-sux というような音を假定してある。カスピ海のある地方の方言（Caspian dialect）に būsho というらしい。

---

[77] これはもっと難しい字が書いてある。
[78] 今で言えば象徵ということになるんでしょうけれども。
[79] 牽強付會。

語義沿革舉例　　　　　　　　　　　　　　　　　　　　　　243

　箜篌の實物は正倉院にあるが、もとのことば（借用語であることはほぼ間違いない）は、Pelliot 氏の Le k'ong-heou et le qobuz（内藤博士還曆記念支那學論叢）によると、qobuz は turco-mongol、どちらか分からない。同じ系統のことばだから、どっちであってもよいわけだが、トルコ語ではたぶん qobus、蒙古語では少し變化して xu'ur > xur。明の時代の蒙古語を記したものでは忽兀兒という、そういう漢字で表わしてあるそうである。これらは一見箜篌と似寄りがないようだが、唐の時代の回鶻語の text にやはり qobuz というかたちが出てくる。そして箜篌という字は、qumγu という音を表わすつもりらしい[80]。そしてこの m は *quβ(— xu'ur) のかたちだろうと思う。或いは *qobγuz（トルコ語とウイグル語では、蒙古語の r が z になる）か。r は、「絲」が中央アジアで ser となり、ヨーロッパのことばでもそれから出たかたちになっているのは有名なことだが、これも中國語に元來 r があったというのではないかも知れないが、中央アジアを通る時 r がつく。また反對に師（獅）子はやはりあちらのことばの šer の音譯らしい。

　雙聲疊韻のことばの話を續けることにします。王念孫の『廣雅疏證』あるいは『讀書雜志』というような本に雙聲疊韻とは限らないが、いつでも 2 字つながって現れる文字を別に切り離して訓じてはならないということを強調したのであるが、そのことを、それと同じようなことを、というよりそのことをやはり王念孫の息子であります王引之という人も『經義述聞』卷 31 通說というところに、猶豫、從容、無慮の 3 つについてそれぞれ說明している。この本はいつでもそうだが、家大人曰…ではじめる。その內容はほとんどこの前引いた『廣雅疏證』の中にも 3 つとも出てくる。また『讀書雜志』にも引いてあって、內容に新しいところはないが。

　王念孫にしても王引之にしても（事實上は王念孫）、ある幾つかのことばについて大體同じような音、例えば 2 字づつの字であるが、ただ字

---
[80] これは坎侯のかたちもあることが證據になる。

體が少し違う。元來1つの單語（word）であったものが、似寄った音を持つ別々の文字で書き表されている。そのことを例えば猶豫とか無慮とかいう幾つかの例について言っているが、王念孫は、そういう幾つかの例でなしに、先秦の主な書物について非常に澤山の例を集めてこれを研究しようと企てたらしいのである。これはむしろ字體であるが、同時に音韻もう少しづつ變化しているが、字體及び音韻の變化した跡をあとづけようと企てたらしい。これはおそらくこの2人の學者が生きているあいだには完成しなかったらしい。ですからこれは全然發表されたことはないのだが、比較的最近（20年ばかり前）になって王念孫の子孫の家から、この2人の學者の遺稿が出たことがあって、これは羅振玉氏、この前亡くなりましたけれども、この人の手を經て、遺稿の大部分が北京大學に歸した。今でもあると思う。その遺稿の中に「疊韻轉語」（という題目だけはついていたと思うが）という名前の原稿、というよりノオト、覺書のようなものが見つかった。不完全だし、世の中に發表するようなかたちになっていず、それだけでは何とも仕様のないものであるが、これはやはり2字のつながった、そしてこの場合疊韻になることば、それを1つの語源から變化したと思われるさまざまな用例を集めてある。これはこの2字が、例えば假に鶗鴂という鳥ですネ。これは字のかたちは色々に書かれておりまして、これは動物學上の問題もあるが、子規、どちらも36字母で言うと精母と見母、どちらもts- k-。このように字母によって配列してある。疊韻のことばだから大體同じ韻になる。しかし少しくらい韻が違っていても大體同じ語源から來たものが多い。これは魏建功『古音系研究』という本の中に附錄として載せてある。これが王念孫の「疊韻轉語」と名づけられたものの全部ではないかと思う。その他まだ古音學に關する原稿が澤山あるらしい。

　そこで王念孫のこういう研究に直接刺戟された譯だが、先程申しました王國維『聯綿字譜』（これも遺稿であって、そのままのかたちで發表するものではなかったろう）もおそらくこれに刺戟されて出來たものであ

語義沿革擧例　　　　　　　　　　　　　　　　　　　　　　　245

ろう。一應、上中下の3卷で完結したかたちになってはいるが、例と例
との脈絡がついていないので、材料としては使えるが、そのままで研究
とは言えない。ただこの種類の研究でいちばん有名といいますか、有名
なものは程瑤田「果臝轉語記」という名前のものであります。この程瑤
田という人は安徽省の人で、清朝の小學者あるいは經學者の中では非常
に特色のある學問をした人だが、この本はあるというだけでtextを見た
人はなかった。民國19年、原稿を持っていた人が世の中に出し、『安徽
叢書』に載せられた（民22年）。この前に（たぶん）程瑤田が「果臝通
義說」を『通藝錄』に收め、これは死後間もなく版になっているが、
これがおそらく最初の原稿であって、それを推し廣めて「果臝轉語記」に
なったと思われる。この果臝（クヮラ、guǒluǒ）というのは草の名前で
ありまして、『詩經』「東山」に出てくることばで、『爾雅』「釋草」の中
にも出てくる。和名を何というのか調べる暇がなかったが、

　　果臝之實[81]、栝樓

このことばはどちらもk-l-で始まる音節で、おそらく果臝の方が古いの
であろうが、語源は同一のことばに違いない。とにかく『爾雅』は注がそ
こに引かれているところによっても、これは1種の蔓草で實が瓜のよう
なかたちをしている。古い『本草』では天瓜あるいは蔓瓜という。汗疹
が出來るときつける天瓜粉というのは、これの根から作ったものだとい
う。『爾雅』のここのところだけ見ていると、これはいかにもこの植物
だけの特有の名前のように見えるが、實はこれと非常によく似たことば
がある。「釋蟲」のところでは

　　果臝、蒲盧（郭注、即細腰蜂也…）

とある。まったく同じことばに違いない。日本の昔のことばでスガル
という蜂だと思う。これに似たことば、つまり草でも蟲でも何でもよいが、
端の方がくびれていて先へ行くと又少しふくれて大體楕圓形のように

---
[81]「果臝之實」が詩の本文。

なっている。そういう形のものは何でもこう言う。或いはこれに類したことばで呼ぶ。程瑤田はこれによく似たことばをおびただしく舉げている。全部舉げることは出來ないが、k-l-のかたちのことばを先ず少なくとも 28 語、ただ字體が違うだけのこともあるが、舉げている。これの反對になる場合 (l-k-) があって、例えば螻蛄謂之梧螻（揚雄『方言』）がそうであるが、原則としては k-l- である。鳥にもそういうのがあるそうです。それから程瑤田によれば、瓜 guā がそもそも果臝から來ている。そればかりではない。そういうのはただ物の名前であるが、動詞のように使うことがあるので、拘攣なども人間を縛って捕まえておくおくということであるから、かたちが瓜のような、そういうことから來ているという。その解釋が當たっているかどうかは別にして、直接果臝もしくはそれに近いかたちで程瑤田の舉げたものだけで 28 あるが、それからあと多少かたちの似ているもの、p-l-からはじめて形式がだんだん變わっていくわけだが、それから p-j-[82] 扶搖のようなものもある。これはつむじ風のことで、『爾雅』にも出ている。これがつづまって飄 piāo となることもあるわけだが、つむじ風はさっき言った瓜のかたちとどこか似寄りがある譯ですネ。それから l-l- 轆轤、l-p- 萊服（蘿蔔）、まあそういう例を舉げればきりがないが、そういう風にして 2 字つながっていて、さきの果臝 k-l-の結びついたかたちである、そういうことばですネ。それをおよそ私の數えましたところで 286 語、300 に近いことばを舉げてある。これは音韻上のかたちだけでもその全部を舉げることは出來ないが、もう少し出すと、t-l-、k-k-、t-k-、l-s-、s-l-‥‥などがある。

　そういう音韻の形から言っても少し變わっているが、とにかく様々なかたちで寫されている。こういうのは雙聲とも疊韻とも言えない特殊な結びつき方をしたものだが、とにかく音韻そのものが特殊な意味を持っていると考えられることばである。先ほど言った瓜のようなかたちだが、そういうことから連想される實に多種多様なかたちを持つことが出來る。

---
[82] フランス語でも l から j になることがある。

語義沿革舉例

そういうものが、文字だけを見るとまるで別のもののようであるが、しかし全部一ヶ所に集めてみると、實はある共通の語源を持っていると言わざるを得ないものである。程瑤田はそういうことばでは言っておらず、以下のように言う。

　雙聲疊韻之不可爲典要、而唯變所適也、聲隨形命、字依聲立、屢變其物而不易其名、屢易其文而弗離其聲、物不相類也、而名或不得不類、形不相似而天下之人皆得以是聲形之、亦遂靡或弗似也、姑以所云果臝者、推廣言之……
　凡上所記、以形求之、蓋有物焉而不方、以意逆之、則變動而不居、抑或恆居其所也、見似而名、隨聲義在、愚夫愚婦之所與知、雖聖人莫或易焉者也……

魏建功の『古音系研究』にやはり附録として載っている。句讀が切ってあって讀みやすいのでそれによったが、内容は『安徽叢書』と同じことである。書き出しに言う雙聲疊韻は普通にいわゆる雙聲疊韻とは違うようであるが、簡單に言えば聯綿字である。1つ1つについてそれが同じであるとは言っているが、全體としてそれが何であるかは言っていない。このような場合には、固定して提示できない性質のものだと思う。1つ1つ定義すれば少しづつ違いがあるが、全體として言えば何かもとになるようなものがある。面白い文章だが、難を言えば、色々なものをくっ付けすぎたところがある。例えば蒙古語などが出てくるのは感心できない。1つ1つが全部果臝で示されるfamilyに入るかどうか、個々の場合には問題があるが、これに類したことが雙聲疊韻のいわゆる聯綿字のすべてについて言える譯です。どういう傾向かは、方物すべからざるものが多いが、多く集めると大體の見當がつく。どれからどれに、ということはこの場合言えない。前にお話した意義の變化とはかけ離れているが、こういうこともあるということをお話しした。

世說新語所見風流二字連文擧例

一、王恭…祖父濛、司徒左長史、**風流**標望、父蘊、…、亦得世譽（上之上 德行）

二、周顗（字伯仁）有**風流**才氣、少知名、正體嶷然、儕輩不敢媟也、汝南貢泰淵通清操之士、嘗歎曰、汝潁固多賢士、自頃陵遲、雅道殆衰、今復見周伯仁、伯仁將袪舊風、清邦族矣（仝言語篇注引晉陽秋）

三、孫綽賦遂初、［注］遂初賦叙曰、余少慕老莊之道、仰其**風流**久矣（同）

四、（晉）孝武問王爽、卿何如卿兄、王答曰、**風流**秀出、臣不如恭、忠孝亦何可以假人（中之上 方正）

五、戴公從東出、［注］晉安帝紀、曰、戴逵、字道安（按當作安道）、少有清操、…、尤樂遊燕、多與高門**風流**者遊、談者許其通隱、屢辭徵令、遂著高尚之稱（中之上 雅量）

六、王仲祖、劉眞長造殷中軍談、［注］中興書目曰、浩能言理、談論精微、長於老易、故**風流**者皆宗歸之（中之下 賞譽）

七、范豫章（寧）謂王荊州（忱）、卿**風流**儁望、眞後來之秀、王曰、不有此舅、焉有此甥（同）

八、撫軍（晉簡文帝）問孫興公、劉眞長（惔）何如、曰、清蔚簡令、王仲祖（濛）何如、曰溫閏恬和、［注］徐廣晉紀曰、凡稱**風流**者、皆擧王劉爲宗焉（中之下 品藻）（按語又見習鑿齒中興書）

九、人有問大傅、［注］續晉陽秋曰、獻之文義竝非所長、而能摅其勝會、故擅名一時、爲**風流**之冠也（同）

十、有人問袁侍中（恪之）曰、殷仲堪何如韓康伯、答曰、理義所得、優劣乃復未辨、然門庭蕭寂、居然有名士**風流**、殷不及韓（同）

語義沿革舉例　　　　　　　　　　　　　　　249

　十一、衞洗馬（玠）以永嘉六年喪、…咸和中、丞相王公教曰、衞洗馬當改葬、**此君風流**名士、海內所瞻、可修薄祭、以敦舊好、（注引玠別傳、亦有是語）（下之上 傷逝）

　十二、康僧淵在豫章、去郭數十里立精舍、…庾公諸人、多往看之、觀其運用吐納、**風流**轉佳、加已處之怡然、亦有以自得、聲名乃興、（下之上 栖逸）

　十三、蘇峻之亂、庾大尉南奔見陶公、…性儉吝、及食噉薤、庾非唯**風流**、兼有治實、（下之下 儉嗇）

　十四、孫興公作庾公誄、[注] 綽集載誄文曰、咨予與公、**風流**同歸、擬量託情、視公猶師、…（中之上 方正）

　（附）顧劭嘗與龐士元宿、[注] 吳志曰、劭好樂人倫、自州郡庶幾及四方人事、往來相見、或諷議而去、或結友而別、**風聲流**聞、遠近稱之、（中之下 品藻）

右據光緒十七年長沙思賢講舍本錄 昭和辛卯一月

中國小說史

1948 年 10 月 25 日～年 11 月 6 日

第 1 章　小說の起源（古代から唐まで）

　小說という名前が一番はじめに中國の書物に見えるのは『莊子』である。『莊子』の成立年代ははっきりとは分からないが、大體戰國であろう。ただ戰國から漢初にかけての小說ということばの使い方はわれわれの使い方とは少し違っていて、殘叢小語という語が桓譚の『新論』（いま傳わらないが、その斷片）の中にあるが、きれぎれの一定の system のない、ばらばらな言葉という意味らしい。小說家として諸子百家の中には入っているが、一定の理論によって貫かれているものではない、という意味である。

　漢の班固『漢書藝文志』の中には小說家という一類がある。そこに

　　　街談巷語、道聽塗說者之所造也

とある。なにか信じがたい、つまり根據のないことばだということになると思う。しかしそれにも拘わらず『藝文志』を見ると、小說家の中には 15 種類の本が擧げられていて、中には虞初の『周說』というものが載せられている。そういうところを見ると、漢の時代[1]にはこういう信ずべからざる筈の書物が武帝のような君主をはじめとして、色々な人に愛好せられていた證據を示すものである。

---
[1] 虞初は武帝に仕えた方士である。

そのような小説のもとは何かというと、魯迅は神話や傳説が小説の源であるというのであるが、そのことについて少し述べたいと思う。一體（傳説を含めた）神話と小説とのどこが違うかというのは、その内容が如何に奇怪なことであっても、神話をつくる者あるいは語る者が、それを眞實だと信じているということであり、それを聞く聞き手の方もそれを信じようとして聞くのが普通である。つまり宗教的であるのに對して、小説の方は作者自らも事實でないということは知っている。そして聞く者あるいは讀者も必ずしも本當だと信じなくともよい。ただ人を面白がらせればよい。ところが神話というものは全く同じ物語であっても、語り手もしくは聞き手が信じなくなれば、それは神話としての性質を失って小説の方に近づく。神話や傳説は元來口で語るものであるが、それが書きとめられて後世に傳えられるようになるのは半信半疑の狀態に置かれている場合が多いのではないかと思う。それを過ぎると完全にうそである。つまり fiction であると感ぜられるようになる。それは必ずしも時代的歷史的な移りゆきに伴うものではなくて、同じ時代でも低いところにある民衆は神話や傳説なども事實として信じようとする傾きが強い。周作人の『中國新文學的源流』中に (A) のような圖があるが、小説の場合でもこれと similar な圖 (B) を書くことができる譯である。

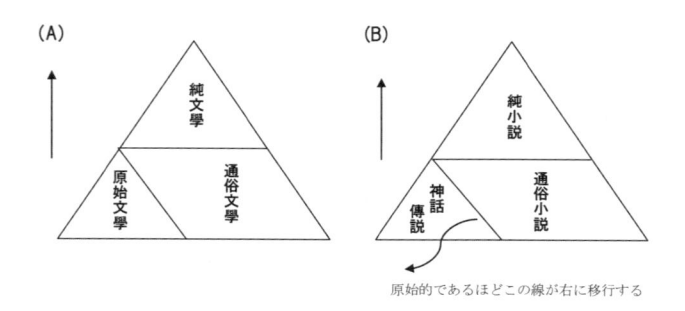

(A) 純文學 / 原始文學 / 通俗文學

(B) 純小説 / 神話傳説 / 通俗小説

原始的であるほどこの線が右に移行する

どういう風にして神話から小説になって行くか、その經路を考えると、第一には鬼神を信じないということから始まるのは當然である。『論語』

の中に出てくる子不語怪力亂神ということがあって、孔子はそういう人間以上の力をもった鬼神というようなものに、何か疑いをもっていたと思われる。鬼神を信じないというのは、要するに人間以上のものと見なさないということであるから、鬼神の人間化というようなことになるであろう。文化が進めば、どんな國でもそんなことが起こる譯だが、中國ではそういう考えを最も促した一の學説は道家の思想であると思う。色々考えなければならぬ問題もあるが、極く簡單にするとそうなる。道家の哲學というのはざっと申せば、いわゆる自然物、特に動植物、そういうものと人間とを同じ平面において考えるのが道家の特色の一つだと思うが、莊子の齊物の思想、物を齊うする、天地萬物がわれと一體であるという考え方である。これは儒家の思想ならば、人間の中でも常に差別があり、いくつかの團體が考えられる。差別感という物があって、人間以外のものをも人間と非常に區別して考える。『論語』に鳥獸不可與同群とある。道家ではそうではない。特にはっきりしているのは莊子である。そういう齊物の思想では、一方からいえば人間も自然なものであるということになる。つまりそれ自身で存在するもの、何か他の力によって存在するものではないということ、萬物及び人間はすべて自然なものとして生まれそして存在するものとすれば、人間以外のもの、惡魔とか精靈とか色んな名前があろうが、そういう恐るべき力をもつものがあるように考えられていたものが、結局人間と同じように自然に生まれたものだとすれば、何も恐るべきものではないということが分かる。そうなれば神とか鬼とかの威力を求めるということはなくなるのである。道家の思想は必ずしも科學的とは言えないが、非常に唯物的なところがあるのだと思うが、少なくとも戰國になると鬼神というようなものを信じなくなる。

　『韓非子』内儲説上に、河伯に出會うことが出來るから連れて行ってやろうといって、齊王のために壇を築いて王をそこに立たせた。暫くすると大魚の動くのが見え、これが河伯だと教えたという。これはそれだけの話であるが、韓非子はむろん河神が大魚となって現れるなど信じて

いないことは明らかで、これは笑うべき話として書いているのである。道家の思想によって、鬼神など恐るべきものではないと、これが一つで、もう一つは方士の神化説である。

　人間が神になるというのは古くからある考えかも知れぬが、神仙説は少し異なり、普通の人間が修行することによって、まず不老長生になり、同時に普通の人間以上の力をもつというのである。神と人間とが超え得ざる溝によって隔てられていると考えられていた時代からすれば、これは非常な進歩なのである。一體神話というものは巫というものがあって、それが管理していたものだと思う。巫とは今でいえば shaman というもの、大體女で一種のミコであるが、これは神と人間の中に立つ仲介者であるから、やはり宗教的な役割をするものである。これは非常に古くからあるもので、神話はおそらく巫が語ったものであるが、方士はそうでない。方士の現れたのは多分戰國だと思うが、分かりやすく言えば、一種の魔術者である。巫というものの勢力が衰え、戰國末に行くにつれて方士が盛んになり、秦から前漢になって全盛となった。神話が自然現象の説明だという説が以前あった。それからすれば神話もある時代の知識を表わしているということにはなろう。だが、方士の考えはそれよりはずっと進歩したものである。科學に近づいたということである。ヨーロッパの錬金術がはじめは magician からはじまっているように、中國でも醫學、本草は方士からはじまっている。

　要するに神話は巫の時代のものである。神仙の話は方士の時代からはじまるものと思う。であるから實際の例を擧げれば『山海經』というものがある。來歴は明らかでなく、漢以前からある書物で、奇怪なことの書いてある本であるが、魯迅はじめ諸家のいう如く、これは巫の書物、少なくとも巫の勢力の強い時代の考え方を傳えたものである。まとめられたのはおそらく漢代だが、非常に古いものをもっている。この中に出てくる西王母というものは、後世の者と山海經時代の者とでは、image がずいぶん違っている。『山海經』では、その狀は人の如く、豹の尾、虎

の齒をしていて、よく嘯く。そして蓬髮戴 勝〔カミカザリ〕。これは疫病神だということである。別のところでは虎の身にして九尾、人面だが虎のような爪、といった神のことが出ている。大體『山海經』に出てくる神というものは、すべてそういう恐るべきかたちをしているものである。

　ところがやはり戰國時代にできたと思われる『穆天子傳』というものがある。ある時代、戰國の王の墓から發掘され、素性の分からないものであるが、天子というのは周穆王のことであり、穆王が8頭の馬に牽かせて西方に行ったことを日記體で書いたものであるが、この中に出てくる西王母というものは、穆王が西王母と酒盛りする場面などがあり、人間とほとんど同じに書かれている。よほど人間に近いものとして考えられていたことが分かる。漢以後になると、漢代に出來たと考えられていた『漢武故事』さらに後になって『漢武帝内傳』、どちらも完全な小説なのであるが、おそらく『漢武故事』がすでに晉の時代の王儉の作ったものだと言われる說があるからして、こういう風な書物は特に『内傳』を見ると、西王母を見れば年30ばかり、身の丈は高からず低からず、容顔絶世、眞に靈人なり、絶世の美人として書いている。帶び物、髮容、冠、くつ、すべて人間のように形容している。そういう西王母がただ天から降りてきて武帝に長生の道を授ける。そうなると純粹な神仙談ではあるが、しかも神化談の中にある不老長生ということよりも、その話の面白さのためにのみ作られていることが明らかである。こうして巫から方士を通って神仙談というものになると、まず以てfiction、われわれが小説というものになる。そういう人間と鬼神が同じものになるということも小説發生の源の一つである。

　漢から後漢、三國を經て南北朝になると、神仙談あるいは怪談の類が實に無數に出てくる。それはまだ半ばは鬼神が實在していることを信ずるように見える。半信半疑の狀態であるが、そういう狀態で作られた怪談が多く、魯迅『古小說鉤沈』の大半は怪談である。代表的なものは魯

迅のこの本にはないが、『搜神記』（晉干寶の作）という書物である。現在傳わるのは完本ではなく、拾い集めが不完全ではあるが『國譯漢文大成』中に國譯がある。怪談の本が何十種類かあるが、詳しいことは魯迅の『小說史略』を見られたい。一方では佛教の影響があり、例の因果應報の觀念で、因果の考えを宣傳し、その宣傳の一の手段ではあったであろうが、因果物語というのが非常に多く出た。それを最も多く集めたのが『法苑珠林』であり、佛教說話の集大成である。日本の靈異記といった本のもとになるような本である。

　南北朝時代になってそれまでになかった新しい種類の書物が出てきたのであるが、それが第一には普通『世說』という書物である[2]。南朝宋の劉義慶の作った本で、江戶時代の學者も非常によく讀んだ本で、翻刻のほか注釋も何種類かある。中國の目錄學ではやはり小說家という中に入るのである。であるから中國的な觀念ではやはり小說という category に入る。何故かといえば、要するに人の逸話を蒐めたものであり、逸話というものは元來それが事實であると認められれば歷史の材料になるものであるが、同じ歷史の材料となるべき事實であるとしても、その敍述の仕方が面白ければ、これはやはり小說と紙一重のものである。biography と fiction の差は元來非常に少ないものであるが、それと同じく歷史の材料になることではあるが、ある一の事件とその中に出てくる人間の character 性格の描寫の仕方というものの中で、非常に人を面白がらせるという性質の本である。歷史や傳記では一の時代あるいは一人の全生涯というものが主題であるのに對して、一人あるいは何人かの人のある事件、生涯のある一の斷面だけを取り上げたものである。

　いちばん有名なのは『世說』であるが、はじめて書いたのは魯迅の書物によれば裴啓（362年頃）で『語林』というものである。こういったことはやはり社會全體から切り離された個人の自我というものが自覺される時代でなければ生まれないのである。晉以後の時代がそういう時代で

---

[2] 『世說新語』、『世說新書』。

中國小説史　　　　　　　　　　　　　　　　　　　　　　　257

あるということから、逸話集などが生まれてきたのであると思う。『世説』から一つの例を擧げよう。「雅量篇」に出てくる話で、祖約（士少）、阮孚（遙集）の話であるが、祖約は大變財を好み、阮孚は屐（あまぐつ）を好んだ。

　　同是一累（わずらい）而未判其得失

どういう風にして決めたかというと、ある人が祖約を訪ねてみると、ちょうど「料視財物」、錢勘定をしていた。そこに客が來たのであわてて數えていたものを隱そうとしたが、隱しきれず、「餘兩小簏」、そこでそれを自分の背後にやって「傾身」これを覆うた。ところがまた阮孚のところに訪ねて行った人があったところが、ちょうど自分で屐に蠟を塗っていた。そして自ら歎じて曰く。

　　未知一生當著幾量屐、神色閑暢、於是勝負殆分

當時の貴族としては屐に自分で蠟を塗るなどふさわしくなかったであろうが、そういうところを見られても平然としていた。この時代の人々の風格を非常によくあらわした話の一つであり、おそらく事實をそのまま書いたのであろうが、この二人の性格の相違をこうした些細な出來事のうちに活き活きと描き出している。

　それから『資治通鑑』の謝安の肥水の戰の時（太元８年）における話で、南朝の軍隊が北朝の軍隊を破った非常に珍しい場合の話である。謝安は碁を打っていたが勝報を受けてそのまま自分の坐っている牀の上においた。そして些かも喜ぶ色なく、相變わらず碁を打ち續けていた。客が何の知らせかと尋ねたところ、謝安はおもむろに

　　　小兒輩遂已敗賊

と言って、少しも動ずる色なく、そして碁をやめて室の中に入ったが、奥へ入るとき敷居を越えようとするとき覺えず屐の齒を折った。というのは『通鑑』の注にあるように、喜ぶこと甚だしいものである。こういう

書き方は歴史家のもので、歴史として書かれてはいるが、その元になったのは當時の逸話である。そして逸話家はある一の事件によって性格をよく表わしている。これは一つ新しい試みである。本當の意味で fiction であるということはできないが、このような人の表わし方、表現の仕方というものが、次の時代の小說に重要な要素になって入ってくる。

　小說の源になるものとしてもう一つ擧げたいのは所謂寓言である。先秦の諸子百家に出てくるたとえ話である『孟子』の中にもいくつかある。例えば齊人の妻と妾との話、宋人揠苗など、それから『韓非子』の中にはこういうたとえ話を集めたようなところもあり、有名なものでは例の韓非守株待兎というものがある。そういう類の話が澤山あって、極く短いものを一つ擧げればこういう話がある。

　　鄭縣人乙子、使其妻爲袴、其妻問曰、今袴何如、夫曰象吾袴、
　　妻因毀新如故袴（外儲說左上）

こういう話が幾つもあるが、つまり笑話の原型になるようなものである。但し孟子でも韓非子でも凡て同じだが、笑話のための笑話でなく、自分の議論を面白くするために使ったものである。韓非子の外儲說、内儲說ともにこうした話柄を集めた、いわば雄辯術の教科書であったろう。雄辯術の起源はどの國でも古く、諸子百家以前からあったかも知れないが、笑話として獨立記載されたものはなく、諸子のうちに載せられたため傳わったのである。笑話のための笑話はやはり魯迅の研究によれば後漢の季ごろ邯鄲淳という人があったが[3]、この人の作った『笑府』という本がはじめである。もちろん今はこの本はなく 20 何カ條が傳わっている。『古小說鉤沈』には斷片が 29 ばかり集めてある。

　笑話と小說とは必ずしも同じものではないが、笑話の發達というものは小說のそれとパラレルである。平行していることがよくある。六朝でもそうであるし、宋、明の時代もみなそうであって、笑話も小說もどち

---

[3] 220 A.D. ごろ生きていたことが知られている。

らも事實でない、fiction であることを考えれば偶然ではない。要するに虛構の話に興味をもつ時代があったのである。中國の笑話については、最近まで東大の助教授をしていた松枝氏の『中國の小説』[4]の中に實例がある。六朝の小説は、神話、傳説を假に別にすれば、大體4種類ほどになる。

1. 神仙談（怪談＝志怪）
2. 報應談 これも亦た一種の怪談的な趣味をもち同類の性質がある
3. 逸話集
4. 笑　話

1と2とに共通の點があるように、3と4ともそうである。實際は笑話として傳播していることが、實際のこととして逸話の中に入り込むことは後世にもずいぶんあることである。これらは完本は少なく、3の『世説』だけが完全に傳わっている。南朝の小説的な文學はこういう4種類に分けられると思うが、唐に入ってもこれがやはり引き繼がれている。ただ唐人の小説は大體において六朝時代よりも一つの篇が長くなり、敍述も非常に活き活きとなり、imagination というか幻想的な點では、外國（インドもしくは西域＝中央アジア）、そういう西方からの影響がいちじるしくある。もともとインドで出來た話がだんだん中國化する、中國的になって行く。その道筋をよく示したものとして、魯迅の擧げた例では、呉均[5]の『續齊諧記』という本がある。これは以前『齊諧記』という本があり、その續編として作ったものであるが、この中に「陽羨鵝籠記」がある。陽羨は地名で今の常州である。この話はもともと佛教のお經に出てくる話で、それは簡單なものであるが、それが前の晉の時代、荀氏の『靈鬼志』という、いわば一種の怪談集であるが、この中では外國の道人の話になっている。それが呉均のこの話になると、完全に中國の人となり、許彦という中國名を與えられ、その許彦が出逢った書生の話に

---

[4]　［松枝茂夫『中國の小説』、東京：白日書院、1948 年。］
[5]梁人。

なっている。許彦が山中で十七八の書生に逢い、書生は脚を痛めていたので、許の鵝籠に入れてくれといい、入ったが、書生が小さくなったのでも鵝籠が大きくなったのでもない、これを擔いで歩いたが重くない。途中休むと書生が出てきて、口中から銅のはこを出して馳走し、また口中から十六七の美女を出し共に酒を飲んだ。しばらくして女は書生が寝てしまうと、書生の妻だがあまり快く思わない、一人の男を連れているが出してみせようとて口中から二十三四の男を吐き出した。書生が醒めようとすると口中から屏風を出してへだて、男女はともに寝てしまうが、女が寝ると男がまた口から女を出す、…しばらくして最初の書生が身動きすると、男が最後の女を、最初の女が男を…、最後に残った二尺ほどの皿を記念として許に贈ったという。こういう奇妙な話は中國にはこれ以上ないのだが、これがインドから來たのは確かなのである。それが全く中國の話として傳えられた一つの例である。また同じようなものとして『搜神記』の中に焦湖廟の祝[6]（はふり）が玉枕を或る人に貸す。その枕に横になると色々な夢を見る。枕に割れ目があり、その中に入って行く。貴族から娘をもらい、子どもも出來て繁昌する。夢醒めれば、やはり枕の上にいる。字數にして百何字かのごく短い話であるが、それが唐代になって沈既濟（750-800）という人があり、この人の『枕中記』というものがある。これが例の日本で知られている邯鄲の夢の枕という話である。邯鄲の宿で盧生が道士から枕を借り、夢の中で非常に出世し、死ぬところまで非常に長い夢を見るが、醒めればやはり宿屋にあり、寝る前から主人の蒸していた黍がまだむれていなかったという。この『枕中記』では数千字の長いものとなっている。『搜神記』の中では極く地方的な傳説を集めたものと考えられるが、これが發展して唐の傳奇となったよい例である。唐の小説を一口に傳奇というが、これはそれらの中の一つの小説の名である。明の頃から傳奇という名が使われている。魯迅の選本で『唐宋傳奇集』がある。テクストとして非常に嚴選されている。今まで

---

[6] わが禰宜というようなもの。神官である。

の『唐代叢書（唐人說薈）』は杜撰で、作者名などでたらめなものがあり、不正確な知識を與えるものである。上海國光社で出した『唐代小說』は魯迅の『唐宋傳奇集』を利用し、追加もあり考證もあって便利なものである。

　唐の傳奇は六朝時代からの引繼で、やはり幻想的な物語で、神仙談が大部分、因果應報のものも多いが、いずれにしても超人間的な存在或いは人の前世の因緣、或いは冥界の世界、そういうものと結びつけたものが大部分だと言ってよい。ただ六朝人は不思議な話をただ不思議だと極く素朴に述べてあるのを、唐代では委曲を盡くしている上に、リリカルな非常に抒情的なものであり、戀愛の物語などがだいぶ多くなる。特に最も目につく主題は、人の誠實がいかに重大なものであるかということである。戀愛ものには幾つか有名なものがあるが、いずれもその愛情が眞實であるか否かが非常に問題となっている。戀愛物語ではないが「杜子春傳」があり、芥川龍之介が日本物にしているが、仙人の作る不死の藥が出來かかっていて、ちょっとした躓きで失敗する。それも杜が彼のimageの中で子どもの愛にひかされて約束の無言の行を破った、そのためなのである。『西遊記』の時話したいと思うが、「白猿傳」という話がある。この猿は一種の鬼神のようなものであるが、それが最後に命を失うのも自分の子に對する愛を忘れないという件りがある。全體として非常にリリカルである。誠實を主題としているということと、人間でない世界がどういう風に描かれているか、その一つの例としてプリントの最初のものがある。李岳州という題だが、これは李復言の『續幽怪錄』[7]に出ている。

　實はこの冥吏が恰も人間のように描かれていることが非常に面白いと思う。パンを欲しそうに眺めていること、罰を受けたのを涙を流して話すことなど、これを普通の人間とすればこういうことは當時實際に見ら

---

[7] 『續玄怪錄』と同じ本。『玄怪錄』は牛僧孺（?-848）の作ったもので、それより後であることは間違いない。

れたことであるに違いないのである。話は二重になっているが、役人に賄賂をやって都合良くやってもらうということもそうであって、話はこういう話だが、その場面々々は實際に極めて現實的なのであり、こういうことは六朝時代にはなかったことである。このように唐も末になると非常に現實的な、ただそれを別の世界のことにかりて述べるという違いがある。これは一種の約束を違えたる話である。『續玄怪錄』にある李靖の話だが、山中道に迷って龍王の住居にとまった。龍王は留守でそこに天帝から命令がきて雨を降らせる。誰もいないので李靖が行き、約束を違えて降らしすぎたため大雨となり洪水となる。それとは反對に誠實な心をもった者がそれにふさわしい報いを受けるという話も非常に多いのである。とにかく唐時代には小説が盛んである。何故盛んになったかという理由の一つとして、宋の初めの『雲麓漫抄』という隨筆に、唐の試驗を受ける人は後世と違って試驗前に役人に會ってもよい。そのとき自分の文章を持っていって見せる習わしであり、そのとき持って行くものは「幽怪錄、傳奇等皆是也」。それはこういう風な小説はそれによって第一に歴史家としての才能（史材）、第二に詩筆、第三に議論、というものを見ることが出來るからである、とそう言っている。そういうこともあるのは、つまりその頃には小説というものが、試驗官に見せる見本として役に立つ。まあそれくらい小説というものが盛んであったということになる。

　また唐の有名な韓愈が張籍と往復した書簡の中に、張籍があなたの文章は雜博でよくないと言っているが、韓は答えてたわぶれに書いたのだとして、張の非難を反駁しているところがあるが、それも當時の小説流行と多少關係があるということを、陳寅恪が「韓愈と唐の小説」という極く短い文章で書いている。ハーヴァード大學の東洋學の雜誌の第一號に英譯が載っている[8]。張や韓らのそういう事柄の中にも、つまり韓愈

---

[8] [Tschen Yinkoh, Han Yü and the T'ang Novel, *Harvard Journal of Asiatic Studies*, Vol.1, No.1 (Apr., 1936), pp.39-43.]

も小説の文體の影響を受けたということも、また小説が正式の文學としては餘り高い地位を占めていなかったということも注意すべきである。『文心雕龍』という rhetoric の本でもまとまったものとしての小説には觸れていない。

第2章　唐宋時代

　文語體（文言）の小説についてはこれ以上述べないことにする。主として白話つまり口語の小説の發展について話したいと思う。文語・口語がいつから分かれたかも重要な問題だが、とにかく漢の時代から始まったという説がある。それについては胡適の『白話文學史』を見よ。それによると漢代、つまり儒家の學説が正統の學問として採用せられた以後、そしてそれは同時に科擧というものが始められたとき、その時から始まったという。それ以來、古文或いは文言と試驗制度、科擧とが二千年のあいだ常に表裏をなして續いたというのである。文語と科擧それと儒教と、この三つのものはいつでも一體になっているのである。中國では文學といえば大體文語で書かれた文學で、白話の文學が起こるためには、他の二つ、科擧と儒教とが衰える必要がある。で、白話というものが文學として起こり始める準備時代ともいうべきものは唐代であるが、その場合にも佛教というものが非常に盛んになったということが大きな原因になっていると思う。少なくとも儒教の力にある種の制限を加えたためであると言えよう。そのため唐以後、白話文學は佛教の力の中で生長した。そして白話文學が本當に非常な勢いで發達するのは元代であるが、それは科擧の廢止せられたことのあるただ一つの時期であることも重要な意味を持っている。

　唐代の白話文學というものについて詳しいことは述べられないが、小説と關係のあるところだけ述べる。俗語というものは如何に使用しまいとしても自然文章の中に入り込んでくるものであるが、白話文學という

ものは教養の乏しい民衆にもたやすく理解せられるような普通の口語を用いた文學をいうのである。唐の詩人の中で例の白樂天（白居易）などは唐の詩の中では大變分かり易いものであって、そういう意味で胡適などは白話文學と呼ぶのであるが、純粹な意味ではそういうことはできないと思う。もっと古典的な言葉で書くのが普通で、難解なものが多く、『唐詩選』中の詩は民衆のためのものではない。ただ詩の中で非常に特殊なものがある。これは白話の詩と言ってもよいかと思うが、わが國でも多く讀まれた寒山や王梵志詩はみな坊さんの詩であって、白居易なども坊さんではないが、佛教の非常な信者であり、そうしたことも偶然ではない。われわれは普通儒教と言うが、一般に教義を廣めようとはしないものであるに對し、佛教は外國の宗教、今で言えばクリスト教のようなもので、道を說くには必ず分かり易い口語を利用した場合もあるに違いない。その中には白話が利用されたに違いない。經を分かり易く講釋して聞かせることは非常に古くからあったらしい。儒教では經を講ずるとは學問をする者のためのみであったが、佛教はさあらず廣く庶民のためのものであった。これを唐の人は俗講と呼んだ。この唐の俗講については日本でも中國でも近ごろ非常に研究されるようになり、文獻に『燕京學報』第 16 期[9]、それから『國學季刊』第 6 卷第 2 期[10]、東方文化の塚本氏のもの[11]、文學に關係あるものとしては『智山學報』第 13、第 14 卷に載った澤田氏の「支那佛教唱道文學の生成」などがある。俗講というものは專門にする僧侶が居たのである。最も有名な人では文溆という坊さんが居た。この人の俗講はその時代から有名で、唐の天子（敬宗）がこれを聽いたということが『通鑑』の 826 年の項に記されている。

　唐代には佛教の繁榮と都會（長安）の繁昌の結果として、長安の大寺

---

　　[9] 向達［「唐代俗講考」。］
　　[10] 孫楷第［「唐代俗講之科範與體裁」。］
　　[11] 塚本善隆「引路菩薩信仰と地藏十王信仰」（『東方學報・京都』第 1 册所收、昭和 6 年刊）或いは『唐中期の淨土教』（東方文化學院京都研究所研究報告第 4 册、昭和 8 年刊）を指すか、確かならず。］

は一種の娯樂場となった。わが國の縁日のようなものであって、唐代ではそれ以外に娯樂を求めることの出來なかった庶民にとっては全く唯一の娯樂場であった。向達の說では、インドの寺にも舞樂があったのと同樣に、やはりインドの風を受け繼いだのであろうということであるが、この寺で演ぜられた藝にさまざまあったと思うが、そこで俗講というものも非常にまじめな說教ではないので、誰にでも分かるように佛敎の說話（故事）を面白可笑しく託して聽かせたもののようである。

　その俗講のテキストとなったものは經そのものではなくして、そればかりではないが主として變文と稱せられるものである。こういうものがあるということの分かったのはつい最近敦煌から出た古寫本の中にあったからである。そのため初めて世に出たもので、それまで千年近くのあいだ全く忘れられていたのである。今までに知られている變文のテキストはすべて寫本であるが、多くなく、20種くらいであろうか。異本を數えればあるいは倍ぐらいになろうかと思われる。變文について割合に詳しく書いたものとしては鄭振鐸『中國俗文學史』（第6章）がある。大體書かれた時期は晚唐あるいは五代の寫本が多いのであるが、いま知られているので一番新しいものは979年つまり太宗の太平興國2年、宋の初めの年號をもっているものである。すべてそれ以前であって、中には中唐時代に作られたのであろうと推定すべき文句のあるものがある。とにかく唐の中頃からしてだんだん盛んになったと考えられるものである。今あるテキストはそういう時代のものばかりだが、向達の研究では宋の理宗（1225-1264）という天子の時代の佛敎の書物[12]の中にもやはり變文の名が見えるので（禁止されたということ）、その頃までは俗講が繼續していたと思われる。

　ところで變文という名であるが、どうしてこういう名があるのかには色々な說がある。鄭振鐸の說で、佛敎の本文を變更して俗講としたものだから變文というのがあるが、これは誤りであって、以前にこの大學で中

---

[12] 『佛祖統記』

國語を教えておられた傅芸子氏の說で、變という字に佛敎でよく使う神變という言葉……佛敎の經典の中の神變を題材として小乘佛敎を宣傳するのに二つの方式がある。その第一は變相圖というものである。○○變あるいは○○變相と呼ばれる。第二にこの變文である。第一は繪によって、變文の方は同じことを言葉によって表わしたのである。澤田氏の考えでは、變文が即ち變相圖の繪解きなのだという說を立てたが、非常に面白いものと思う。變相圖の題材は『歷代名畫記』などを見ると、變文の題材と同じであるが、文淑という法師が菩提寺という寺で、そこにあった維摩變（たぶん壁畫であったろうと思われるが）の圖を「裝」したということが本に出ている。『歷代名畫記』によると、この文淑という法師がこの維摩變の圖に色を塗らせたため却って繪が損なわれたとだけ書いてあるが、俗講をする僧侶と變相圖とが深い關係にあったことが想像される。管理していたというようなことがあったかも知れない。

　やはり敦煌から出て British Museum に所藏されている變文で「大目乾蓮冥間救母變文幷圖一卷」というのがあるが、「幷圖」とあるのを見ると、維摩變のものは壁畫であったが、これは卷物であって、それと變文とが一緒になっている。で、或る場合、長安の寺など立派な壁畫のある場合には、これを指しながら繪解きをしたことも、或いは旅に出て繪卷を見せながら話をしたというような場合もあったろうと思われる。この繪卷をもって歩いて見せながら話をしたということの證據として、澤田氏は唐の年代の全然分からぬ詩であるが、吉師老という人の「看蜀女轉昭君變」詩を擧げている。

　　　妖姬未著石榴裙、自道家連錦水[13]濱、
　　　檀口解知千載事[14]、清詞堪歎九州文、
　　　　　　ヨク
　　　翠眉顰處楚邊月、畫卷開時塞外雲、
　　　說盡綺羅當日恨、明君傳意向文君

---
　[13]成都にある河の名。
　[14]王昭君の話を指す。

七言律詩である。この詩によって蜀の地方の女で昭君變を轉じた[15]ということと、その女がやはり畫卷を携えていたということとが分かる。元の『才調集』というものに出るのだが、これは中唐、晩唐のものを集めたものであり、吉師老もそう古い人ではない。

　日本に繪解き比丘尼または熊野比丘尼という言葉があるそうだが、質素な身なりの女が自ら蜀女と稱して長安の街で昭君變を節つきで說明して若干(いくら)かの金を貰っていたことがあったのであろう。俗講の僧侶の他に尼講といって尼がこのことに從ったという記錄もあるし、昭君變文もまた敦煌から發見された[16]。日本では羽田［亨］先生が、死んだペリオと共著の『敦煌遺書』の中にも書いておられる。その當時變文ということが知られていなかったので、變文とは書いてなく、「小說明妃傳」とあるが、正しくは變文で「昭君變文」である。唐の半ば以後は佛教の變文が盛んになったとともに、既に佛教以外の題材殊に中國の物語が變文として語られ普及していたということが分かるのである。しかしはじめから佛教の餘興のようなものとして語られたものであるから、變文はやはり佛教のものが多い。一番は目連、維摩變も多く、釋尊が出家するまでの物語などもある。そうした話が大部分で、異本の多いのもそのためだが、中國の說話も5、6種ある。以前、倉石敎授が『支那學』に書かれたことがあり[17]、青木氏のものもある[18]。殊に目連變の內容の大體などは青木氏も書かれて『支那文學藝術考』にも入っている。

　次に變文の文體について、大體その時代の俗語に近いもので書かれていることはもちろんだが、最も特別な點は、科白のほかに韻文があることである。（プリントの二、目連變文）大藏經古逸部に全文がある。散文と韻文とが互い違いになっている。韻文のところは大體七字句である。ま

---

[15] 佛教の言葉で節をつけて經を讀むことを轉という。
[16] 『敦煌掇瑣』の中にある。
[17] ［倉石武四郎「「目連變文」紹介の後に」『支那學』第4卷第3號（1927年）130-138頁。］
[18] ［青木正兒「燉煌遺書「目連緣起」「大目乾連冥間救母變文」及「降魔變押座文」に就て」『支那學』第4卷第3號（1927年）123-130頁。］

れには五字のところもある。韻文のところはおそらく唱うというのではないが、とにかく調子をつけて語ったものであろうと思われる。例外もあり、パリの圖書館にある「舜子至孝變文」は韻文のところがほとんどない。これは例外でこれを除けばすべて散文と韻文が互い違いになっている。

　また變文の一種であろうと思うが唱經文がある。やはり互い違いだが、韻文のところでは、吟、古吟、韻、平、側、斷、こういうさまざまなことが注せられている。散文のところには「白」が注してある。これは語り方を指定してあるのだと思われる。白字の本當の意味もよくは分からないが、元以後の雜劇に科白を白というものこの邊に源があろうかと推測する。こうした文體は中國ではこれ以前にはなかったと思われる。少なくとも秦漢以後そういうことはなかった。變文のこうしたことは人の言うとおり全くインドから來たものである。佛教經典の文體にもそういうことは多いのだが、經そのものよりもインドの色々な説話がやはりそうした節をつけた語り物であるので、その形式が中國語を以て書かれ、或いは語られたというだけである。要するにこういう形式が中國の白話文學……フランスの chante-fable などヨーロッパにもあるというが、やはりインドが源ではなかろうかという。變文の韻文の部分が何の前觸れもなく突然はじまることもあるが、

　　…處、若爲陳說（昭君）
　　　　　イカニ

こう言って、これが白の終わりで韻文の部分になる。或いはまた

　　當京之時、有何言語（八相成道變）

というものもある。目連のはじめのところ「且看與母飯處」とあるが、
　　　　　　　　　　　　　　　　　　ミヨ
こうして韻文がはじまる。看は想像だが、變相圖を指しながらのことと思われる。圖がなければ看は意味を成さないと思う。宋元以後の話本にもよく但見という二字ではじまる一種の韻文（のようなもの）が挿入され

中國小説史　　　　　　　　　　　　　　　　　　　　　269

ることがあるが、變遷はあるにせよ、やはりここらあたりから系統を引いているのではないかと思う。また「王陵變文」には「而爲轉説」とあるところがある。「而爲」は「若爲」と同じである。ここには明瞭に轉の字が使ってある。勿論、後世の話本には繪があった譯でなし、變文でもはじめは繪解きであったにせよ、變文が常に繪と一緒であったとは限らない。即席に作られたと思われるようなものもある。やはり『敦煌掇瑣』の中にあり、パリにある「藥名詩」（伍子胥）で、藥名の字の意味そのものを使って詩のかたちにした一種の俳文、そういう一段がある。これは佛教の俗講ではないが、佛教を面白くするにはよくこうした手段を用いたこともあったと思われる。話は前後するが、昭君變文の中にも（これは上下二卷に分かれているのだが）その上卷の終わりに、

　　　上卷立鋪畢

ということが書いてある。ここでも注意すべきは「立鋪」とは普通唐代では佛像についていうことであり、彫刻でも画像でも好いのだが、彫刻なら一座、畫像一幅だが、この場合も一幅であって、これも繪解きであったという一つの證據である。

　變文にも色々な種類があり、その中でもっと後世の説話、つまり講釋とよほど感じの近いものに「王陵變文」がある（プリント三）。斷片が三つに分かれていたのを、戰爭前、王重民が繼ぎ合わせ復舊した。全文があるはずである。天福4年（939）の奥書があり、やはり五代の寫本である。五代に出來たかどうか分からないが、まず唐の末ごろのものと思われる。王陵は漢の高祖の臣である。王陵・灌嬰の兩將が楚の項羽の陣を突破するという場面である。對話も非常に多くなっていて、平話と大變似たところがある。變文の中に中國の故事（gùshi）の話をするようになったのは唐も末ごろではないかと思われるが、大體4種類に分けられる。その第一が孝行の物語。例としては舜子至孝。第二がいわば戀物語

で、その例になるのが昭君變文[19]。三番目が歴史物、伍子胥、王陵。四番目が現在の話。この例として張議潮變文、張淮深變文がある。何かというと「張議潮」は『掇瑣』では「西征記」という假の名になっている。孫氏の說で推定して張議潮變文とした。變文の中に年月が出てくる。唐の大中 10 年（856）という年號が明らかに出て來て、この時の沙州節度使であった張のことを書いたものだと考えられる。ウイグルの軍隊を打ち破ったということなどを即座に變文にして綴ったらしい。もう一つ張淮深變文がパリにあるらしい。張議潮も張淮深もその時代の話であるが、戰爭の手柄を褒め稱えたもので、實際は伍子胥と同じにして第三類に入れてもよい。

　ところが佛敎を取り扱った變文の中でも、最も多い目連などは第一類に近い。孝行ということなどは中國人の間に同化し易かった主題である。佛敎の佛說のほうで破魔（降魔）變というものが幾つかある。佛が神通力で惡魔を降伏させる話で、幻想的ではあるが、戰爭物と共通の主題をもっている。王昭君のような女が見棄てられる話なども佛說の中に見つけられる筈だが、すぐには見當らなかった。表現の手法は結局佛說の物語に學ぶところが非常に多いのだと思われる。唐の末から五代を經る間に佛敎がたびたび法難、日本で言えば廢佛毀釋というような難に遭った。最も有名なのは、武宗會昌 4 年（845）世宗顯德 2 年（955）の二度であるが、そういうことがたびたびあって多數の僧尼が寺から追われ、そのため俗講僧なども寺から離れた街の藝人となったということが想像される。魯迅が引用しているのであるが、『酉陽雜俎』という唐末の一種の隨筆のようなものの中に、大和年間（835）「市人小說」を聞いたことがあると書いてある。それが何であったかよくは分からないが、これを書いた段成式の弟の誕生日に雜戲を觀た、その中にあったのだという。市人という以上はとにかくそれは單なる僧侶としてではなかった。純粹に娛樂を提供するものとしてであったと想像させる。假に市人の小說とい

---

[19] 澤田氏の說で卓文君というのがあるというのは入れないほうがよかろう。

うものが唐の末ごろからぼつぼつ出たものとしても源はむろん佛教から出たものである。

　宋代になり商業が非常に盛んになり、そのため庶民が勃興した。宋になってから純粹に市民たちの娛樂場が出來た。宋都は開封であったが、『東京夢華錄』などを見ると、そうした場所を瓦子と呼んでいた。ある場所では大小50餘種の勾欄があり、大なるものは數千人も入れたという。勾欄とはよせであり、また同時に芝居小屋でもあったと思う。非常ににぎやかな所であったようだ。瓦子の中でどんな藝能が演ぜられていたか『東京夢華錄』に出ているが、12世紀はじめ頃の樣子がわかる。金が北方から攻めて來、開封は陷れられ南渡し、都は行在と呼ばれた臨安（今の杭州）に移った。所謂南宋である。ここにも瓦子は澤山あり、賑わいは北宋の盛んなときに劣らないものであった。『都城紀勝』『武林舊事』『夢梁錄』など色々な書物に書かれてある。ここで見られる藝には開封の都よりも更に種類が多くなっているようである。南宋は偏安であるが、都會の繁華は北宋にまさるものがあったと思われる。藝能の中では特に說話について述べよう。說話に4つの種類があると『都城紀勝』に書いてあるので、後世どれとどれを4つに數えるかということを考證したが、書き方が曖昧なため問題になっている。

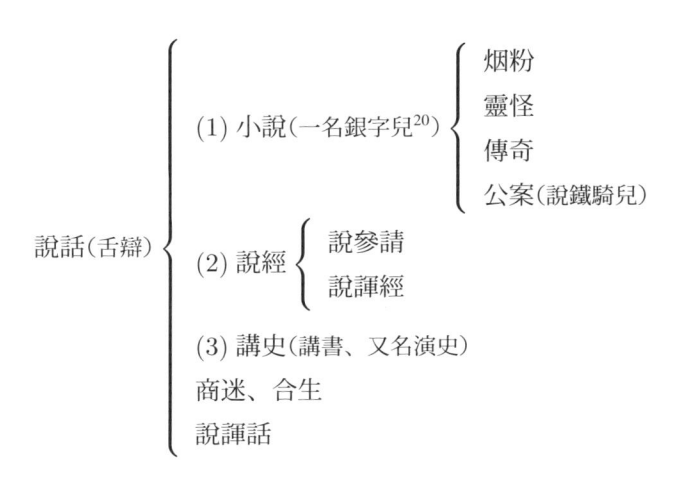

說話（舌辯）
- (1) 小說（一名銀字兒[20]）
  - 烟粉
  - 靈怪
  - 傳奇
  - 公案（說鐵騎兒）
- (2) 說經
  - 說參請
  - 說諢經
- (3) 講史（講書、又名演史）
- 商迷、合生
- 說諢話

小説、説經、講史の三大部門を認めるのは一致しているが、後の一つに何を採るかが問題になっている。『夷堅志』（南宋）という本に、江浙地方の藝者が席上において「指物題詠」ということがあると書いてある。しかし要するに重要なのが小説、説經、講史の三大部門であるのは確かであって、その中では第二番目の説經だけが唐以前の俗講の名殘であり、『武林舊事』の中に藝人の名人の列擧した中に、説經のところでは、○○和尚、○○庵などというのが多いのは還俗していたかも知れないが、そうした素性のものの多いのを物語っている。今日殘っている話本の中にもやはり佛教、といっても一種の因縁物語が多いが、佛教の話があるのはやはり説經というものの名殘である。もっとも宋人の説話そのままであったかどうかは分からないが、源は佛教からである。

　變文は瓦子の中では説經となって殘ったのであるが、別に佛教徒の宣傳として作られたものが別にあって寶卷という。これは今でもあるので、知識のない人に聞かせるのであるが、説話とは違った性質のものなので觸れない。これは明の時代に盛んになって現代にまである。

　小説、講史ふたつについて述べる。講史について言えば、名の如く歴史を敷衍するもので『夢梁錄』などに書いてあるが、歴代の歴史に見えていることを講説するものである。これがおそらく續き物であって、何日にもわたって講ぜられたものかと思う。實例として今殘っているものには『五代史平話』がある。果たして宋の時のものかどうかは疑問であるが、しかし『東京夢華錄』の中の歴史物語の名人の名を列べたところで、後に別に説三分（＝五代史）の專門の講釋師を擧げている。その頃からこうした專門の講釋師のいたことを物語っている。天地開闢からはじまり黄巢までを一息に書いているが、それがちょうど極く最近發見せられた宋本で『醉翁談錄』という本があるが[21]、いわゆる説話人のための

---

[20]孫氏の考證。笙の一種でちょっとした音樂をやって講釋をはじめたらしい。
[21]仙臺の伊達家にある本で影印本が出た。［『觀瀾閣藏孤本宋槧醉翁談錄』田中慶太郎編、東京：文求堂、1940 刊行。］

本らしい。一番はじめに「小説引子」という一段があり、その中に

　　歌云、傳自鴻荒判古初

といった詩が載せてある。それでこれが小説の語り初めである。こういう風にすべきだというのであろうが、七言詩を述べたあと歴代の王朝の名をずっと述べ、その後で、

　　太極既分、陰陽已定…

ではじまる一段が書いてある。これが講史のごく普通の形式であったということが分かる。次に狭義の小説であるが、これに對しているところの講史は大體長編で、いま説書（shuōshū）という。講釋師のあいだでは『三國志』とか『水滸傳』などを説大書（shuō dàshū）というが、それが昔の講史に當たるのである。宋代のことを見ると、南宋時代には『武林舊事』などに出ている藝人の名などを見ると、進士、書生、解元、官人、宣教、萬卷、貢生、そういう名の付いている者がたくさんある。あるところを見ると、これは一種のあだ名のようなものであろうと思われるが、こういう名の使い方にも自分の學問のあることを誇ろうとするさまが見える。殊に『夢梁録』に出てくる或る藝人は名の後に「御前供話」とある。明の頃の隨筆に、一體講談というもの、同時に小説であるが、宋の天子が徒然をなぐさめるため、講談師に語らせたのがはじめだとの記載のあるのも何か基づくところがあるかと思われる[22]。

　南宋の小説の中で、講史、小説が二大部門をなし、講史が長編の續き物であった。南宋の狭い特別の意味で、小説は短い讀み切りのものであったらしい。今日中國で聞くことの出來る講談を説書、歴史ものを説大書というに對し、才子佳人の戀物語、そういうものを説小書という。これは今蘇州あたりで言うことばだそうだが、それに當たるものと思う。『醉翁談録』という書物があり、近ごろ發見された。その初めのところに小

---

[22] 德川時代、わが講釋師が東照神君のことを語るとて高座をしつらえたと云うことがある。

說の名が澤山擧げてあるところがある。その中に昨日擧げた表中、小說の項に色々名が列べてあるが、そのうちの烟粉という名になっているもの、これは多分烟粉＝烟花粉黛の意味であろう。明初でまた『太和正音譜』、戲曲の譜であるが、その初めに雜劇十二科を擧げた中に烟花粉黛という語があり、その中の二字を取ったもので、のばせばこういう四字になるものと思われる。『談錄』の乙集を見ると、烟粉類となっているものにはやはり妓女の話が多い。才子佳人と申すよりはむしろ簡單に言えば、そういう脚色の話が多かったろうと思われる。

　第二に靈怪というのがあるが、讀んで字の如く怪談である。實例が幾つか擧げてあるが、例えばその中の「人虎傳」というのなどは『太平廣記』などに出て來て、普通の人がふとしたことで虎になってしまうという話で、『廣記』など幾つか出ているが、中國でも虎のいるような山に近い地方ではそうした傳說が今でもある。そういう怪談である。

　第三は傳奇という。これはさきの烟粉類とやや紛らわしいところがあるが、その中に「鶯鶯傳」とか「李亞傳」などがある。「鶯鶯傳」は唐の元稹が作った文語の小說である。そういうものをひっくるめて傳奇と呼ぶことが唐代にあったかどうかは分からない。唐代には傳奇という本はあったが、「李亞傳」は正式には「李娃傳」と言い、やはり唐代のものである。大體唐代のものが多いのである。勿論唐代のものだから、そのままでなく敷衍してその當時の人に分かりやすくしたのであろう。

　それからして第四は公案、文案。ここに擧がっている例はよく分からないが、しかし後世（明以後）の名前であるが、例えば「包公案」という小說があるが、宋末出來たもので、北宋の包拯、有名な裁判官の話で、大岡裁きなどにも中國ばりの話がある。果たして傳わったものがあるかどうか。裁判官物語が後に「○公案」としてまとめられている。少し疑問のところがあり、よく分からない。

　後に言うが『清平山堂話本』の中に「簡貼和尚」という本があるが、その中に「公案傳奇」という四字がある。これはある坊さんが良家の女

をだまして陥れる話で裁判があり落着するのであるが、裁判が公案、女のことが傳奇、そういう二つの意味をもったものであろうかと思う。

　『夢梁錄』とか『都城紀勝』とかに出て來る小説とは大體この四種類に分かれているが、まだまだ他にもあり、『談錄』にも多いが、つづけて言えば第五は朴刀、捍[23]棒。そこに擧がっている例の中で、朴刀という方に、青面獸楊令公というのがある。楊令公とは宋の時の有名な人であって、これは後に明の半ば過ぎであるが、『楊家將演義』、普通そう呼ばれるが『楊家府演義』ともいう。豪勇なさむらい、武士の家柄で、武術に優れた家柄だが、楊令公はその先祖になる。日本では柳生但馬守などという家柄である。青面獸は『水滸』に楊志のあだ名として出て來る令公の子孫だと言われるが、南宋頃に語られた話が『水滸』のもとであるかどうかは分からない。

　朴刀と捍棒と二つに分けるが、よく似た話と思われる。捍棒の方には「飛龍記」がある。所在が分からぬが、これは宋太祖趙匡胤、その人が出世して天子になる。それを書いたものであることは分かっている。元末か確實には明初、北京の本屋で賣られていたことが分かっている。朝鮮の本の中に出て來る。見たものはないがあったことは確實である。それから「花和尚」「武行者」。二つとも『水滸』に出て來る魯智深武松のあだ名である。今ある『水滸』が宋の時代（北宋末）今のようにまとまった續き物として話されていたかどうか分からぬが、獨立の話としてそれぞれ一席の讀み切りとして語られていたことは明らかである。日本でも義士銘々傳を讀み切りでやるようなものであるが、日本の義士のように完全に出來上がっていたかどうか分からない。長編があっても別々に讀まれていたことはあり得よう。後の方は「江湖好漢」、今で言えばやくざ物というような話である。捍棒というもので「攔路虎」がある。話本の中にはこの題のものがあり、それだとするとやはり楊令公の孫の話である。旅中難に遭い、山賊たちと行動を共にする話で、楊令公は朴刀の

---

[23] 手へんは木へんの誤りだと思われるが、手へんなら hànbàng である。

中にあるが、元來密接な關係にあることがこれによっても知られる。
　それから第六は神仙、妖術。一應は二つに分けられるが、前の方の例として「黃糧（=梁）夢」すなわち「枕中記」、邯鄲夢の枕の話である。それがやはり仙人（道士）が貸してくれた枕というので仙人の話には違いない。その他いくつも書いてあるが、分かりやすいものを言えばそんなものである。それから妖術といえば聶隱娘、紅線、どちらも唐の小說に出てくる劍俠である。それからして貝州王則（=平妖傳）は、宋の時代、貝州で叛亂を起こした人の名で妖術を使う。後、宋代に『平妖傳』という話になる。近ごろ翻譯もあり、遠く德川時代にも語られていた有名な話である。二つとも要するに魔法使いの話である。というわけで小說の種類は『談錄』によれば六つ、細かくは八つの種類がある。『都城紀勝』という本の中にはまだ說鐵騎兒、これは謂士馬金鼓之事とあるからして、長編物語、講史のほかに、小說の中にも軍談を專門にするものがあって、色々そうした專門に分かれていたらしい。『都城紀勝』などによると、小說には一席の中に首尾を備えねばならぬ點が他の說話（shuōhuà）より難しいと考えられていたようである。
　小說で一名を銀字兒というのは唐の時代からある。笛の名で、それを吹いて唱うところがあったらしい。蘇州でも說大書は扇で調子をとるだけだが、小書のほうは三絃を伴奏に使い、他にも琵琶をひく伴奏者の出ることもあるといわれ、その點多少似ているのではないかと思われる。そうした唱う部分が一緒になった話も話本の中にあるから、それで唱い手に唱わせるという所の入っているものもある。小說のテクストであるが、今殘っているのは話本というから、小說の類のものが多い。これは以前『京本通俗小說』の名で出されたものが七卷つまり七種類、清朝の末ごろかに出た。木版のきれいなものである。これに跋を書いた繆荃孫、中國の有名な目錄學者で、この者が跋を書いている。これは確かに影元人寫本と、元人の寫本を引き寫しにしたものだと言って、元の寫本だという觸れ込みであったが、どうも疑問の點あり、東京の長澤氏が考證し

たことがある。版式などから見ておかしい、そんな古くはなかろうという。言葉つきもそう古いものと思われない。元または元以前ということはなかろう。七種類あるが、全部元末ころ出た『警世通言』『醒世恆言』こういう二つの小説集があるが、この中にどれも入っていて殆ど字句の末に至るまで一致しており、我宋が宋となっている位の違いである。その中に宋の時代の話が入っていることは事實だが、そのままであることは殆どないことである。この二つの小説集から抜き書きしたことはほぼ確實である。それより少し後、割合近い頃であるが、内閣文庫にある『清平山堂話本』、元來何という名であったか分からぬが、版の眞ん中（版心）にこの四字があるので、この名が寫眞版で出た。民國十九年のことで、これが十五種類ある。別本、といっても「清平山堂」の四字が版心にあるものもあるが、『雨窓欹枕集』、所有者が勝手につけた名らしいが、これが十二種類、同じようなもので、あわせて三十七種類が影印されたので、『喩世明言』、あわせて三言と呼ばれるものであるが、三言に入っている話よりも、同じ話でありながらもっと古い形をもったものがある。京本というものの、版本としての價値が疑わしくなったのである[24]。宋・元そのままと考えるのは危険だから注意する必要がある。『清平山堂話本』が1541〜1551に版になったことが大體確實なので、話本の古い形としてはこれを見たほうがよい。

　話の大體の筋を知るには通俗小説、三言でもよい。ただ明に出來たもの、もっと古いものも入っているので、内容で判断せねばならず厄介である。直接宋の版本がないので面倒だが、今ある話本によって宋元説話の内容をおぼろげに想像できる。それによると説話というのは變文から出ている。しかし變文は佛教を傳えるのが先ず第一の目的だったので、内容、文體が何となし陰慘な、濕っぽい、じめじめした感じがする。日本ののぞきからくりも多少そんな感じがしたが、そんなものである。それ

---

[24] 魯迅、胡適らはこの新しい資料を當時利用することが出來なかった爲に誤った結論を下しているところもある。

に對して小說は變文の手法を用いてはいるが、ずっと明朗なのが大きな違いである。「菩薩蠻」という題の小說、これを目連變文に比べると遙かに明朗である。で、唐代の變文も結局無知な人々のためのものであったのだが、相手にされている人々は大した違いがないのに、これだけの差異があるのは時代の相違を感ぜしめる。そういう風に宋以後に起こった白話小說は大體としても粗野なものであり、肌目が細かいという點では唐の文語小說に遙かに及ばないが、そのうちに新興庶民の健康さを表わしていると言ってもよい。小說だけに用いられる特殊な手法は、話の本筋に入る前にそれとは別にもっと短い二三の物語を述べることである。この頃の小說の研究者たちはたいてい入話という名で呼んでいる。というのは『清平山堂話本』の中に、物語のはじめにたいてい入話と書いてあるので、それを使っているのだが、七言絕句などを朗誦して本筋に入るのではないかと思われ、詩そのものを入話と呼ぶ感じがしてしまう。ちょっと古いが魯迅や胡適が使った頭廻ということばのほうが適切ではないかと思われる。入話というのは說書の開篇といって唱うもの、上場詩というものもあるので、入話というのはあまり用いたくない。講談や落語などでまくらというものがこれに當たる。『京本通俗小說』にあるもので「錯斬崔寧」、話は古いものと思われるが、これを見ると一番はじめに七言八句の詩があり、それが口はわざわいの元という序開きで、それから次にこのお話は一人の宦人が一杯機嫌でふとしたことを言ったのがもとで身を滅ぼし、家を失うばかりか、何人かの命を落とさせる話である。…と大體の趣旨を話し、そこで一つの話をして頭廻にしましょうと。「且先引下一个故事來、權(しばらく)做个得勝頭廻」。頭廻の部分を見ると、やはり宋の時の話である。擧子、文官試驗の受驗者で、見事合格して名譽と地位を得るのだが、彼が故鄕の妻に手紙を出し、都で身の回りの世話をさせる妾を探して暮らしている、早く都に來いと言ってやる。冗談であり、妻も出發の支度もするが、あなたは妾を圍ったそうだが、男を作ったから一緒に都へ出かけると出したところ、夫も冗談と思ったが、友人

がそれを見、非難者が出て、折角の地位を逐われ、不遇な運命を辿ることになるという。これが頭廻の部分で、この本でも二枚ばかりのたいへん短いものである。その後が本筋で、これには書いてないが、正傳という。よく閑話休題、言歸正傳という、その中の正傳である。一人の男がやはりふとした冗談がもとになり、舅から借りた金を奪われ殺される。妻もその冗談のために災厄に遭うという話で、これには書いてないが、この場合は頭廻と正傳とが事柄は違うが、ふとした冗談が一生を誤らせるということでは同じ主題である。このように同じような主題がひっかかりになっている例も澤山ある。また同じような條件でありながら、反對の結果になるというものもある。それからまた頭廻にあたる物語が全然なく、はじめに詩か何かがあり、その講釋があってそのまま本題に入るものもある。先に擧げた「菩薩蠻」などそれであるが、いきなり本筋に入るものはなく、ちょっとした無駄話（閑話）がくっついていることでは頭廻と同じである。これは講史とは些か異なるのである。

　話の間に詩または詞、要するに韻文を入れること、或いは韻文とは言えぬが但見ではじまる一種の韻文のようなものをはさむことがあって、それは變文の語り物としての特殊な形式を引き繼いだのであるが、頭廻は宋の說話人の發明したものであるらしい。これは話本に廣く用いられており、わが國でも中國の小說が德川時代盛んに讀まれた結果、『雨月物語』などもそういう手法を踏襲している。さっき名を擧げた「簡貼和尚」については次にお話ししよう。

　いわゆる小說、宋とくに南宋の說話の中で、講史と對する意味の狹義の小說、その頭廻というもの、その頭廻に名の付いているものがある。例えば『清平山堂話本』の二番目にある「簡貼和尚」、テクストの四番目のものである。東方文化の入矢君の譯した『洛陽三怪記』[25]というのは『清平山堂話本』の抜粹であるが、それの最初「書おこせし和尚」がこれである。貼はいま帖と書くのと同じである。これが全體の題で、題

25　[『洛陽三怪記』入矢義高譯、東京：弘文堂、1948年刊。]

の下に「亦名胡姑々」と「又名錯下書」とあって、入矢氏では「いかさま姨（おば）、又の名は文の届け違い」となっている。それは別名だが、頭廻だけが「錯封書」という題、即ちそれは入矢氏では「手紙の入れ違い」である。本筋の話というのは、ある官人の妻に送った手紙を夫が受け取ったのが話のはじめで、それを書いたのが和尚である。簡単に言えば手紙の和尚ということにある。この話本では話が宋の時のことであることがちゃんと分かるし、終わりに「話本說徹、權作散場」、その意味はこの物語りはここでしまいまで行ってしまった。假に（しばらく）ここで寄席はおしまい（宴會、芝居みな散場）、このほか色々ことばがあり、入矢氏も注意しているが、一番しまいの所で書會先生ということばが出てきて、和尚は仕置きになるが、ある書會先生が小うたを作るということになっている。これは南宋の末頃から、この外こうした娛樂の作者でこうした人が出てくるのも古い傳えをそのまま載せてあるものと見える。プリントで注意すべき點を二、三個所申したいと思う。一番初めに入話鷓鴣天とあるが、これは小うたの初調（ふし）の名である。多少朗吟したものと思うが、望江南とあるのもこの詞で、これが一句ごとに複姓[26]を使ってある一種の戲歌である。一番初めの公孫、それが苗字でまた公子の代わりに引っかけて使ってある。端木もそうである。万餘秋は、複姓で万俟を Mòqí と讀む場合があるが、それに引っかけたのではないかと思う。拓拔も複姓、後に入る僕固、獨孤（唐の詩人に獨孤及がある）、勾龍、慕容、閭丘もそうである。こうして詞も詩も幾つか出てくる。一番しまいの所で、「這便喚作……」の這はこれまでのお話、それを錯封書と申します。講釋師の間でこういう名で呼ばれていた一段である。これから後が錯下書「手代のとどけちがい」であります。……最後のもののように常用の成句というものがある。例えば別の例を舉げると、

　　踏破鐵鞋無覓處　得來全不費工夫

---

[26]複姓とは「宇文」の如き二字の姓をいう。『百家姓』というものがあるが、塾で最初に習う本。その終わりのほうは幾つか二字姓をならべてある。

とにかく話の筋は宇文綬の妻が夫をからかった詩をやる。夫が發奮して翌年及第するが、なかなか歸らない。妻はやきもきして詞と詩を書いてやる。見た夫が返しの詩を書いて使いに持たせてやる。その晩になって夫が夢に妻がその手紙を受け取るところを見る。この夢の同時の見合いは、話は違うが、唐の小説にある。今でもあるが夢は小説家の好んで用いるところである。……妻が手紙を讀んだと言わないで、燈火をおく、それから封を切る。かんざしを拔いたというような具體的な描寫は文語の小説にはないことである。想像では講釋師が一々その仕草をして見せたのであろう。小説はそれを反映しているのではないかと思う。最後のあたりは文語ではなかなか書きにくいし、また言わないのが普通である。こういうことをいうのも白話＝口語の得意とするところである。口語では同じ言葉の繰り返しによったりして表現するが、それが必ずしも文氣、文の勢というものを妨げない。那婦女の那は文法家に言わせればdemonstrativeであるが、中國では助辭というcategoryに入る。それから、かき立てるの「一剔々在宇文綬臉」の一という數詞を加えることにより、その動作が非常に活き活きした感じを與える。そうした一寸した付け足しや繰り返しによって讀者にも恰も説話、講釋の聞き手、同時に觀衆でもあるが、それらと同じような感銘を與える。それは白話によってのみ表現し得るものと思われる。一體中國語はgestureによって補われねばならぬgesture languageに遠くないという人もあり、事實中國人は我々よりも多くgestureを使って話をするが、それは言葉の不完全というよりは、出來るだけ具體的に表現しようとする意欲の表われではないかと思う。ある特定の人または事件を、その特定のものとして表わすには、それに附隨した屬性を示すのが效果的であることは言うまでもない。口語は文語のように多くの言い換えをもたぬ、一封書など量詞を加える、その他一寸した助辭を加えて具體性を與える。助數詞なるものは、名として好いかどうか分からぬが、ある友人の形體詞という名を付けた人があるように、物の形で分類された助辭であるが、それが非常に具體的に

物を表現する力を與える。そうしたことは中國の文語には比較的乏しい特質であるが、そうした事柄を巧妙に使うことによって新しい文體が次第に洗練されたのは、まず宋の時代のこういう說話人の功であると思う。それと比べれば、唐の變文などはこれほど具體的な vivid な描寫はない。白話はやはり宋元を經て次第に文學的な表現力をもつ言語となってきたのである。禪宗の語錄になると、直接に人の心に來ることがあるのは禪宗の性質にもよるが、また白話がこの時代成熟しつつあったということを示していよう。儒學者の語錄も同じ。大體變文の場合は、繪を一々指さして見せたとすれば、坊さん又は尼は自分で說明する必要がなかったわけである。宋では繪解きをしたのでないことは明らかであり、繪で見せることを手と言葉で說明するようになった。これがこういう新しい描寫法を生んだと思う。また多少關連があると考えるが、宋の說話の一つの特色は、唐の說話のように仙境、一種の理想境を說くこと稀であり、變文のような地獄の物語がほとんどないようである。因果應報の物語はやはりあるが、それが佛敎的前世の因緣、ある意味で業よりもその人間の現世の行爲がそのまま現世で報いを現すというのが多い。それも宋の庶民の人生觀を表わしていると思うが、變文の陰慘と說話の持つ比較的な明朗さもそれぞれ基づくところがあるかと思う。人生觀の相違というものが存在していると思う。

第3章　三國志演義

　昨日申したように、歷史小說、講史が宋以來、說話中では小說と對立する重要な部門である。そういう講史のテクストでいま殘っているのに『新編五代史平話』というものがある。二卷ずつ合わせて十卷である。清末、民國はじめであったか、復刻されてはじめて世に知られたのであるが、こういうものが出るとすぐ宋人のものだという大變自慢をして出すのであるが、斷定は出來ないが、言葉つきは果たして宋代のものか疑問

である。北宋の中から五代史の專門家がいたのであるから、話そのものは北宋からあっても、本の刊行は元になってからではないかと思うのである。講史は出來るだけ歷史に基づくのが建前であろうが、なかなか荒唐無稽な話もある。例えば唐を滅ぼす流賊の頭黃巢、これは生まれたときには肉の塊、肉毬であったという。それを見た父親が不吉として棄てさせる。しかし棄てたのが夜半門前で哭く。更に遠く荒野に持って行って、鳥の巢に入れるが、七日たっても死なずにいた。そこで助け出して黃巢と名付けた。英雄傳說によくこうしたことは出て來る。例のローマの名のもとになったロムルスが棄てられ、狼が救うというような英雄傳說に出て來る棄兒の話だが、そういうものが出て來る。『五代史平話』が天地開闢から始まるのは『醉翁談錄』にあるが、これは歷史物語の決まり文句であったのであろう。その中に五代史に直接關係ないが、漢の高祖のことが書いてある。そこに高祖の三人の家來、彭越、韓信、陳豨、この三人を罪がないのに殺してしまう。この三人が無實を天帝に訴える。天帝が憐れみ、三人をまた人間に生まれ變わらせる。そうすると韓信が曹操、彭越が孫權、陳豨が劉備、そういう風に三人がそれぞれ生まれ變わって、この三人が漢の天下を分け取りして三國になるという話が、簡單であるが書いてある。だから五代史とは言いながら（中は五代史だが）、說三分の物語りが非常に盛んであったことを物語るのである。これもよく引用されることで、魯迅の本にも出て來るが、『東坡志林』（蘇軾）、隨筆のようなもので、この中に書いてある街の子供を家の者がうるさがるが、錢をやって說古話を聞かせる。その中で三國の話をすると、劉備玄德が負けることを聞くと悲しんで涙を流し、曹操が負けるのを聞くと喜んで快をとなえる云々、とあるので北宋の末やはり三國の話が特別の寄席のみでなく、街の中で、まあ今の紙芝居のようなもの、語られていたことが分かる。そういう零細な材料は宋の隨筆などによく出て來るが、一々擧げない。

　元の講史のテクストとして比較的近年發見されたものだが、元の至正

年間（1321-23）の刊本『全相三國志平話』がある。全相というのは挿繪が入っているということで、日本の内閣文庫にある。鹽谷博士が寫眞版で出し[27]、上海でそれを復刻し世に廣まった。上の段が繪で、下に話が書いてある。全ページそうなので全相というのだと思う。建安といって、福建の地名のもとであるが、宋以來出版業の盛んなところであり、そこの本屋で出したものである。そのほかに四種類、周の武王が殷の紂王を亡ぼす話、妲己の話（武王伐紂話）、それから樂毅という人の話、これは正しくは七國春秋後集という題なので、前集もあったと思われるが、今は後集だけである。秦併六國、秦始皇が六國を統一する話、それから呂后斬韓信（前漢書續集）、續集というから正集もあったのであろうが、これらと『三國志』とあわせて五つ。代表的で一番面白いのは『三國志』である。この四つの平話も後にコロタイプの版が出て比較的容易に見られるようになった。用語は『五代史平話』に似るが、ある點では更に蕪雜、意味の通じないようなところがある。殊に『三國志』などで proper name の宛字が非常に多い。音で違ったもの、形で違ったもの、いわゆる白字が非常に多い。この點も講釋師の口から傳えられた感が強い。但し後で言うが、元の時代の雜曲、殊に元曲選の元刊本の雜劇があるが、狩野先生の出された『元刊雜劇三十種』。亡くなった羅振玉が持っていた。今でも元版の雜劇は非常に珍しいものであるが、京大で寫眞によって版にしたことがある。この中にやはり『三國志』の中の話を芝居に仕組んだものがあるが、それと博望燒屯という題のものとは、筋は『三國志平話』と同じだが、それのみでなく白字もほとんど同じなので、これが元で一般に通行したテクストであったことは間違いない。元本はその後も多く發見された。

倉石先生が狩野先生の還暦記念論文集に書かれたが[28]、『三國志』上

---

[27]［大正 15 年（1926）鹽谷温用内閣文庫藏建安虞氏刊本景印。］
[28]［倉石武四郎「小説家の正統論」『狩野教授還暦記念 支那學論叢』（弘文堂書房、1928 年）969-992 頁。］

卷の最初のところはやはり今言った『五代史平話』のそれと同じような構想で出来ている。これは後漢の光武帝のときの話で司馬仲相という人があり、それが清明節に酒に酔って冥土に行った（書いてないが夢と思う）。そして閻魔の代理をするが、そのとき韓信、彭越、英布、この三人の訴えを聽く。その結果、韓信は曹操、彭越は劉備、英布は孫權、取り合わせは少し違うが、そういう生まれ變わりになることになっている。その外、高祖が漢の獻帝になる、漢の最後の皇帝である。それから武帝の后の呂后が伏皇后、獻帝の皇后になる。彼らが曹操にいじめられる。それが復讐になるのだが、それからまた韓信の知恵袋であった蒯徹、これが諸葛亮になる。それから一寸理由が分からないが、司馬仲相が三國を合併する。『五代史平話』では四、五行の短い話が『三國志』では、本筋なので當然だが、非常に長い一段の話になる。こういう生まれ變わって仇を討つという話は『三國志』では發端だが、明末の小説集では獨立一篇のもっと詳しい話になる。このほか色々な人の前世が分かるのである。中でひどいこじつけと思われるのは、項羽が關羽の生まれ變わりになっている。名が同じ羽だからであろう。この話は今でも民間に行われるというが、「半日閻羅」という、三百五十年決しなかった疑獄を半日で決したということである。芝居にも仕組まれた。日本に飜案され、頼朝、義經、範頼、それと南北朝時代の尊氏、義貞らになるということが、『英草紙』にある。『英草紙』はほとんど明代小説の飜案である。倉石先生がこれを考證されたことがある[29]。日本で讀本というのは飜案が非常に多い。淨瑠璃など飜案は少ないように思う。戯曲のほうが小説よりも讀みにくかったせいもあろうと思う。

發端が因果應報というか、生まれ變わって復讐する話である。平話全體の文體は非常に幼稚なものである。鄭振鐸が「三國志演義的演化」[30]という題だったか、民間の粗製品だと言った、實際そんなものである。宛

---

[29]　[倉石上掲論文 983 頁。『英草紙』は都賀庭鐘（1718-1794）の作。]
[30]　[鄭振鐸「三國志演義的演化」『小説月報』第 20 卷第 10 號（1929）1543-1578 頁。]

字がたくさん使ってあり、また文句が極端に言えば文意不通の句が往々にしてある。鄭の挙げている例を見ると、長板橋の段で、正史の『三國志』にも出ているが、張飛がわずか二十騎を引き連れて曹操の軍を長板橋に立って迎える。

　　吾乃燕人張翼德、誰敢共吾決死

と叫ぶのであるが、そうするとその聲が雷の如く、橋が叫び聲のために折れて落ち、曹操の大軍が三十餘里退却した。そういう所とか、例の赤壁の戰いで曹操が逃げるのであるが、その大軍が滑榮という所にさしかかるというが、非常な宛字で、正しくは華容である。そのとき諸葛孔明がかねてから通ることを豫期し、關羽が五百の兵をつれて待ち受けている。不思議に霧がかかって、とうとう逃げおおせるという段がある。また蜀が亡びる時にも、漢の外孫になる劉淵というものだけが一人身を逃れて北の方へ行く。後に擧兵して晉を亡ぼし、漢のために仇を報いたということになっている。これが『三國志平話』の結末になっている。これはもちろん據り所のないことで、劉淵は匈奴であって晉に歸順し、劉の姓をもらったのみで、漢、殊にまた蜀との關係はない筈である。わが義經が成吉思汗になったという類、荒唐無稽で正史を無視したものである。復讐に始まり、復讐に終わる話である。

　このこと（これのみではないが）について、鄭は歴史と平話との距りがあまりに大きいのを疑い、當時からもう少し別な比較的合理的な、つまり正史に近い別の『三國志』があったかも知れない、そういう疑問をのこしている。これは他の書物で、岳飛（宋）と說唐（唐）、どちらも軍談であるが、それぞれに内容の全く違う二種類のテクストがあるそうで、こういうことがもとからあったのではないかと記している。この大學で以前飜刻された元刊雜劇、この中の『三國志』を脚色した戲曲の内容が平話とほとんど同じである。ことに人名の宛字などまで、ごく細部まで一致するということは、おそらくこのテクスト一種類が元で通行し

ていた根據になるかと思う。これについては孫楷第がやはり十年以前、北京の雜誌『文史』に書いたように[31]、三國に關する元代の雜劇はほとんど凡てこの平話の中に出ている話を脚色したのである。のみならずいま行われている『三國志』、普通『三國演義』というもののもとになる、いわゆる弘治本というもの、及び現在通行のテクストに全然出てこぬ話というのが元曲にはあり、それが平話に一致するということから見て、大體元代通行の『三國志』は平話を以て代表とすることが出來ると思う。

杏林莊、黃鶴樓というのは、『孤本元明雜劇』の中にある名である。事變後發見された寫本が澤山あり、他に原本のないものを上海で印刷したのがこの書物で、その中に見えるこの二つの劇はいずれも今の演義には出てこない話である。杏林莊は、後漢の時代に猖獗を極めた黃巾賊を、張飛が打ち破る話。黃鶴樓というほうは、赤壁の戰の後の話であって、吳・蜀の同盟軍が魏の軍隊を敗ったときの話。ところが強敵魏を敗ると、吳が劉備を邪魔に思い、彼を亡きものにしようと宴會に招く。そこが黃鶴樓である。樓はいまの湖北省武昌にある。『三國志』あるいは戲曲では吳の國にあるという。吳郡はいまの南京だが、その近くにあることになっている。そのことがすでに據り所のないことであるが、吳將周瑜が亡きものにしようと謀るが、孔明が計略の裏をかいて劉備を助け出すという話である。戲曲では相當詳しく演ぜられる。平話は簡單だが、やはり載っている。そういう幾つかの例を舉げることが出來る。

元刊本『三國志平話』はとにかく今の演義の原型もしくは母胎になるものには違いないが、全くのスケッチ風というか、デッサンというか、全く粗雜な粗製品である。これが今日見られるような堂々たる規模を備えるようになったのは元末もしく明初に羅貫中という人があって、その人の手によって爲されたのである。羅貫中の詳しい經歷は不明だが、彼の名はとにかく『錄鬼簿』というやはり明初に出來た戲曲（散曲もある

---

[31] ［孫楷第「三國志平話與三國志傳通俗演義」『文史』（中國學院國學系）第 1 卷第 2 號（1934 年 6 月）67-79 頁。］

が)、雜劇作家の名簿のようなもので、その續編の中に出て來る。これによって太原人、本籍が太原であるということと、それから『錄鬼簿』を作った賈仲明と羅貫中とが友人であって、元の至正甲辰（1364年）の年に出會ったが、それからあと消息が分からないと書いてある。この年は元の亡びるごく間近であるが、その時生きていたことは間違いない。あと四、五年生きていれば明の時にもいたことになる。この羅貫中の作った雜劇、もちろん羅貫中は雜劇作者として記されているのではあるが、三つばかり雜劇を作り、その一つが殘っている。やはり歷史物である。雜劇にもやはり歷史物と世話物とあって、その歷史物である。やはり『三國志』を書くに相應しい人である。彼のテクストは詳しくは『三國志通俗演義』という（24卷）。題の使い方も面白いと思う。歷史小說に演義とつけるのは、これが最初と思う。意味は違うが、『文選』に出て來る古典的な語で、たいてい詩話とか平話とか話の字が付けているが、それよりは何か一段異なったもので、通俗ということでは俗語に違いないが、何か重みを加えたものではないかと想像する。これ以後、歷史物は多く演義とつけ、影響は實に大きい。

　いま分かっている一番古い刊本は嘉靖元年（1522）の本で、いまなお世にある。これは少し前の弘治という年（1494）の序があるので、普通弘治本と呼ばれている。影印本が十數年前に出たが[32]、やはり弘治本と言われている。影印された本には嘉靖元年の序文がないが、この序文の版心に司禮監の名がある。これは太監（宦官。皇帝の奴隷として使われる特別な人間。）の職掌の名である。この記憶に間違いなければ、明の宮中で版になった、そういうことも大變興味がある。

　このテクストが羅貫中の原作どおりであるかどうかは分からない。確かめる手立てはないが、『文史』に出た孫氏も疑いを存している。嘉靖元年の版までは少なくも百何十年經っているし、刊行のとき全く手が入らないとは保證しがたい。ただ原本とそんなに違ってはいなかろうとい

---

[32]［民國18年（1929）上海商務印書館涵芬樓景印本。］

うことは考えられる。ところでこの書物は冒頭、卷頭にはやはり

　　晉平陽侯陳壽史傳
　　後學羅本貫中編次

と二行に書いてある。これも果たして彼が題したかは疑問であるが、正史である『三國志』に基づいたものである。後學というような書き方にも歴史家に對する非常なあこがれをもっていることが分かる。それだけ講釋師と一緒にされるのは不滿だとの口吻が見える。實際、内容を見ると『通鑑』など相當よく讀んでいたことが知られる。歴史に書いてある事實を重んずる態度が至るところ見られる。從って平話最初の轉生の物語、また結びの劉淵の復讐の話などもすっかり削ってしまい、全體としてはよほど合理化されている。いまからすれば不自然だが、長板橋における張飛の武勇物語も曹操軍の一人が大喝に驚き落馬したのが潰走のきっかけと書いてあり、また白字が出來るだけ正しい字に戻してある。華容のときでもむかし曹操に受けた恩義に感じ許してやることになっており、神祕的な霧の話にはなっていない。

　この小説の全體の構成について述べたい。大體前半（約三分の二）と後半とに分かれると思う。前半は劉備と關羽、張飛の三人がいわゆる「桃園結義」そういう件りからはじまる。黄巾賊のため漢が衰え、諸家が競爭をはじめる。關羽、張飛、後から出た諸葛孔明の力で……劉備が皇帝になる。後半、約三分の一だが、劉備が呉と戰争し、やがて死ぬ。後主劉禪を助け、諸葛孔明がよく戰う。ほとんど諸葛孔明の一人舞臺であるが、彼が魏を攻めて成功しない。前半のクライマックスが赤壁の戰だとすれば、後半は英雄の死に相應しい、悲痛な五丈原における諸葛孔明の死である。人物は、前半は劉備、關羽、張飛の三人と後に出た諸葛孔明の四人。ただ魯迅も言っているように、諸葛孔明は智惠者すぎて近妖、劉備はあまり人がよく情け深い（長厚）、だがそれがどちらかというと僞善的な感じを與える。だから前半ではこの二人よりも人間としてよく活

き活きと描寫されているのは關羽と張飛とである。魯迅は特に關羽の義勇と忠勇とを褒めたたえている。その點を注意しておく。それは必ずしも演義に始まったことでなく、平話でもそうである。そして關羽の「千里獨行」或いは「單刀會」。「千里獨行」は敗戰して、劉備、張飛と別れ別れになる。劉備の夫人をまもって一應曹操に降り保護を受ける。平話でも戲曲でも、漢に降ったので曹操に降ったのでない、約束で劉備の居場所が分かったらすぐにそこへ行く。曹操のために敵將を殺し、それと交換にして劉備のところに歸る。「單刀會」は荊州にいるときの話。どちらも雜劇にもなっていて、忠義が讀者、觀衆の心を打つ。魯迅も言うように、狡猾、怯懦というような點は微塵もない。關羽は宋以後の頃から神のように尊敬されるようになったのだが、やはり忠勇が民衆を感動せしめたものであろうと思う。物語りとしての『三國志』の中では隨一の英雄である。死に際のところもそれに相應しい。彼とならんで注意すべきは張飛である。關羽は忠勇というべきものをもつが、一方經書たる『春秋』の愛讀者である。讀書人とも言えまいが、中國ではいわゆる儒將と言われても差し支えないほどの教養はもっていたが、これに比べると張飛は完全に無知な教養のない野人として描かれている。いま申したように「千里獨行」という物語りでも、それを讀む者が關羽の何事にも屈しない忠節に感ずるとともに、そのための注意の細心も一緒に描かれていて、そういう並々ならぬ苦心がやはり人の眼に寫りやすい。ただ張飛は粗暴な無法者で、元の雜劇の中で張飛を主人公にしたものが幾つかあるが、その中では莽撞と稱されている。また上の一字で呼ばれることがあり、「莽張飛……」という題の芝居さえある位である。莽は魯莽の語があり、無鐵砲、短氣、向こう見ずの意で、これが張飛の最大の特色である。物語りの『三國志』に出て來るときは、張飛はいつもそうである。正史『三國志』の中では劉備のした事になっている督郵を鞭打つという話があるが、督郵の傲慢を憤り、これを鞭打ち、亡命する。平話以來そうであるが、これは張飛がやったことになっている。劉備が孔明を

三顧の禮で迎えようとするとき、なかなか來ないので立腹し、家を燒き拂おうと言い出すのも張飛である。最後にも酒に醉ったあげく、部下を撲るので、或る者が寢首を搔いて魏に降る。これも張飛らしい死に方である。

　張飛は關羽とともに武勇にすぐれ、忠義の點では變わらぬが、一方は教養があり、他は全くない。一方は細心、他は全く無鐵砲。一方は節度というか、謙遜で控えめなのに、他は率直、こういう全く對蹠的な性格である。張飛の如き性格を文學の主題として描くのはおそらく元に始まると思う。雜劇とか平話とか、話としては平話のほうが先である。ただ平話の場合は文章が極めて拙いため、意を盡くせなかったが、雜劇のほうがもっと成功している。しかし演義になり、平話の中のあまり荒唐無稽なもの、或いは杏林莊、黃鶴樓などを削ったため、張飛の活躍の舞臺が少なくなり、どちらかと言えば關羽の方が大きく、張飛はいくらか一段低いものとして扱われている傾向がある。そのため平話や雜劇の痛快さがやや封ぜられている。『水滸傳』のような素朴な野心家が豪放な暴れ方をするという言うようなことは演義では足りない。ただ演義にもその要素がない譯ではないということをお話ししておく。多少關連のあることだが、劉備以下の三人がただ君臣の關係でなく義兄弟である。その契りが話全體の發端になっている。むろん正史には出て來ず、後世の傳說に違いないが、『五代史平話』では五代のそれぞれの君主がやはり義兄弟になるという話が度々出てくるので、こういうのは恐らく宋以後に發生した傳說であろうと思う。大體「異姓不養」というのは中國の非常に長い慣習であって、そういう慣習で貫かれる門閥を重んずる貴族制度の時代では考えられないことである。こういう風な儒家的な慣習或いは倫理に拘らない庶民の倫理であると思う。君臣の節義を、血を啜り合った義兄弟の義理というもので置き換えようとするところに、近世の庶民の起こった時代の聲が色濃く表われていると思う。張飛なども實に庶民的な豪傑である。『水滸傳』に出て來る好漢にもっとも相應しい人間であ

る。英雄としての關羽がなお貴族的な教養をもつのとは著しい contrast を成しているのである。弘治の序文にもある勸善懲惡ということが（書いた人は分からぬが）、このような小說の中では、忠義な人間を褒め、それに對して不忠な人間を却けるということになる。この小說の中では武勇の物語、芝居では立ち廻りになる場面が多いが、それと並んで重要なのは、智謀とか計略である。權謀術數の教科書と言った人があるが、實に多い。そうした智謀の人が相當出て來るのだが、代表者が曹操と諸葛亮である。曹操は度量あり、士を愛し、同時に大きな野心を持っていることが特色だが、智謀の點では、諸葛亮と曹操とほとんど同じ最大級の人として描かれているが、曹操は正史を讀めば分かるが、中國史上例のない偉大な人であるのに對し、諸葛亮は遜色がある。羅貫中が氣付いていたかどうか分からぬが、あまり演義でははっきりしない。それは諸葛亮に人間以上の智謀を與えようとすることから來るかも知れぬ。曹操と諸葛亮とでは結局、忠と不忠との對立であるが、それが忠臣の不成功に終わるのであるから、その意味で果たして勸善懲惡の目的が達せられるかどうか疑問である。だから羅貫中がそういう目的で書いたとは思わぬが、そういう矛盾が平話のように劉淵などのような解決に求めず、やはり歷史のように終結させたことは、讀者に何か智謀武勇によってもどうにもならない運命のもたらす力、それの直視に導くのであって、悲壯な美しさをもっているのはこのためである。平話などに比し、この點でも文學としての非常な發展が見られるのである。

第4章　水滸傳

　これも魯迅の『小說史略』では講史の區分に入れている。歷史小說には違いないが、この小說の主題になる歷史事實、宋江らの盜賊集團が歷史に出てくるのは、北宋末1121年である。この宋江に關する傳說の起こったのは、その後間もなくではなかったかと思われる。日本の四十七

士の出入りと同じである。遅くとも南宋の末（1279 年滅亡）までには、宋江のほかに部下の盜賊のかしら、主立った者 36 人の名が知られていた。名が一々書き上げられているということは、恐らく南宋の都杭州で講釋師たちが彼らのことを物語っていたのだろうと思われる。それについては前に申した『醉翁談錄』のはじめのところに、花和尚、武行者と名の出て來るのが、『水滸』の魯智深と武松の渾名であるから、まあ彼らの物語りが南宋ころには盛んに行われていたろうと思われる。それから後、南宋から元にかけ、物語りがずんずん成長して行ったが、元時代のことはいまよく分からない。ただ『宣和遺事』という本があって[33]、北宋末、徽宗皇帝（まあ徽宗が主であるが）などの時の話を書いたものだが、例の金が攻め込んできて、皇帝たちが捕らえられて北方に連れられていくことなど述べた、大體年代記の體裁だが、雜多な材料が入っている。文語だけのところも、俗語を交えたところもあり、そこに宋江に關する一段がある。そこにやはり 36 人の名が出て來る。それから元の戲曲＝雜劇の中に宋江ら 36 人を主題にしたものが幾つもあり、それは『三國志』のときも同じであって、大體雜劇には元になっている小說があるので、恐らく共通の據り所があったろう。それが『宣和遺事』のある一段と共通の story をもったものと思われるだけである。『宣和遺事』は色々な本からの拔き書きのようなので、載っているのは全部ではなかろう。完全なテクストは發見されていないので、元代の『水滸傳』の原型は詳しくは分からない。ただ上のようなものから想像されるだけである。そういう『宣和遺事』に出て來るのを見ても、あまり大規模なものでなかったと思われるが、そういう story をずっと大がかりにこしらえたものは多分『三國志』と同じ羅貫中であるかと思われる。いまある古い本では施耐庵という人の名が書いてあって、つまり施耐庵の作ったのに羅貫中が手を入れたというかたちで署名してあるので、或いは二人で

---

[33] 出來た時代は不明だが、その中に出て來る字句によって、たぶん元代のものと推定されている。

出来たのかも知れぬが、施耐庵については全然不明である。いずれにしても羅貫中は元末遅くも明初に死んだので、施耐庵もそれ以後ではないと想像できる。『三國志演義』を羅貫中が作ったのは明らかだが、版になったのは嘉靖元年（1522）である。『水滸』も最初に版になったのはおそらく嘉靖年間（1522-42）である。その頃の版本があると言われているが、普通見られるものはもう少し後の版本である。嘉靖の最初の版本はやはり百回本であったろう。百の chapter から出来ている本ということである。百十五回、百二十回、七十回などもあるが、一番古いのが百回本である。今見ることの出来る最も古い本は百回本で、萬暦（1588 年以降）の版本である。テクストの中で順次手を入れ引き伸ばしたり、削ったりする。引き伸ばしで一番大きいのは百二十回本、削ったもので一番よく行われているのは七十回本で、これには金聖歎の批評があり、これが大變面白い文であるので、清朝一代を通じ、また今まで一番よく讀まれている。英譯が 2 種類あるが、いずれも七十回本で、その一つパール・バック（Pearl Buck）のもこれである。百回本の英譯はないようである。吉川〔幸次郎〕先生の翻譯は百回本であって、七十回本とはやはり少し違う。『水滸』には分からぬことが非常に多く、昨年も話したが、これが南宋以來講釋師の説話として語り傳えられたことはもちろん見逃してはならないが、その點だけに重きを置いて、この小説が書物として書き表わされて完成したときの、ある一人か二人の天才の力を度外視せぬようにしなければならぬと思う。ただそれが元末の羅貫中一人であったか、或いはもうもう少し後の嘉靖年間、いよいよ版になる時に非常に手が加えられたのか、その點不明なのが殘念である。研究できるようになればもう少し明らかになるかと思う。

　この小説の plot というか構成については、日本でも徳川以來幾つか翻譯があるので、詳しく述べる必要はないが、百回本によって考えてみると、大體やはり二つの部分、前半と後半になる。宋のころの話は 36 人であったが、いまの『水滸傳』百回本以降では、108 人になっている。108

人の豪傑が色々な原因から盜賊の仲間入りし、それが次第にこの小說の主な場所である梁山泊というところに集まってくる。その經過が前半である。前半が 71 回である、後半 72 回以後はこうして集まった盜賊が非常に強くて、政府の軍隊、官軍がたびたび討伐するが、その度に失敗するので、とうとうこれを（招安というのであるが）歸順させる。それは實は頭である宋江の非常に希望していたところである。こうして歸順すると、盜賊だったが正規の軍隊に編入された宋江らの軍隊は、まず宋の外敵たる遼の國と戰って勝つ。次に方臘という、これは中國の叛亂軍だが、方臘というものを討伐して平定するのである。最後の方臘の討伐の時に、108 人の同志の半ば以上が或いは戰死し（これが大部分だが）、その他よそに行ってしまう者も多少あり、27 人だけが凱旋する。生き殘った者たちも相當名譽ある地位を得るが、政府の大臣中これに怨みをもつ者があり、毒を飲まされて、（特に宋江は）非業の死を遂げる。最後には神に祀られるというところで終わっている。

　序でに言っておくが、遼と方臘の間に、田虎と王慶と、この二つの匪賊というか、まあ叛亂軍であるが、これの付け加わっているのが百十五回本、百二十回本である。15～20 回の差はこれだけのことで差異が出來るのである。いまある百十五回本というもの、これの方が百回本より古いという說があったが、そうでないことは今日では明らかである。說明は略す。前半と後半、分量では後半は半分ほどであるが、どちらに重きを置いて見るかによって、この小說の背後にある理想も非常に異なったものとなる。大體において官吏というものに對する憎しみ、そういうものが到る處に書かれている。その憎惡がそれに對する反抗となって爆發し、結果が非常に秩序を混亂させる。それは例えば「大鬧……」、大いに……をさわがすと昔から訓ずるが、こういう文字を使ってある題目のついた回數が、前半 71 回の中でも 10 回ある。それからただ「鬧……」も 3 回ある。この場合の「鬧」とはいわゆる「熱鬧」という意味でなく、暴れるとか、大暴れ、むちゃくちゃをすることが「鬧」である。そうい

う「大鬧」というのは多かれ少なかれ平穩な世界或いは既成の秩序をむちゃくちゃに混亂させてしまうということになる。それが個人的事件ならその場限りの亂暴で濟むのだが、そういう無法者が團結すると、官憲に對する反抗ということになる。それが 108 人の盜賊團をつくることになるのである。とにかく官吏という者の、何というか暴虐に對する反感が到る處に出て來る。例えばこれは第 15 回であるが、梁山泊に近いある村で漁師をして貧しい暮らしをしている阮小五という三人兄弟があって、強盜を捕らえるため政府の役人がやって來る場合を述べ、役人どもがどこでも身動きすると（少しでも身を動かすと）、それが百姓（つまり人民）の害になる。役人がひとたび田舍に出ると、まず良民の家に飼ってある豚、羊、にわとり、鵞鳥などを何もかも食い盡くしてしまって、おまけに小遣い錢まで要求する。いまでは幸せなことに強盜が警察官より強いので、田舍にも來なくなった、という。そういうことを言う一段がある。このことについてさっきの金聖嘆の批評に、これこそ『水滸傳』の出來た所以であると言っている。人民を保護するはずの役人が却って人民の害を爲す。人民にとって厄介者であり、ほとんど仇敵であるという關係になっている。であるから宰相である蔡京の生辰綱（誕生日に贈られた十萬貫文という莫大な價値の贈り物なのだが）、それを奪い取る場面がある。「智取生辰綱」という一段だが、その時も人民から奪い取った「不義之財」だから決して罪惡でないという論理が成立するのである。こうして盜賊の仲間に入ると、豪傑らも良民とは全然別の世界に入るわけである。ここに行われる道德、習慣は良民のそれとは違ったものである。このことは薩孟武という人が『水滸傳與中國社會』という本を書いているが[34]、この書物の中に例えば孝ということは中國では德のもとで最高の道德だが、この心に厚い宋江、それから李逵も、ごろつきの仲間になった以上は孝行ということを棄てねばならぬ。李逵が一旦梁山泊の仲間入りをした後、鄉里に母親がいるが、その身の上を案じて、それを連れてこよう

34　［薩孟武『水滸傳與中國社會』、南京：正中書局、1934 年刊。］

とするところがある。途中、山中で虎に食われてしまう。薩孟武の言葉で、これは世の中で最も悲惨な話と言うべきだが、李逵が梁山泊へ歸って、この話をする。すると皆が大笑いするばかりで、慰めたということは一つも書いていない。しかし假に李逵の連れに行ったのが、母でなく友だちだったとしたら、この豪傑たちは李逵のやり方が愼重を欠いたと責めたであろう。親よりも友人のほうを重んずるというのは、彼らの道德が紳士（ということばを使っているが、良民でもよいと思う）の道德と同じでないからだと言っている。で、彼らの世界で最も重んぜられるのは、これは「義氣」というものである。一方では同志愛であり、同時に義俠心である。パール・バックの翻譯は、All men are brothers、そういう題を付けているが、この標題はこの精神をよく表わしていると思う。すべての人というのは、特にこの場合同志としての結合を言っている。義氣というのが大義という名で呼ばれることがあるが、骨肉の關係を超えたものであって、つまり一切の他の關係をすてた裸の人間としての結びつき、義兄弟の同志愛だけがあるのである。この小説の非常な特色であると思う。こういうことを書いたのはこれまでなかったと思う。

　この108人の豪傑たちは結局法律に背いた盜賊であるが、正義の德を以て自ら任じていた。だから「替天行道」ということをmottoにしているのである。ただ「替天行道」と、こういう言葉はその時の政府というものを認めないという意味をもった言葉だと思う。であるから、この仲間の中には宋江を皇帝とし、自分たちがみんな將軍となり、都を襲って天子の位を取ったらよいなどという者さえあるのである。そうなれば完全な謀反人ということになるが、氣をつけねばならぬのは、そういうむちゃを言う者はいつでも李逵とか、武松、魯智深とかいうような教育のない粗野な人間である。そういうことを聞くと、宋江などの主立った者は大抵それを激しく叱りつけるのである。つまり比較的教養のない、特に元來社會的地位の低い兵士、農夫、または漁夫などから出た、そういう無知な人間は自分勝手な、仲間たちだけの生活を誰はばかることなく

していれば、それで滿足していた。だから彼らは義氣だけありさえすれば充分で、一步進めると、これは謀反人になる。108 人の中でも全部そうだという譯ではないので、その中には比較的教養があり、また元來相當な地位をもっていたものもある。そこで「替天行道」という旗じるし――これは旗になって掲げられているが、また「忠義雙全」という旗も掲げられてあるということは興味あることである。法律にそむいた盗賊團でありながら忠義をいうのは矛盾であるが、宋江の場合は招安を受けて歸順するということによって、それが一應果たされることになる。しかも最後に宋江は毒殺されるのだが、そのときにも自分が死んだのちに、朝廷に背いてまたもや世間を騒がすことがあってはならぬと考え、李逵（官吏になっているのだが）を呼び寄せ、だまして同じ酒を飲ませる。毒藥にも種類があり、何日かたって死ぬという、效き目の遲いのがあるそうだが、それを飲ませてから、李逵に事情を打ち明ける。李逵は聞いて一時腹を立て、部下を率いて都を攻め取ろうなどとさわぐが、もう仕方がない。生きているうちは兄貴に仕えて來たから、死んだらやはり兄貴の部下の小鬼になろうとあきらめる。まあそういう風なかたちで忠と義とが雙全、ふたつながら全うされることになるが、忠というものをそこではまず絶對的なものとした宋江の立場において統一されたわけである。

　古いテクストでは『忠義水滸傳』などと忠義の二字がくっついているのもそのためだと思われる。さっき申した「大鬧……」が前半の主な主題になっており、忠義が主題となっている後半と如何につながるかが問題である。これは後半を全然認めぬ立場もあり、これが金聖嘆の七十回本である。つまりそれは忠義を認めず、金聖嘆の本では忠義という文字がついていず、それまでのテクストが全部もっていた標題を變えてあるのである。この七十回本では、108 人が全部揃ったところで、その中の或る者が仲間が殘らず首を切られる夢を見るというところで終わっている。古いテクストになく金聖嘆が勝手に付け加えたものと思われる。金聖嘆の批評によると、頭である宋江は大變邪惡な人間だが、そのほかの

豪傑たちは實に愛すべき男が多いということになる。宋江は果たして金聖嘆の言うような陰險な人間かどうかは問題であるが、とにかく李逵とか、武松、魯智深というような、無知ではあるが素朴な、生一本な豪傑の無邪氣さ、それが非常によく描かれているということは事實である。彼らは口と心とに裏表がなく、口に出したことはただちに行動に移すという、痛快率直な人間である。そういう風な人間を褒め稱えることは、やはり元の雜劇から引き繼がれたところであるが、知識よりも人間の行動を重んずる立場は、哲學では心學という。代表的なものは王陽明だが、その心學というものになる。この考え方をもっとも徹底させたのは李卓吾である[35]。李卓吾の哲學は人間のありのまま、自然を最高の狀態だとしたものである。そういう人間の自然、別のことばで言えば童心であるが、これを重んじた李卓吾が同時に『水滸傳』を大變愛した。そして（果たして李卓吾のものか疑問があるが）李卓吾の批評と稱する序をのせたテクストもいまある。金聖嘆のものの出る前である。そういう風な、哲學でいえば王陽明→李卓吾に通ずる哲學になるような野性の讚美、或いは純粹な行動へのあこがれ、そういう思想というか（思想のかたちを成していなくても）、そういう考えをもっているのがどういう人間かを考えてみるのは面白いことである。つまり庶民の精神だと思う。庶民といっても時代によって違うけれども、ところがそういうものを褒め稱えた作者が、一方では忠義を眞っ向から振りかざしているというのはどういうことになるか。私見では、庶民と支配階級、中國では士大夫、その中間にあるものでなければならぬと思う。そのことは吉川先生が元雜劇の研究をされた時、元の半ばを過ぎた時代、後期の作者が、前期では比較的名士（名士とはふつう詩や文章で名のある者を指すが）であったが、その名士から次第に無名の、比較的地位の低い官吏らに移りつつあって、大部分がいわゆる胥吏の出身であったということを明らかにされた。胥吏

---

[35] 『東光』所揭の島田虔次氏の論文を見よ。［「シナにおける近代思惟の挫折」『東光』第4號（1948年4月）22-24頁。］

というのは官吏としては最も低い、中國の觀念では官でなく吏、文官試驗を經ずになるもので、從って要職にのぼる希望の全然ない地位である。ただ官吏である以上、最低限度の教養をもっていて、それにも拘わらず一生大して出世の見込みのない下積みに甘んじなければならないのである。役所の人間でありながら、士大夫からは人並みに扱われない。いかに輕蔑されているかは清朝末にできた『官場現形記』という小說とを見ればよくわかる。これはいわゆる暴露小說であって、時代は多少違うが、胥吏とはまあそんな境遇にある。で、士大夫には一種の反感をもっていたろうと思われる。結局は劣等感 complex inferiority、とにかくそうした素地はある。だから李逵のような、むちゃくちゃな行動を痛快がる原因もそこにある。一般に『水滸』の中では秀才（文官試驗の最初の資格者）というものが大變嘲られているということも、元代の一般的風潮ではあるが、しかし偶然ではないと思う。胥吏は、一方では官吏のなかでは庶民と一番接觸が多く、生活態度を觀察するに最も都合の好い地位である。そういう境遇からして庶民の精神をほとんど自分自身のものにもつのも、少しも不思議ではない。しかしそれにも拘わらず、胥吏というような人びとの群は、もともと支配者の行政組織の、その一部分を爲すものであり、且つ根本において不充分ではあっても傳統的な教養をもっている以上、君主に對する忠義の絶對ということについての信念をまったく喪わないのも當然である。だから『水滸』の前半後半が一見矛盾しているように見えるのは、要するに作者の社會的地位から來る必然の結果だと言ってもよい。そしてこの矛盾の統一の仕方も、そういう彼らとして、これ以上にはあり得なかった。作者であるという施耐庵とか羅貫中とかのことは餘り詳しく分からないのだが、しかし盜賊團の頭である宋江が鄆城縣の押司（たぶん胥吏ようなものだと思う）、そういう極く低い官吏の出身だということは、それは宋の時代から傳わった言い傳えのようなものであったかも知れないが、しかしこの小說の作者の社會的地位と恰も符合するものであって、非常に面白いことだと思う。

第5章　西遊記

　これはもともと玄奘法師がインドに中國には傳わっていなかった經を求めに行く途中のさまざまな苦難の物語りである。玄奘については傳記もあり、行狀とか色々なものがある。とにかく玄奘が求法というか、法を求めて出發したのは貞觀3年（629）で、貞觀19年（645）に歸ってきた。途中のことについては行狀とか傳記の中にも相當詳しく書いてあるし、自身經過した中央アジアからインドにかけての有名な『大唐西域記』、これは十二卷で、非常に詳しい本である。しかし『西域記』とか傳記中には小說的要素はほとんどない。が、唐の末ごろには彼に關する神祕的な傳說が發生してきたらしい。そのことは『西遊記』の胡適の序文のなかにある。それが單に傳說として切れ切れに傳えられるだけでなく、宋になって說話が盛んになると、その中で物語られるようになった。それが『大唐三藏取經詩話』三卷という題の本があって、これは大體南宋の末ごろに作られたものだと思われる。というのは南宋の都である臨安の或る街の中瓦子張家印の六字が書いてあって、臨安の盛り場の名であるから、南宋に出たことは間違いない。張家は恐らく本屋の名である。『大唐三藏取經記』となっている名の本と二種あるが、ほとんど同じである。中國では早く散佚し、日本だけに傳わったので、景印がある。元の版本であろうという說（魯迅）もあったが、間違いらしい。『魯迅全集』の中にもこれに關する幾つかの文章がある。『詩話』は17段というか、17の章から成っているが、話の筋は大變簡單で、文章も粗雜であるが、玄奘の傳記からは離れた、全く空想の架空の物語である。三藏というのはインドから經文を持って歸ってきたもの、大藏經に通じているということで、玄奘の專賣でも何でもないが、この話が世に行われるようになってから、彼のみを指すようになった。『大唐三藏取經詩話』の中に、三藏法師の弟子として猴行者という者が相當活動する。これが猿であって、金環杖、金の輪の付いた錫杖を獲物にして、いろんな化物と鬪

うということが出ている。これが今の『西遊記』の一番古いものとして注意すべきである。今の本は缺けたところなどあって不完全である。序でにいうが、金は12世紀から13世紀の初めにかけて、金時代の院本と申すが、芝居の本で、その中に「唐三藏」の題のものがあるので、その時代にはもう芝居になっていたことが分かる。元になると、他のものと共に、この話も一段と成長したわけである。元末から明初ごろ、正確な年代は分からぬが、『西遊記』という題の小説があったというが、これには二つの材料がある。

　明の初め、永樂6年 (1408) に編纂された、中國では類書というが、わかりやすく言えばencyclopaedia、日本でこれに當たるものを言えば『古事類苑』である。その類書である『永樂大典』、これは厖大な書であるが、その卷13139（いま何パーセントかというほどしか傳わらず、僅かなものであるが）の殘卷の中から發見されたものである（プリント五、元本西遊記之一）。「夢斬涇河龍」とあって、そこに『西遊記』とあるのは、もとの本が西遊記であるということであろう。この一段の原文は約千何字かあると思うが、元本の『西遊記』の原文をそのままに殘している唯一のものである。『永樂大典』という書物は、明になってから1408年に編纂されたものではあるが、元が亡びてから50年しか經っておらず、おそらく元の時代に出來たものを傳えていると思う。『西遊記』という名も元代に出來たのであろう。傍證になるのは元末から明初にかけての或る戲曲作家の作った雜劇で、やはり『西遊記』という題のものがある。楊景言という人で、正確には分からぬが、1364-1424年ころの人である。『永樂大典』本のテクストの中で注意すべきことは色々あるが、最後のところ「正喚作」ではじまる9字がある。これは恰度同じような例が『三國志平話』の中にもあるし、「正喚作……」として、その後で題目のようなものを述べるのは（今の）『水滸傳』中にもある。もっとも『水滸傳』では少なくて二、三個所ではあるが。元の說話人が物語の中、特に精彩あるものに題を付けて呼んでいたことを示すかと思われる。古いテクスト

では標題が凡てのところに亘ってついてはいなかった。『西遊記』は100のchapterから出來ているが、整然たる體裁でなく、所々は一段の名が付いているだけだったと思う。

　第二の材料だが、戰時中京城の大學から出た『朴通事諺解』、朝鮮で出來た中國語の會話教科書のようなもの。書いてあることが非常に古いので、元と交通をしていた時代、高麗のころ出來たものだろうと思われる。諺文で中國語の音を示しているので、諺解という。別に漢文の註解がついている。これを書いた人が『永樂大典』が作られてから50年經たない人なので、これも『永樂大典』以前のものであろうと思う。その註解の中に『西遊記』の話が出てくる（プリント六、元本西遊記之二）。會話の中で本を買おうというところがあり、その本が『唐三藏西遊記』である。買いに行こうというのだから、少なくとも元か遅くとも明初の北京の本屋で『西遊記』が賣られていたことが明らかなのであるが、そこの註解、それからそれ以外、二、三個所『西遊記』を引用してある。今見ることの出來る小説と比べると大分違うところがある。これによって大體元本『西遊記』の輪廓、outlineが分かるが、それと楊景言の作った戲曲と比べても完全に一致するわけではないが、おおよそは似ておる。だから元曲にほぼ一致するということが、逆にまた元の時代のテクストを大體『朴通事』の註解が傳えていることの證據になるであろうと思う。今われわれの普通に讀んでいる『西遊記』のもとの祖本というが、先祖になる本はやはり百回本である。明（それも半ば以降だが）の時代、17世紀の初めごろに出た本がある。詳しい本と簡單な本がある。今ある百回本の祖本、これを假に明本と呼ぶ。この明本、つまり今本であるが、これは作った人が呉承恩というひとであるということが大體確定されている。この人の傳記は比較的色々な事柄が知られる。中國の小説作家としては珍しいことである。最初に注意したのは胡適である。呉承恩の年譜を書いた人があって、趙景深という人の『小説閒話』という本の中に

出ている[36]。山陽（淮安）、江蘇省の北のほう、淮河の北にある淮安というところの人である。1544年に秀才という資格を得たが、それ以上には何回受けても受からなかったらしい。60歳を過ぎて（1560）長興縣（浙江省）の丞というものになった。これは知縣の屬官であって、日本でいえば正八位、大變低い位である。彼の官吏としての經歷はこれだけである。七年ほどやっていたらしい。大體1500年頃生まれて、1582年に死んだ。年齢はよく分からないが、そういう風に推定されている。世間的には惠まれぬ生涯だが、詩や文章になかなか才能があり、當時の詩人とも交際があった。遺稿があり『射陽山人存稿』という題で出た。近頃、活字になって出た。男の子がなかったので、子孫もない。詩文集のようなものもあるし、恐らくそれから採ったであろうが『明詩綜』の中にも何首かとられている。全く無名の人とも言えない。呉承恩が『西遊記』を書いたことは『淮安府志』という地志のなかにあるので、『西遊記』を書いたことは事實である。傳記によると非常にユーモアに富んだ人、話の面白い人で、「雜記」を作ったということがあるので、戲作をしたことは事實であろう。自ら書いたものの中に、小さいときから稗史野言、要するに小說が好きであった。傳わっているかどうか分からぬが、文語で短編小說を書いたことは事實である。それから呉承恩が『西遊記』を書いたという證據に舉げられるのは、今本の中に淮安地方の方言が多いということである。これについては清朝のとき淮安の同縣人が言っているので間違いはなかろう。ただ實例を舉げていないので、將來の研究に俟つべきである。『西遊記』には分からぬところが多いが、これもその一つである。『西遊記』をいつごろ作ったかという問題もあるが、省略する。

　今のテクストについてその構成を、plotを考えてみたい。胡適やその他の人びとが大體三つの部分に分ける。例えばA.孫行者大鬧天宮1-7、B.唐太宗入冥8-12、C.八十一難13-100、鄭振鐸の説によると、こういう三つに分ける。名の付け方はどうでもよいが、A.孫行者大鬧天宮とい

---

[36] ［趙景深「西遊記作者呉承恩年譜」『小說閒話』上海：北新書局、1937年刊、45-65頁。］

うのは例の猿であるが、孫悟空の生い立ち、大變神通力があって、玉帝の住まいである天上の宮殿、その中で亂暴をはたらく。天上の軍隊も押さえられぬが、最後に釋迦如來の法力で、ある山の中に閉じこめられるという話で、これが7回まで。次に第二であるが、太宗皇帝が冥途に行くというので、8章から12章まで、ここで經を取りにインドに行く因縁が述べられるので、ここで玄奘の生い立ちも述べられる。さきに『永樂大典』本として擧げたプリントの「夢斬涇河龍」の話は太宗皇帝が冥途に連れて行かれるという話のもとになるのである。龍の訴えで一度地獄に呼び出される。魏徴の力で無事娑婆に戻って來るのであるが、地獄の亡者を救うために施餓鬼をやる。その導師をやるのが玄奘である。その道場に釋迦如來が現れ、眞の經はインドに行かねばないと告げられる。Cというのは三藏法師がいよいよ出發して、これが話の本筋だが、81遍の難に遭う。その度に助かってインドの靈鷲山というところに着く。途中の難を數えて81になるところがあるが、一つの難を二つにも三つにも數えるところがあるので、實際は40くらいの難になる。10萬8千里を14年かかって辿り着く。これが本筋である。

　『西遊記』はそういう風に大體三つの段階を通って成長したものである。呉承恩の作ったと言われる本を考えると、それまでに（1）『大唐三藏取經詩話』から、（2）元本雜劇、更に（3）呉承恩の明本と發展してきた。この成長の中で特にわれわれの知ろうとするのは、この物語りの最後の仕上げをしたと思われる呉承恩が、それまでの物語りに一體どれだけのものを付け加えたか、それが單なる付け足し或いは挿入であったか、それとももっと根本的な改作であったかということが問題である。このことについてはやはり胡適氏の說があって、それによれば呉承恩は根本的に新しく作りかえたという。これに對しては魯迅の異說などもあるが、この場合には胡適のほうが好いだろうと思う。宋から明にかけての何百年かの生成のなかで、先ずこの孫行者と呼ばれる猿、これが南宋の頃にはまだ猴行者と呼ばれていた時代だが、その時代にはまだ物語り

の主役にはなっていないが、元本ではもう相當活躍が目立つ。『朴通事』の中に引かれているところ、この中に車遲國というところの一段が、原文のままではないと思うが、いわば再話したところでも三藏法師というのはほとんど木偶の坊のようなもので孫行者の助力がなければ何一つ滿足に出來ない。この傾向は明本になるといよいよ強くなる。明本になると『西遊記』全體の主役が孫行者である。孫行者は三藏法師の一の弟子であるが、二の弟子に猪八戒というのがある。豚の化物で、豚のように大飯喰いで、怠け者である。相當な神通力はもっているが、孫行者を助けることにならぬ。却って三藏法師に中傷して、惡口ばかり言っている。しかし猪八戒も孫行者とのcontrast、對比において意味があるので、結局は引き立て役なのである。この本はどこを開けても大抵は目につくのは孫行者の目覺ましい働きである。本來主役を務めるべき三藏法師は全く片隅に押しやられて、影のようなものになっている。開卷第一に出て來るのが孫行者の生い立ちである。これが一段落しないと三藏の話にならない。しかもまたこの第一の部分が一番面白い。活き活きと物語られている。これについて想像だが、明以前のもの、元本ではこの第一の部分が一番始めには出て來ないのではないかと思う。Bから始まって三藏法師が出發して、途中、孫行者に遭う。そのとき簡單にその生い立ちが述べられるのではないかと思う。何故そう想像するか、詳しくは申し上げられぬが、孫行者の生まれた山、花菓山、これが元本では三藏がインドにゆく途中、西域にあって、孫行者の生まれた山であると同時に、惡事をしたために閉じ込められた山である。ところが今のものは花菓山は中國からいうと東の方、「東海」にあるという。だから生まれた所と閉じ込められた所とは違うのである。この生まれた場所を西から東に移したのは、恐らく呉承恩だろうと思うが、淮安からほど遠くないところにある山のことを知っていたと思うが、その山に當てはめたというようなところがあるのである。そうしたところから考えて、孫行者の話に相當呉承恩が手を加えたことが想像され、それが正しければ、大體の仕組み

は元の時代に出來ていて、それを孫悟空中心に更に強調して、それに相應しく組み替えたのが吳承恩であったということになるだろうと思う。吳承恩によって相當元本より擴大された、引き伸ばされたと考えられる一の證據はプリント六の（ロ）と書いたところ、この中に途中で出會う化物の名や地名が並べられているが、今の本と一致するものもあり、そうでないものもある。順序も今のと大分違うところもあるので、吳承恩のはやはり相當元本に手を加えて、あちこち入れ替えたりしているところも多いと思う。

　孫行者というのはどういう性格であるか話したい。大變負けず嫌いで、自惚れが強いのであるが、最初天宮では厩の番人であった（弼馬温、非常に卑しい職、まあ馬丁のようなものであろう）。そういう職に甘んずることが出來ない。腹を立て地上に歸って、齊天大聖というような名を自ら名乘って、謀反を起こす。これも自惚れから來ることである。そのときも一度歸順してその稱號を許されるのだが、また謀反し、そのときは齊天大聖というのに滿足せず、玉帝の位を奪おうとする。負けず嫌いの反面、お人好しで、おだてに乘りやすい。化物と闘うときも、だまし討ちをしない。亂暴だが無邪氣な孫悟空が、おとうと弟子である猪八戒、これは缺點ばかりのような豚の精で、愚かなものであるが、別に讀者に嫌惡の感をもたせることもない。こういう type が作者によって同情を以て眺められていることが分かる。三藏法師は全くお人好しで、自分の眼の前にある危險にも氣が付かない。そのような師匠をまもらねばならぬ、沙悟淨をふくめた三人の弟子の苦勞は並々ならぬものである。佛法に對する尊崇の念が三藏法師の地位を重からしめる唯一のものである。

　こうして見ると結局、孫行者が眞の主人公であって、その場に與えられた目標に對しては何物をも恐れず勇敢に闘う、その素樸、率直さ、そういうものを描くのに一番成功している。要するに野人、或いは自然人の type というものを描くということは『三國志』『水滸傳』などと同樣、元の時代から盛んになる、中國の文學史上では非常に新しい發展である。

庶民の心に訴えるのはこういう人物であった。同時にこういうものは庶民の心にのみ生まれるものであったと思う。讀者（講釋では聽き手であるが、簡單に言えば讀者）に最も親しまれたのが、中國のいわゆる讀書人の資格を備えた、德の高い僧である三藏法師よりも、粗野な弟子、孫行者であったのは極めて當然であったと思う。その弟子一人に滿足せず、猪八戒のようなものも作り出しているが、庶民に親しまれるという點では同じである。だから孫行者のような性格をもつ人物が活動するのに最も相應しいのは、自分一人で思うままな活動をする自由な天地である。『西遊記』のＡの部分が最ものびのびと描かれている理由もそこにあると思う。しかしその自由な天地で暴れまわっている孫行者が押さえ付けられて戒律をまもる窮屈な生活に入る。それは恰も『水滸』の前半から後半への移り行きに似たところがある。つまり盗賊の氣儘な生活から、歸順して正規軍になるという話である。師匠をまもってインドに行った手柄によって最後に菩薩になるのだが、結局何物かに仕えることによって幸福がもたらされるという考え方で、士大夫の階級に最も都合のよい考え方ということになるだろうと思う。作者である呉承恩は文官試驗に失敗して、一生を不遇のうちに終わったということは先に言ったが、孫行者の大暴れというようなところに不平や鬱憤を漏らしたというようなところもあるのだが、しかしそれが師匠に仕えるということによって菩薩になるということは、『水滸』によって忠義が強調されたと同じことであって、要するにこの人の社會的地位というものを考えればほぼ解決がつくことのように思われる。一般に中國の小説は晩年に作られることが多いのは注意すべきで、呉承恩が『西遊記』を作ったのは相當晩年であったという。積極的な證據はないが、年取ってから若い頃のことを回顧し、志を得なかった鬱憤をもらすということは考えられると思う。この小説が相當滑稽味をもった、非常に流利な文體で書かれてはいるが、諷刺的な點が非常に少ない。やはり現實を避けようとする態度が見られる。妖怪變化の物語りであるということも、なかば空想を恣にすることが出來るのであっ

て、呉承恩のように詩人または文人と認められた人にとっては却って自然ではなかったかと思う。『西遊記』の中に詩が非常に多く出て來る。詩とか駢文などだが、『水滸』などと違って讀書人的な趣味が多くなっているような氣がする。64回に松、柏、檜、竹、杏の精と三藏法師とが詩を作り合って競爭するところがあり、そこに13首の詩があるが、作者の賦詩の才をちょっと見せたというに過ぎぬ。小說が明の時代、次第に文人的なものになっていったことと軌を一にするものと思う。もっと後になると清の『儒林外史』のように完全に文人的なものとなるが、その途中の一つのかたちを示すものである。

中國小說史參考材料（配布プリント）

一、**李岳州**（『續幽怪錄』卷二） 李復言

　岳州刺史李公俊，興元中舉進士，連不中第。次年，有故人國子祭酒通春官包結（佶）者，援成之。牓前一日，例以名聞執政。初五更，俊將候祭酒，里門未開，立馬門側。傍有鬻饆者，其氣爥爥。有一吏若外郡之郵檄者，小囊氈帽，坐於其側，欲饆之色盈面。俊顧曰："此甚賤，何不以錢易之？"客曰："囊中無錢耳。"俊曰："俊有錢，願獻一飽，多少唯意。"客甚喜，唅數片。俄而里門開，衆競出。客獨附俊馬曰："少故，願請少間。"俊下路聽之。曰："某乃冥吏之送進士名者，君非其徒耶。"俊曰："然。"曰："送堂之牓在此，可自尋之。"因出視。俊無名，垂泣曰："苦心筆硯，二十餘年，偕計而歷試者亦僅十年，心破冤斷，以望斯舉，今復無名，豈不終無成乎？"曰："君之成［名］在十年之外，禄位甚盛。今欲求之，亦非難，但於本禄耗半，且多屯剥，纔獲一郡，如何？"俊曰："所求者名，名得足矣。"客曰："能行少賂於冥吏，即於此取其同姓者，去其名而自書其名，可乎？"俊曰："幾賂可？"曰："陰錢三萬貫，某感恩而以誠告，其錢非某敢取，將遺牘吏。來日午時送可也。"復授筆使俊自注。從上有故太子少師李公夷簡名，俊欲揩之。客遽曰："不可，此人禄重，未易動

也。"又其下有李温名。客曰:"可矣。"俊乃揩去温字,注俊字。客遽卷而行曰:"無違約。"旣而俊詣祭酒。祭酒未冠,聞俊來,怒目延坐,徐出曰:"吾與主司分深,一言姓名,狀頭可致。公何躁甚相疑,頻頻見問,吾豈輕語者耶?"俊再拜對曰:"俊懇於名者,若恩決此一朝。今當呈牓之晨,冒責奉謁。"祭酒曰:"唯唯。"其聲甚不平。俊見其責,憂疑愈極,乃變服伺祭酒出,隨之到子城東北隅,逢春官懷其牓,將赴中書。祭酒揖問曰:"前言遂否?"春官曰:"誠知獲罪,負荊不足以謝。然迫於大權,難副高命。"祭酒自以交春官深,意謂無阻,待俊之怒色甚峻。今乃不成,何面相見,因曰:"季布所以名重天下者,能立然諾。今君不副然諾,移妄於某,蓋以某官閑也。平生交契,今日絶矣。"不揖而行,春官遽追之曰:"迫於豪權,留之不得。竊恃深顧,外於形骸,見責如此,寧得罪於權右耳。請同尋牓,揩名填之。"祭酒開牓,見李公夷簡,欲揩。春官急曰:"此人宰相處分,不可去。"指其下李温曰:"可矣。"遂揩去温字,注俊字。及牓出,俊名果在已前所揩處。其日午時,隨衆參謝,不及即餞客之約。迨暮將歸,道逢餞客。泣示之背曰:"爲君所誤,得杖矣。牘吏將舉勘,某更他祈,共止之。"其背實有重杖者。俊驚謝之,且曰:"當如何?"客曰:旣而勿復道也。來日午時送五萬緡,亦可無追勘之厄。"俊曰:"諾。"及到時焚之,遂不復見。然俊筮仕之後,追劾貶降,不歇於道,才得岳州刺史,未幾而終。生人之窮達,皆自陰騭,豈虛乎哉。(右據『四部叢刊續編』景印南宋本,以『太平廣記』卷三四一引『續玄怪錄』補。)

二、目連變文 (北平圖書館藏敦煌寫本霜字八九號、以倫敦本校補)

……青提夫人,雖遭地獄之苦,慳貪之意未除,見兒將得飯鉢來,望風生悋惜。來者三寶,是我兒爲我人間取飯,汝等令人息心,我今自救無療,況復更能相濟。目連將飯幷鉢奉上阿孃,阿孃恐被侵奪,舉眼看四畔,左手障鉢,右手團食。食未入口,變爲猛火。長者雖然願重,不那慳障尤深。目連見母如斯,肝膽由如刀割。我今聲聞力劣,智小人微。唯有啓問世尊,知拔濟之路。且看與母飯處:

夫人見飯向前迎，慳貪未喫且空爭。
　　我兒遠取人間飯，將來自擬療飢坑。
　　獨喫猶看不飽足，諸人息意慢承忘。
　　青提慳貪業力重，入口喉中猛火生。
目連見阿孃喫飯成火，渾搥自撲，由如五大山崩，耳鼻之中，皆流迸血，哭言阿孃：
　　南閻浮提施此飯，飯上有七尺神光。
　　將作是香美飯食，飯未入口變成火。
　　(下略)

三、燉煌本王陵變文 Pelliot 3627A+3867+3627B（『北平圖館刊』十卷六號）
　　王陵謂灌嬰曰："下手斫營之時，左將丁腰，右將雍氏，各領馬軍百騎，把却官道，水切不通，陵當有其一計，必合過得。"灌嬰謂王陵曰："請大夫說其此計。"王陵曰："我到左右二將之前，便宣我王有敕：左將丁腰，右將雍氏，何不存心覺察，放漢軍入營？見有三十六人斫營，捉得三十四人，更少二人，便須捉得。更須捉得兩人，便請同行，兩盈不知，賺下落馬，蹦跪存身，受口敕之次，便乃決鞭走過。"楚將見漢將走過，然知是斫營漢將，踏後如趕無賴，漢將見楚將趁來，雙弓背射，楚家兒郎，便見箭中，落馬身死。兵馬挍多，趁到界首，歸去不得，便往却廻，而爲轉說：
　　王陵二將斫營廻，走馬南奔却發來。
　　王陵拔劍先開路，灌嬰從後識龍媒。
　　處分丁腰及雍氏，橫遮亂捉疾如飛。
　　何期漢將多奸詐，馬上遙傳霸王追。
　　二將當聞霸王令，下馬存身用耳聽。
　　誰知黑地翻爲白，黑地相逢知是誰。
　　王陵下鞭如掣電，灌嬰獨過似流星。
　　雙弓背射分分中，暗地唯聞落馬聲。
　　爲報北軍不用趕，今夜須知漢將知，

傳語江東項羽道，我是王陵及灌嬰。

四、簡貼和尚（亦名胡姑々、又名錯下書）（內閣文庫藏『清平山堂話本』）
公案傳奇
　　入話　鷓鴣天
白苧十袍入嫩涼，春蠶食葉響長廊，禹門已準桃花浪，月殿先收桂子香。　鵬北海，鳳朝陽，又携書劍路茫茫，明年此日青雲去，却咲人間舉子忙。

大國長安一座縣，喚做咸陽縣，離長安四十五里。一个官人覆姓宇文，名綬，離了咸陽縣，來長安赴試，一連三番試不過。有个渾家王氏，見丈夫試不中歸來，把覆姓爲題，做个詞兒，專說丈夫試不中，名喚做望江南。詞道是：

公孫恨，端木筆俱收，枉念歌館經數載，尋思徒記万餘秋，拓跋淚交流。　村僕固，悶獨駕孤舟，不望手勾龍虎榜，慕容顏老一齊休，甘分守閭丘。

那王氏意不尽，看着丈夫，又做四句詩兒：
　　良人得々負奇才，何事年々被放回，
　　君面從今羞妾面，此番歸後夜間來。

宇文解元從此發忿道："試不中，定是不歸"，到得來年，一舉成名了，只在長安住，不歸去。渾家王氏，見這丈夫不歸，理會得道："我曾做詩嘲他，可知道不歸。"修一封書，叫當直王吉來："你與我將這封書去四十五里，把與官人。"書中前面略叙寒暄，後面做隻詞兒，名做南柯子。詞道是：

鵲喜躁晨樹，灯開半夜花，果然音信到天涯，報道玉郎登第出京華。　舊恨消眉黛，新歡上臉霞，從前都是誤疑他，將謂經年狂蕩不歸家。

去這詞後面，又寫四句道是：
　　長安此去无多地，鬱々葱々佳氣浮，
　　良人得意正年少，今夜醉眠何處楼。

宇文綬接得書，展開看，讀了詞，看罷詩道："你前回做詩，教我從今歸後

夜間來。我今試過了，却要我回。"就旅邸中，取出文房四寶，做了隻曲兒，喚做踏沙行：

　　足蹋雲梯，手攀仙桂，姓名高掛登科記。馬前喝道狀元來，金鞍玉勒成行綴。　宴罷歸來，恣遊花市，此時方顯平生志，修書速報鳳楼人，這回好个風流婿。

做畢這詞，取張花箋，摺疊成書。待要寫了，付與渾家，正研墨，覺得手重，惹番硯水滴兒，打濕了紙。再把一張紙摺疊了，寫成封家書，付與當直王吉，教分付家中孺人："我今在長安試過了，到夜了歸來。急去傳語孺人。不到夜，我不歸來。"王吉接得書，唱了喏，四十五里田地，直到家中。話裡且說，宇文綬發了這封家書，當日天色晚，客店中无甚底事，便去睡。方纔朦朧睡着，夢見歸去，到咸陽縣家中，見當直王吉在門前，一壁脫下草鞋洗脚。宇文綬問道："王吉，你早歸了。"再四問他不應。宇文綬焦躁，擡起頭來看時，見渾家王氏把自蠟燭入去房裡。宇文綬　上來叫："孺人，我歸了。"渾家不采他，又說兩声，渾家又不采。宇文綬不知身是夢裡，隨渾家入房去，看這王氏時，放燭灯在卓子上，取早間一封書，頭上取下金篦兒一剔，々開封皮看時，却是一幅白紙。渾家底咲，就灯燭下把起筆來，就白紙上寫了四句詩：

　　碧紗窗下启緘封，一紙從頭徹底空，

　　知尔欲歸情意切，想思尽在不言中。

寫畢，換个封皮再來封了。那婦女把金篦兒去剔那蠟燭灯，一剔々在宇文綬臉上，吃一驚，撒然睡竟，却在客店裡牀上睡，灯猶未滅。卓子上看時，果然錯封了一幅白紙歸去，着一幅紙寫這四句詩。到得明日早飯后，王吉把那封書來，拆開看時，裡面寫着四句詩，便是夜來夢裡見那渾家做底一般，當便安排行李，即時歸家去。這便喚做錯封書。下來說底，便是錯下書。有个官人夫妻兩口兒正在家坐地，一个人送封簡貼兒來，与他渾家，只因這封簡帖兒，变出一本蹺蹊作怪底小說來。正是：

　　塵隨馬足何年尽，事繫人心早晚休

五、元本西遊記之一 (『永樂大典』卷一三一三九送字韻夢)

夢斬涇河龍（西遊記）長安城西南上，有一條河，喚作涇河。貞觀十三年，河邊有兩個漁翁，一箇喚張梢，一箇喚李定。張梢與李定道："長安西門裏，有箇卦舖，喚神言山人。我每日與那先生鯉一尾。他變指教下網方位。依隨着一日下一日着。"李定曰："我來日也問先生則箇。"這二人正說之間，怎想水裏有箇巡水夜叉，聽得二人所言。"我報與龍王去。"龍王正喚做涇河龍。此時王在水晶宮正面而坐。忽然夜叉來到言曰："岸邊有二人都是漁翁。說西門裏有一賣卦先生，能知河中之事。若衣着他籌，打盡河中水族。"龍王聞之大怒。扮作白衣秀士，入城中。見一道布額，寫道："神翁袁守成於斯備命。"老龍見之，就對先生坐了。乃作百端磨問，難道先生，問何日下雨。先生曰："來日辰時布雲，午時升雷，未時下雨，申時雨足。"老龍問下多少。先生曰："下三尺三寸四十八點。"龍笑道："未必都由你說。"先生曰："來日不下雨，到了時，甘罰五十兩銀。"龍道："好，如此來日却得廝見。"辭退。直回到水晶宮。須臾，一箇黃巾力士言曰："玉帝聖旨道：「你是八河都總涇河龍。教來日辰時布雲，午時升雷，未時下雨，申時雨足。」"力士隨去。老龍言不想都應着先生謬說。到了時辰，少下些雨。便是向先生要了罰錢。次日，申時布雲，酉時降雨二尺。第三日，老龍又變爲秀士，入長安卦舖。向先生道："你卦不靈。快把五十兩銀來。"先生曰："我本籌算無差。却被你改了天條。錯下了雨也。你本非人，自是夜來降雨的龍。瞞得衆人瞞不得我。"老龍當時大怒，對先生變出真相，雲時間，黃河摧兩岸，華岳振三峯，威雄驚萬里，風雨噴長空。那時走盡衆人，唯有袁守成巍然不動。老龍欲向前傷先生。先生曰："吾不懼死。你違了天條，刻減了甘雨，你命在須臾。剮龍台上難免一刀。"龍乃大驚悔過，復變爲秀士，跪下告先生道："果如此呵，希望先生與我說明因由。"守成曰："來日你死乃是當今唐丞相魏徵，來日午時斷你。"龍曰："先生救咱！"守成曰："你若要不死，除非見得唐王，與魏徵丞相行說。勸救時節或可免災。"老龍感謝，拜辭先生回也。玉帝差魏徵斬龍。天色已晚，唐王宮睡思半酣，神魂出殿，步月閑行。只見閑行。只見西南上有一片黑雲

落地, 降下一箇老龍, 當前跪拜。唐王驚怖曰:"爲何?"龍曰:"只因夜來錯降芒雨, 違了天條, 臣該死也。我王是真龍。臣是假龍。真龍必可救假龍。"唐王曰:"吾怎救你?"龍曰:"臣罪正該丞相魏徵來日午時斷罪。"唐王曰:"事若干魏徵, 須救你無事。"龍拜謝去了。天子覺來, 却是一夢。次日, 設朝, 宣尉遲敬德總管上殿曰:"夜來朕得一夢, 夢見涇河龍來告寡人道:「因錯行了雨違了天條, 該丞相魏徵斷罪。」朕許救之。朕欲今日於後宮裏宣丞相與朕下碁一日。須直到晚乃出。此龍必可免災。"敬德曰:"所言是矣。"乃宣魏徵至。帝曰:"召卿無事。朕欲與卿下碁一日。"唐王故遲延下着。將近午, 忽然魏相閉目籠睛, 寂然不動。至未時, 却醒。帝曰:"卿爲何?"魏徵曰:"臣暗風疾發, 陛下恕臣不敬之罪。"又對帝下碁。未至三着, 聽得長安市上喧鬧異常。帝問何爲。近臣所奏:千步廊南, 十字街頭, 雲端吊下一隻龍頭來, 因此百姓喧鬧。帝向魏徵曰:"怎生來?"魏徵曰:"陛下不問, 臣不敢言。涇河龍違天獲罪, 奉玉帝聖旨令臣斬之。臣若不從, 臣罪與龍無異矣。臣適來合眼一霎, 斬了此龍。"正喚作魏徵斬涇河龍。唐皇曰:"本欲救之, 豈期有此!"遂罷碁。　　(據鄭振鐸『痀僂集』)

六、元本西遊記之二 (見朴通事諺解註解)

(イ)西遊記云, 昔釋迦牟尼佛在西天靈山雷音寺, 撰成經律論三藏金經, 須送東土, 解度羣迷, 問諸菩薩往東土尋取經人來, 乃以西天去東土十萬八千里之程, 妖怪又多, 諸衆不敢輕諾。唯南海落迦山觀世音菩薩, 騰雲駕霧, 往東土去, 遙見長安京兆府, 一道瑞氣衝天, 觀音化作老僧入城。此時唐太宗聚天下僧尼, 設無遮大會。因衆僧舉一高僧爲壇主說法, 即玄奘法師也。老僧見法師曰:"西天釋迦造經三藏, 以待取經之人。"法師曰:"既有程途, 須有到時, 西天雖遠, 我發大願, 當往取來。"老僧言訖, 騰空而去。帝知觀音化身, 即勅法師, 往西天取經。法師奉勅行, 六年東還。(卷下三) 266 頁。

(ロ)今按法師往西天時, 初到師陀國界, 遇猛虎毒蛇之害。次遇黑熊精, 黃風怪地湧夫人、蜘蛛精、獅子怪、多目怪、紅孩兒怪, 幾死僅免。又過

棘釣洞、火炎山、薄屎洞、女人國、及諸惡山險水、怪害患苦、不知其幾、此所謂刁蹶也。詳見西遊記。(卷下四) 267 頁。

(八) 西遊記云、西域有花菓山、山下有水簾洞、前有鐵板橋、橋下有萬丈澗、澗邊有萬箇小洞、洞裏多猴。有老猴精、號齊天大聖、神通廣大、入天宮仙桃園、偸蟠桃、又偸老君靈丹藥、又去王母宮、偸王母綉仙衣一套來、設慶仙衣會。老君王母、具奏于玉帝、傳宣李天王、引領天兵十萬、及諸神將、至花菓山、與大聖相戰、失利。巡山大力鬼上告天王、舉灌州灌江口神曰："小聖二郎、可使拿獲。"天王遣太子木叉與大力鬼往請。二郎神領神兵、圍花菓山、衆猴出戰皆敗、大聖被執、當死。觀音上請于玉帝、免死。令巨靈神押大聖、前往下方去、乃於花菓山石縫內納身下截、畫如來押字封着、使山神土地神鎮守。飢食鐵丸、渴飲銅汁。待我往東土尋取經之人、經過此山、觀大聖肯隨往西天、則此時可放。其後唐太宗勅、玄奘法師往西天取經、路經此山、見此猴精壓在石縫、去其佛押出之、以爲徒弟、賜法名吾空、改號爲孫行者、與沙和尚及黑猪精朱八戒偕往。在路降妖去怪、救師脫難、皆是孫行者神通之力也。法師到西天、受經三藏東還、法師證果旃檀佛如來、孫行者證果大力王菩薩、朱八戒證果香華會上淨壇使者。(卷下十七) 293 頁。

編集後記

　尾崎雄二郎教授から、本書のもとになった講義録をコピーさせていただいたのは、さて何時のことであったか、隨分以前のことで、もう20年以上も前になろうかと思う。早速コピーを折り畳みながら讀みはじめたが、ついつい折るのを忘れて先を讀んでしまったことを覚えている。今にして思えば、講義の内容に惹きつけられたのは別としても、筆記が小川教授の口吻をいかにもよく寫していることが、その理由の一つであったようだ。筆記ノオトの中に、そこだけ他の聽講者のノオトを用いたと注記された部分があり（69頁）、その注記に「紙の上で、ぼく個人の〈小川調〉を創作してしまったかも知れない」と書かれてあるのは、この個所が尾崎教授自身のノオトに據ったものではないことに対する辯解なのだが、翻って言えば他の部分はすべて尾崎教授が〈小川調〉を忠實に記録したものということでもある。その忠實さがやや過度であるため、些か讀みにくいという印象を持たれる讀者もあるかも知れない。しかしこのスタイルが本ノオトの大きな特色なので、本書ではそれを全面的に保存することにした。小川教授の講義をかつて聽講された方なら、この〈小川調〉を容易に感得していただけるものと思う。尾崎教授もこのノオトには大變な愛着を持ち、スタイルを含めていわば自分の作品であるとも言っておられたことを記憶している。さらにご令息からも文章に手を入れないようにとの御注意があったのを、最大限尊重したいと考えた。もちろん明らかな誤字や、前後文意の通らない部分には若干手を入れざる

を得なかったのはやむを得ざる所で、この點はご諒解をお願いしたい。
　さて尾崎教授の筆記ノオトは全部で4冊あり、それを年代順に排列すると、以下のようになる。

　　中國小說史　　1948年10月25日～11月6日
　　中國語方言學史　　1949年11月5日～16日
　　語義沿革舉例　　1950年9月20日～1951年2月7日
　　中國音韻史　　1950年9月25日～1951年4月18日

　中國小說史と中國方言學史の表紙には、それぞれ小川講師と書かれ、一方、中國語方言學史と中國音韻史のほうは小川教授と書かれてある。それは小川教授が1950年に東北大學から京都大學に轉任されたからであり、中國小說史と中國方言學史はその期間からも分かるとおり、いわゆる集中講義のかたちで開講されたものである。ちなみに中國音韻史は「中國語學概說」として開講されたものであり、ノオトの標題もそうなっているが、實際には講義內容がすべて音韻史であることに鑑み、本書では「中國音韻史」と改稱することにした。また本書は『小川環樹 中國語學講義』として出版するということで、當初「中國小說史」は收錄しないつもりであった。しかし恐らく今後この部分のみが別のかたちで公刊される機會は少ないと考えられること、またこの講義のなかにも著者の中國語史に關する卓拔な見解がまま見られることから、敢えて收錄することにした。ただし本書では四つの講義は年代順の排列を取らず、私意を以ていま見るようなかたちとした。
　小川教授のこれら講義はすでに60年以上前のものであり、現在このようなものを公刊することにどれほどの意味があるかという意見は十分にあり得ると思う。第二次大戰後、新たな資料の開拓や斬新な方法の適用によって中國語學の研究は大きく進んだ。とりわけ新中國成立後、各地で實施されてきた方言調査によって、中國方言學などはまったく異なる段階に達していることは否定しがたい。多くの研究分野に進步が見ら

編集後記

れるし、進歩がなければ困るのである。しかしそれでもなお讀者はこれらの講義の中に、もっとも基本的な知識が極めて要領よく解説されているのを見るであろうし、更には新たな研究上のヒントが隠されているのを發見するかも知れない。なかでも「語義沿革擧例」はいわば中國語の意味論を開拓しようとした野心的な講義で、この分野は今日でもなお十分には研究が行われていない。小川教授は、「日母の成立」「四聲と五音」「風流の語義」など、講義中で觸れた幾つかの問題については專論を發表されてはいるが、まとまったかたちを爲さず、いわばアイディアのかたちで提出するに止まっているものも少なくないのである。編者としては、本書は主として中國語學を學ぶ學生諸君に参考書として讀んでもらいたいと考えているが、その一方で研究者にとっても必ずや得るべきものがあると信じている。

　講義中にプリントとして配布された資料は、本書でもこれらを収録したが、一部割愛したものもある。ただ講義の中に引用された文獻について、典據が十分に示されていないものには書誌的情報を附け加えたり、姓のみで言及された人名に名を補ったことなどは、讀者の便を考えて編者が私に行ったものである。それらはすべて［　］中に入れて區別し得るようにしておいた。

　このようなかたちで本書の出版が可能になったのは、何よりも小川、尾崎兩家に御承諾を頂いたことが第一で、末筆ながら謹んでお禮を申し上げたい。また採算を度外視して出版を引き受けていただいた臨川書店にも心より感謝したい。いずれにせよ編者にとってはともに師匠である小川、尾崎兩教授が殘された講義録を、いまこのようなかたちで公刊することができ、一つ肩の荷を下ろした氣持がする。

　　2011 年 7 月

　　　　　　　　　　　　　　　　　　　　　　　　　　高田時雄

小川環樹 中國語學講義〈映日叢書 第一種〉

2011年9月30日　初版発行
2015年10月30日　第2刷発行

筆録者	尾崎　雄二郎
編　者	高田　時雄
発行者	片岡　敦
印　刷	亜細亜印刷株式会社
発行所	㈱臨川書店

〒606-8204
京都市左京区田中下柳町八番地
電話(075)721-7111
郵便振替 01070-2-800

落丁本・乱丁本はお取替えいたします。
定価はカバーに表示してあります。
本書の無断複製を禁じます。

ISBN978-4-653-04034-7 C1387